Socialisme au Jour le Jour

LE
Socialisme
au
Jour le Jour

PAR

JULES GUESDE

PARIS

V. GIARD & E. BRIÈRE

LIBRAIRES-ÉDITEURS

16, Rue Soufflot, 16

—

1899

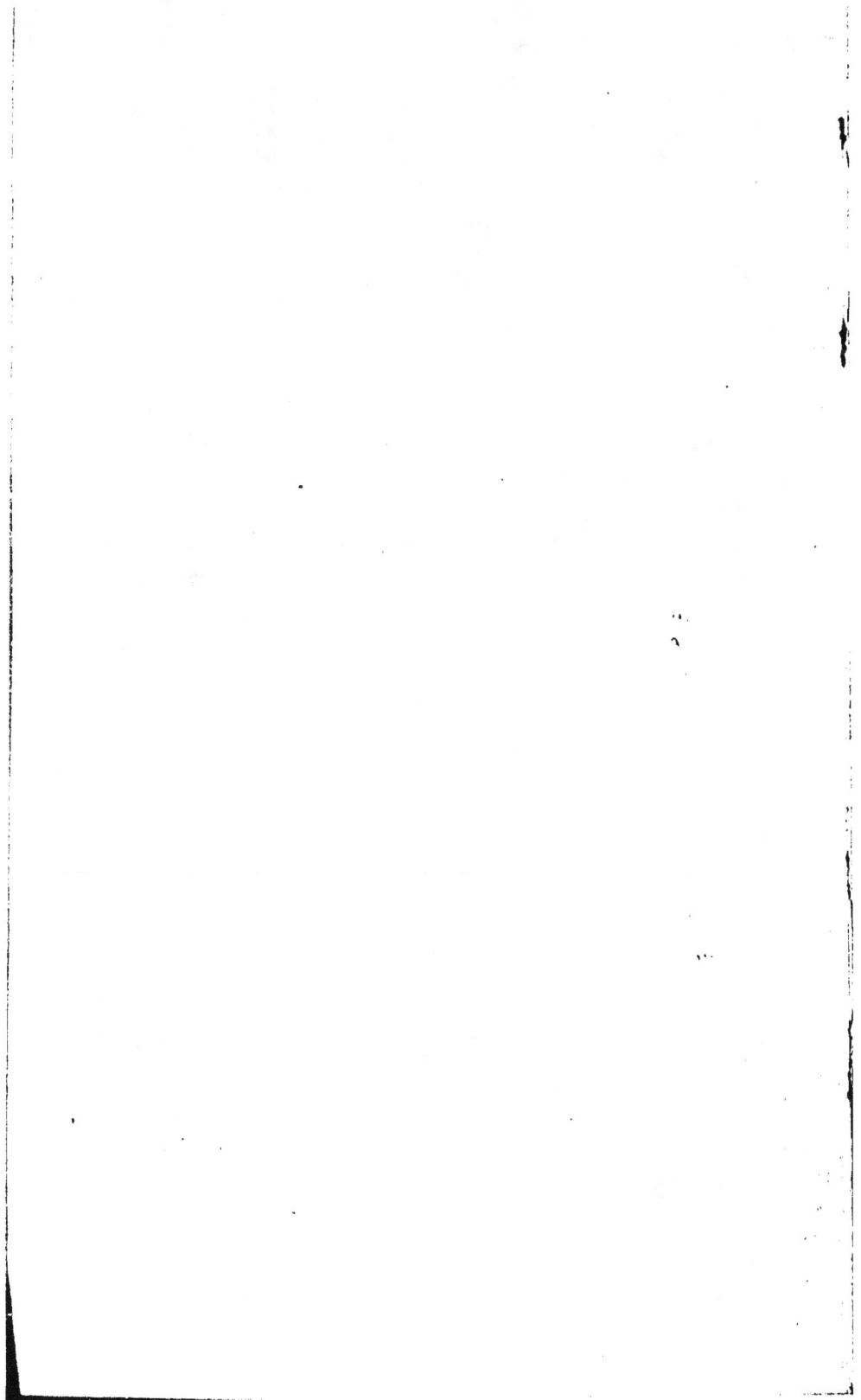

AVANT-PROPOS

C'est au Parti accru — et en croissance quotidienne
— que je dédie les pages qui suivent, à la fois de combat
et de doctrine, déjà vieilles de quatorze et quinze ans.

Elles ont paru dans le *Cri du peuple*, de 1884-86.

Et en les rééditant aujourd'hui — à la demande d'au-
cuns, préoccupés d'instruire et d'armer nos nouvelles
et nombreuses recrues — je ne leur donnerai d'autre
préface que la lettre alors adressée à Jules Vallès sous
le titre : l'*Ecole des faits*.

Mon cher Vallès,

*Lorsque, dans ma cellule de Pélagie, cette
réduction bourgeoise de l'ancienne Bastille, vous
êtes venu, vous « le soldat libre, sans numéro de
régiment à votre képi », me proposer — à moi qui
ai écrit : « Un parti ne vit que de discipline », et
qui ne compte que sur la centralisation ouvrière
pour avoir raison de la centralisation capitaliste
— une campagne à faire à vos côtés, vous connais-
siez le seul genre de combat que je puisse et que je
veuille combattre.*

Vous saviez que ce qui entrait avec moi dans

votre Cri du Peuple, *c'était le « sectarisme », comme il a plu à certains fantaisistes d'appeler le socialisme scientifique élaboré par Marx et mis, pour ainsi dire, en action par nos congrès de Marseille, du Havre et de Roanne.*

Vous saviez que le Parti ouvrier français, auquel j'appartiens non seulement jusqu'à la prison, mais jusqu'au mur inclusivement, et qui ne fait qu'un avec les Partis ouvriers d'Europe et d'Amérique, a pour but : l'expropriation de la classe capitaliste et l'appropriation collective des moyens de production et d'échange ; pour moyen : la constitution en parti de classe des prolétaires ou salariés s'emparant révolutionnairement du pouvoir politique pour la transformation nécessaire de la propriété privée en propriété publique.

Aussi n'est-ce pas pour vous — qui voulez ce que nous voulons et qui vous êtes réclamé de juin 1848 avant de payer de votre personne en mars, avril et mai 1871 — mais pour « ceux du dehors », amis et ennemis, que j'ai tenu à ne laisser subsister aucun malentendu sur le pourquoi et le comment de ma rentrée en ligne.

Ce que je reprends ici, dans la mesure de mes forces, c'est la lutte de classe commencée collectivement dans l'Egalité, poursuivie dans le Citoyen et interrompue — sous la forme journal au moins — par les manœuvres capitalistes dont on se souvient peut-être, et par les répressions gouvernementales que les cellules encore pleines de Pélagie, de

Clermont et de Clairvaux ne permettent pas d'oublier. C'est l'école de recrutement — et de guerre à la fois — que nous avons ouverte dès 1877 en pleine politique courante, ne laissant passer aucun événement, d'ordre politique ou économique, sans le « mettre à la question » et l'obliger à témoigner et à conclure contre la nouvelle féodalité financière, industrielle, commerciale qu'il s'agit d'envoyer rejoindre — et par les mêmes procédés — dans la fosse commune de l'histoire, l'ancienne féodalité de la terre et de l'épée.

A en juger, d'ailleurs, par les derniers exploits de notre République bourgeoise, ce n'est pas la matière qui manquera à un pareil enseignement.

Jamais, peut-être, le vol compliqué de meurtre, sur lequel est bâtie la prétendue civilisation moderne, ne s'était affiché avec une impudence plus instructive, quel que soit le domaine qu'on envisage, qu'il s'agisse de politique intérieure ou de politique extérieure, du laissez-faire, laisser-aller économique ou de l'action gouvernementale proprement dite.

Dans le monde patronal — sous prétexte que l'art. 11 du traité de Francfort, par lequel les républicains à la Jules Favre ont acheté le concours de M. de Bismarck contre la Commune de Paris, livre le marché français à l'exploitation allemande — c'est à qui volera de leur travail, c'est-à-dire de leur unique moyen de vie, les travailleurs nationaux, en « *faisant travailler* » *à l'étranger. Ce ne sont pas seulement les produits, portes et fenêtres, pianos, meubles, etc., que, pour « faire de l'argent », le patriotisme industriel et commercial demande à la Prusse, à la Suéde et à la Norwège. Ce sont des fabriques, filatures et tissage, que l'on élève dans la Pologne russe et jusqu'au Japon, au prix du chômage et de la famine tuant plus ou moins lentement sur son métier immobile le* canut *de Lyon ou le tisseur de Roubaix. Ce sont les producteurs enfin que l'on puise de plus en plus abondamment dans le réservoir des meurt-de-faim transalpins ou transvosgiens, pour en encombrer à bas prix nos ateliers de plus en plus fermés à ce souverain de papier qu'est l'ouvrier français.*

Nos gouvernants, qui ne se distinguent pas de nos possédants, ne sont pas moins âpres à cette œuvre de détroussement. S'ils ont — ce dont ils osent se glorifier — universalisé l'instruction primaire, s'ils s'occupent de développer l'instruction professionnelle, c'est au seul effet d'obtenir — pour le même salaire — de meilleures machines à profit, et — pour un salaire moindre — les comptables, contremaîtres, directeurs, etc., qu'ils sont contraints aujourd'hui, vu leur rareté, de salarier extraordinairement.

Rogner dans le produit du travail la part qui reste, en salaire, au travailleur et augmenter la part qui, en bénéfices ou en dividendes, va s'accumulant entre les mains des non-travaillants et cons-

titue le capital, *telle est leur unique préoccu-*
pation. Préoccupation qu'ils ont encore accentuée
en refusant de réduire à onze heures — même pour
les femmes — les travaux forcés auxquels le hasard
de la naissance condamne dans les bagnes capita-
listes la classe de plus en plus nombreuse des non-
propriétaires. Une heure enlevée à l'exploitation
capitaliste, c'était une heure de travail non-payée
ou volée qu'on eût restituée au travailleur. Et la
caste qui monopolise la propriété n'a pas monopo-
lisé l'Etat — républicain ou monarchiste — pour
rendre *mais pour* prendre.

Les conventions avec les Compagnies de chemins
de fer qui viennent d'être promulguées, et qui, selon
l'expression du Temps, *constituent « le fait capital*
de l'histoire économique » de la troisième Ré-
publique, rentrent, quoique par une autre porte,
dans le même système de pillage. Le pillé *seul est*
changé ; au lieu de la classe ouvrière, c'est une
partie de la bourgeoisie, la classe moyenne des fa-
bricants et commerçants, qui se trouve livrée pieds
et poings liés — ou mieux bourse déliée *— aux*
hauts barons des voies ferrées, aux Rothschild de
tous prénoms et de toutes nationalités. C'est, avec
les tarifs, la finance cosmopolite maîtresse de la
production et de l'échange, qu'elle rançonnera à
volonté, pour ne rien dire de la sécurité nationale
subordonnée aux intérêts les plus privés.

A l'extérieur, c'est pis encore. Au brigandage de
la Tunisie, qui a failli nous brouiller avec l'Italie,

s'est ajouté le brigandage du Tonkin, qui nous met — dès aujourd'hui — la Chine sur les bras. Et dans l'Extrême-Asie, comme dans le Nord-Africain il y a deux ans, ce n'est plus seulement l'argent, mais le sang ouvrier et paysan qui est appelé à couler à flots pour « ouvrir de nouveaux débouchés », c'est-à-dire un nouveau champ de spéculation, à l'appétit de nos mercanti. Alors que nos producteurs manquent de tout, que ceux qui nourrissent, logent, vêtent et chaussent les improductifs, ne sont eux-mêmes ni chaussés, ni vêtus, ni nourris, il s'agit d'exporter — lisez d'enlever à la consommation française — les produits du travail national pour en imposer à coups de canon la consommation aux Noirs et aux Jaunes de toutes les latitudes.

Et cette politique coloniale, plus néfaste que celle de l'ancien régime — destinée au moins à enrichir la mère-patrie des trésors des Indes et des deux Amériques — n'a pas rencontré de « cruels » parmi les radicaux les plus écarlates du Palais-Bourbon. Si on excepte Clémenceau, dont « la politique des mains nettes » tombait du reste dans le don quichottisme, du moment qu'en échange des nouveaux marchés extérieurs et lointains, il ne voulait pas ouvrir à la fabrication française un nouveau marché intérieur, en mettant, par la suppression du salariat, nos producteurs en mesure de consommer leurs propres produits — si on excepte le député de Montmartre, ça été sur les bancs de l'extrême-gauche à qui non seulement voterait, en mai der-

nier, les crédits tonkinois, mais reprocherait aux Ferry et autres Challemel-Lacour de n'avoir pas demandé dès l'origine trente mille hommes et cinquante millions.

Dans de pareilles conditions, qui ne sont pas des accidents, mais la loi de l'ordre capitaliste, avec de semblables collaborateurs fournis par l'ennemi lui-même, ma tâche d'éducateur sera singulièrement simplifiée. C'est la bourgeoisie qui se dénonce elle-même par tous ses organes et dans tous ses actes, et qui, à force de crier ses pirateries par dessus les toits, finira bien par amener les plus sourdes parmi ses victimes à se retourner — et à faire justice.

Jules GUESDE.

PROPRIÉTÉ ET PROFITS CAPITALISTES

Chez l'Ennemi

Très instructive, la polémique engagée entre deux grands organes, également républicains et également conservateurs, à propos de la loi dite des 50 millions pour le développement de la colonisation en Algérie !

C'est d'abord le *Siècle* qui « s'inquiète à la pensée qu'à l'aide de la nouvelle loi on va refouler des tribus entières et réduire tous leurs membres à l'état de vagabonds ». Le brave journal n'a pas eu de ces inquiétudes — ou il s'est bien gardé de les manifester — lorsque les progrès de la grande industrie et du grand commerce ont, en les dépossédant de leurs moyens de travail, « refoulé ». ses concitoyens par milliers dans le prolétariat — ce « vagabondage » moderne.

En quoi, d'ailleurs, il n'a fait que plagier nos bons catholiques, qui vont, d'une voix humide, quêter des petits sous — appelés à constituer de gros millions — pour sauver d'un fleuve Rouge ou

1

Bleu les petits Chinois baptisés trop à fond par leurs jaunes procréateurs, en même temps qu'ils tuent de travail, dans leurs bagnes capitalistes de Jujurieux et d'ailleurs, les petits blancs, leurs compatriotes, transformés en chair à machine et à profits.

C'est qu'ils sont tous les mêmes, nos bourgeois les plus divers de politique et de croyance, qu'ils se réclament de Voltaire ou du Pape, qu'ils marmottent *Jésus — Marie — Joseph* ou qu'ils braillent *Liberté — Égalité — Fraternité.*

L'humanité des uns, comme la charité des autres, ne s'exerce que hors de la frontière, le plus loin possible, là où elle ne coûte rien, où elle rapporte, au contraire.

La *République française*, elle, ignore même ce sentimentalisme *in partibus.* Elle s'en vante, et, avec la conviction d'un lord Palmerston démontrant le droit de l'Angleterre à empoisonner le Céleste-Empire par les deux cents millions que rapporte au budget des Indes la vente de l'opium, elle explique au *Siècle* comment il n'y a pas deux manières de développer notre colonie :

« Il ne reste — écrit-elle en toutes lettres — *qu'un moyen à l'élément français de se faire sa part en Algérie : c'est l'expropriation.* »

Et elle ajoute :

« Sans doute, avec l'idée que nous avons de la propriété en France, on est disposé à voir dans ce procédé une mesure brutale, un expédient dangereux. Mais il faut, pour apprécier sainement les choses, faire abstraction de ce qui se passe dans la métropole et voir comment la propriété se comporte dans la colonie. *La propriété indigène n'est pas transmissible,* du moins en majeure partie... La plus grande partie des terres resterait immobilisée entre les mains des indigènes... *Ce n'est qu'en faisant entrer, par la voie de l'expropriation, les terres indigènes dans son domaine, que l'État pourra les rendre accessibles aux Européens.* »

C'est, en quelques lignes, un cours complet de vol, car l'expropriation en question n'a que le nom de commun avec l'expropriation que connaissent les Hausmann par les millions qu'elle leur a valus.

D'après les déclarations de M. Balluc en pleine Chambre des députés, voici comment s'opère l'expropriation trans-méditerranéenne :

« 1º Il ne s'agit pas d'utilité publique. C'est l'intérêt privé qui met seul en mouvement la machine — ou la commission — expropriatrice. « Mettre un propriétaire qui plaît à la place d'un propriétaire qui déplaît. » Tout est là.

« 2º La « procédure spéciale qui a été établie par une ordonnance de 1844 et complétée par un décret de 1848 n'admet ni jury, ni débat contradictoire ». « Le tribunal juge sans appel » et « il arrive — c'est toujours le député de Lyon qui parle — que la plupart du temps les expropriés ne reçoivent que des indemnités dérisoires. » D'octobre 1880 à octobre 1881, les 19.000 hectares enlevés

ainsi aux indigènes ont été payés **76.505** francs,
alors qu'elles auraient dû l'être **3.078.000** francs
— une simple soustraction de 3 millions et quelque
chose !

« **3°** Cette indemnité — si dérisoire soit-elle —
n'est souvent, même jamais, payée à l'exproprié.
Versée à la Caisse des dépôts et consignations, elle
s'évapore dans une série d'opérations ainsi racon-
tées par M. Ballue : « Quand cette Caisse tient,
elle tient bien ; l'indigène se rend avec son mandat
et on lui répond qu'il n'est pas en règle. — Que
dois-je faire ? — Cherche, c'est ton affaire. L'indigène est alors obligé ou de ne pas poursuivre ou
de s'aboucher avec un étranger, un homme d'affaires qui lui dit : les Roumis ne te paieront jamais.
Viens chez moi, je vais te payer. On lui donne alors
un certain nombre de douros, et, pour **100** francs
que touche l'indigène, l'homme d'affaires, plus
habile, touche **1.000**, **1.500**, **2.000** fr. en son lieu
et place. »

Mais — nous ne faisons aucune difficulté de le
reconnaître — la thèse, si « brutale » soit-elle, de
la feuille opportuniste, n'en est pas moins fondée
en l'espèce. La « propriété non transmissible » ou
collective qui existe encore chez les Arabes — et
que les romanciers de l'économie politique nous
donnent comme ayant disparu ailleurs pacifiquement, parce qu'elle avait fait son temps — a toujours et partout été détruite violemment comme un
obstacle insurmontable à la dépossession à l'amia-

ble, mètre à mètre et homme par homme, des collectivités vaincues. Et en voulant — contre le
Siècle — constituer en Algérie la propriété individuelle des colons sur le vol des tribus, la *République française* a pour elle non seulement tous les
précédents, mais la force même des choses.

Qu'elle cesse seulement — si elle ne veut pas
reculer les bornes de la mauvaise foi — de fulmi-
ner contre le socialisme révolutionnaire et ses conclusions expropriatrices.

En se constituant il y a cinq ans — avec les
Partis ouvriers d'Europe et d'Amérique — sur la
base de l'expropriation de la classe capitaliste, le
Parti ouvrier français a été acculé à des nécessités
de même ordre :

1° Impossibilité pour « l'élément ouvrier de se
faire sa part dans la société actuelle en dehors de
l'expropriation » ;

2° Obligation pour « l'Etat — conquis par la
classe prolétarienne — de faire, par la voie de l'expropriation, entrer dans son domaine les grands
moyens de production (mines, hauts-fourneaux,
tissages, etc.), afin de les rendre accessibles aux
producteurs ».

La seule différence entre l'expropriation de la
République française et la nôtre, c'est que, dans
le premier cas, il s'agit d'enlever à la majorité
arabe un sol qu'elle cultive depuis des siècles, pour
le distribuer, sous prétexte de colonisation, à une
poignée d'étrangers, plus ou moins avouables, qui

n'y ont aucun droit, pendant que, dans l'autre cas, il s'agit de restituer à la majorité prolétarienne qui l'a créé de toutes pièces et est seule à le mettre en valeur un outillage monopolisé aujourd'hui par une minorité d'oisifs.

Mais cette différence — essentielle — n'est pas de nature, on en conviendra, à infirmer notre droit. Au contraire !

Décembre 1883.

Expropriation des Expropriateurs

C'est le 15 de ce mois que doit entrer en vigueur l'arrêté de M. le préfet de la Seine qui réserve, aux seuls tombereaux de la Ville, ce qu'en langage administratif on appelle « les résidus de ménage des locataires ou habitants » et ce que, sans faire concurrence à Zola, tout le monde, vous et moi, appelions plus simplement des ordures.

L'industrie ordurière ou chiffonnière, ainsi tuée d'un trait de plume, a ému un certain nombre de chroniqueurs à court de copie et en veine d'opposition. Mettre du jour au lendemain sur le pavé — ou, plus exactement, hors des ressources que présentait pour eux le pavé — « une bande de gens inoffensifs » peut être très « hygiénique », mais ne paraît, aux avocats de hasard des chiffonniers, ni humain, ni prudent.

En quoi ils ont raison, autant de fois raison que

le crochet et la hotte peuvent nourrir, à l'heure qu'il est, de travailleurs nocturnes.

Il est certain qu'une pareille mesure, prise entre la poire et le fromage par un Poubelle quelconque, pour avoir l'air de gagner les trente ou quarante mille francs qu'il nous coûte par année, et qui atteint dans leur misérable vie des milliers de familles, — il est certain qu'une pareille mesure est une série de vols doublée d'une série de meurtres.

Il est non moins certain que, tout se payant, l'ordre social qui se prête à de semblables hécacombes humaines est appelé à rencontrer, tôt ou tard, comme ennemis — à l'état individuel ou à l'état collectif — les pauvres ainsi privés de leurs dernières ressources : les déjections des riches.

Mais ceux qui crient le plus fort contre cette expropriation, « sans la moindre compensation », de toute une catégorie de travailleurs, ont-ils réfléchi aux conséquences de leur protestation à grand orchestre ?

L'industrie des ordures n'est pas la première qui ait été immolée sur l'autel de l'hygiène ou du progrès mécanique.

Avant les chiffonniers écrasés sous le tombereau municipal, nous avons eu les porteurs d'eau, noyés, eux et leurs seaux ou leur tonneau, sous le robinet à domicile et à jet continu des Compagnies générales des eaux ; nous avons eu les voituriers, camionneurs et bateliers « tamponnés » jusqu'à en mourir par les chemins de fer ; nous avons eu les tisserands à la main arrachés à leurs métiers immobiles par les tissages mécaniques. Et à l'heure où j'écris, les grues à vapeur que l'on monte à Rochefort, à Bordeaux, au Havre, partout, sont en train de réduire à zéro le personnel de déchargement.

Si l'on indemnisait les expropriés du chiffon, il faudrait donc — la même « justice » voudrait — que l'on indemnisât toute la série des expropriés du passé et du présent — ce qui ne serait pas seulement une impossibilité financière, ce qui serait encore et surtout une impossibilité physique, la majeure partie des expropriés étant morts depuis longtemps de la mort qui attend les prochaines victimes de l'arrêté préfectoral.

La « compensation » que réclame pour les chiffonniers parisiens une partie de la presse bourgeoise, sans savoir quelle elle peut être, viendra un jour — nous en doutons moins que personne — mais pas en détail, par couche successive d'expropriés : en bloc, pour tous les expropriés à la fois, pour les artisans d'hier, dépouillés de leur instrument de travail, (rouet, scie, métier, etc), de leur habileté technique annulée par la machine-outil et de leur foyer domestique de plus en plus vidé au profit des usines, comme pour les petits industriels et commerçants, qu'arrache aujourd'hui à leur boutique et à leur atelier en faillite la concurrence aussi irrésistible que meurtrière d'un Creuzot ou d'un Bon-Marché.

Ce sera *l'expropriation de la classe entière des*

expropriateurs et l'appropriation collective ou sociale de tous les moyens de production et d'échange.

Mais vous verrez que, ce jour-là, lorsque le Parti ouvrier mettra la main à cette grande œuvre de « compensation » ou de restitution, il aura contre lui tous les plumitifs qui, dans le gagne-pain des chiffonniers à défendre, n'ont vu qu'un sujet d'article.

C'est nous qu'ils dénonceront alors — et qu'ils pousseront à coller au mur — comme des « voleurs », parce que nous ne tiendrons pas compte des « droits acquis » des capitalistes leurs patrons, oubliant à dessein que, de leur propre aveu, ces « droits » n'ont été « acquis » que par une longue suite d'expropriations sans indemnité, c'est-à-dire de *vols*.

La Déesse-Rente

M. Léon Say ne partage pas « la crainte qu'on a éprouvée dans le monde des affaires au sujet de l'impôt sur la rente ». Il est persuadé que la commission qui s'est avisée de remplacer par un impôt sur le revenu un certain nombre de taxes indirectes, et *a compris la rente dans le revenu*, sera la première à reconnaître son erreur.

Et nous donc !

Pour s'imaginer un seul instant que les onze cent et quelques millions qu'empochent annuellement les entretenus de la France du travail puissent être imposés — ne serait-ce que de 3 0/0 — il faudrait prendre au sérieux la Déclaration des droits de l'homme et du citoyen du 26 août 1789, dont l'article 13 était ainsi conçu :

« La contribution commune, indispensable, pour l'entretien de la force publique et pour les dépenses d'administration, doit *être également répartie entre tous les citoyens en raison de leurs facultés* ».

Il faudrait ignorer qu'alors qu'elle grisait le populaire — dont elle avait besoin contre la noblesse — des grands mots de Liberté et d'Egalité, la bourgeoisie, en faisant sa révolution soi-disant humanitaire, ne songeait qu'à mettre ses rentes à l'abri des retranchements d'un, de deux, de trois — et même de quatre quartiers, qui étaient dans les us et coutumes des rois de l'ancien régime.

Il faudrait oublier que, ouverte au cri de : pas de banqueroute ! l' « immortelle » Assemblée nationale n'a rien eu de plus pressé que de mettre, à trois reprises différentes, le 17 juin, le 31 juillet et les 27-28 août, « les créanciers de l'Etat sous la sauvegarde de l'honneur et de la loyauté française », en déclarant que « dans aucun cas et sous aucun prétexte, il ne pourra être fait de retenues ni de réductions quelconques sur aucune des parties de la dette publique ».

Non, non, nos rentiers n'ont rien à redouter des

petits-fils des bourgeois d'alors. Ils peuvent dormir tranquilles sur les quinze milliards qu'ils ont coûté au prolétariat français, rien que depuis 1871, — trois fois l'indemnité de guerre soldée à l'Allemagne victorieuse !

Leurs milliards ne seront pas plus écornés dans l'avenir qu'ils ne l'ont été dans le passé. Pas un centime n'en sera détourné pour l'outillage militaire, industriel ou intellectuel de la nation.

Eux, payer tribut au pays? Allons donc ! C'est à eux qu'on le paye, que nous le payons tous !

C'est pour eux que le sol est défriché, labouré, ensemencé, moissonné. Pour eux que le sous-sol, éventré, fournit chaleur, lumière et couleur. Pour eux que, dans les forges, les tissages, les raffineries, hommes, femmes et enfants laissent leurs forces, leurs membres, leur vie.

Il ne se produit pas, dans le grand atelier social un centime de valeur que le rentier n'en ait sa part. Pas une minute de travail ne s'impose à notre espèce dans laquelle le rentier ne représente plusieurs secondes.

En évaluant à dix millions les producteurs français, tant agricoles qu'industriels, c'est *cent dix francs* que chacun d'entre eux doit prélever, chaque année, sur ses moyens d'existence, pour assurer l'inutile et large vie de ce parasite, roi du monde capitaliste.

La dette publique — ou la rente — est, en effet, l'idéal de la classe qui entend tout consommer sans rien produire, parce que — selon la très juste observation de Karl Marx — « elle donne à l'argent improductif la valeur reproductive, sans qu'il ait pour cela à subir les risques et les troubles inséparables de son emploi industriel ou même de l'usure privée ».

Pour le rentier, pas de grêle, pas de phylloxera, pas de crise ou de guerre qui tienne. Son revenu — et c'est pour cela sans doute que la commission de revision de l'assiette de l'impôt le biffera des revenus imposables — plane au-dessus des vicissitudes industrielles, commerciales et agricoles qui ne sauraient l'atteindre, si peu que ce soit.

A son Sedan politique, la France peut ajouter un Sedan économique, peu lui importe! La France pourrait même disparaître, comme puissance, qu'il n'aurait pas à souffrir de cette mort nationale, l'Etat annexeur — ou bourreau — ne devant pas manquer, comme cela a eu lieu lors de l'annexion de l'Alsace-Lorraine, de prendre à sa charge le service de la dette française.

Dans l'inaccessibilité de ses coupons, le rentier, en réalité, est Dieu, le seul, le vrai Dieu. Jusqu'au jour du moins où, nouveau Titan, le prolétariat, entassant ses légions sur ses légions, escaladera le ciel capitaliste et en finira avec toutes les religions — y compris et surtout celle de la rente.

Les services de la Banque de France

Les incompatibilités parlementaires à l'aide desquelles les roublards de la bourgeoisie et les jobards du prolétariat s'occupent d'assurer l'indépendance des membres du Législatif ne sont, pour les socialistes révolutionnaires, qu'une chinoiserie — ajoutée à tant d'autres.

Quoi qu'on fasse, à quelque expurgation qu'on se livre, tant que ce sera la même classe capitaliste qui se partagera le Cabinet et les Chambres — l'appartement complet du pouvoir — nous n'aurons toujours, comme contrôle, que celui de Bertrand sur Robert Macaire ou celui de Ferry (Charles) sur Ferry (Jules).

Des fonctionnaires rétribués sur les fonds de l'Etat ou nommés par le gouvernement, on étendrait l'interdiction du mandat de député ou de sénateur aux représentants de la haute banque et des grandes Compagnies, que cette nouvelle incompatibilité — si chère au camphrier Raspail — n'aurait pas plus d'effet contre la Finance. Chassée par la porte de la loi, elle rentrerait par la fenêtre de la concussion, achetant sous main la Représentation nationale dans laquelle elle ne pourrait plus figurer en personne.

C'est déjà, d'ailleurs, sa manière de procéder. Est-ce qu'on a jamais vu les Rothschild, bien que naturalisés Français depuis 1848, briguer les suffrages de leurs concitoyens ? Un siège à la Chambre ou au Sénat, mais c'est au-dessous de ces véritables rois de la République qui se contentent d'y envoyer leurs domestiques, et au moyen de ces larbins — à livrée, comme les Léon Say, ou sans livrée, comme les X... et Y... — ont tous les avantages de l'action parlementaire sans en avoir les ennuis — et la responsabilité.

Peu nous importe donc qu'après avoir affirmé — selon l'expression de M. Béranger — « le principe » de l'incompatibilité du mandat législatif avec les fonctions à rétribution ou à nomination gouvernementale, le Sénat l'ait immédiatement violé au bénéfice des gouverneurs de la Banque de France et du Crédit foncier.

Ce qui est, en revanche, aussi intéressant qu'instructif, ce sont les raisons invoquées par M. Tirard à l'appui de cette double exception.

Pour rouvrir aux gouverneurs de ces deux « grands établissements publics », le Palais-Bourbon et le Palais du Luxembourg qui venaient de leur être fermés en leur qualité de fonctionnaires nommés par l'Etat, le ministre des finances... à découvert s'est appuyé sur « les services éminents que la Banque de France a rendus au pays » dans les tragiques circonstances que personne ne saurait avoir oubliées.

Les services rendus par la Banque de France il y a quatorze ans, en plein effondrement de la patrie française ! Ah ! oui, parlons-en.

Alors que, Paris livré comme avait été livré Metz, le tiers de son territoire occupé et saccagé, deux de ses provinces arrachées, le pays râlait sous la crosse du fusil Dreyesse, on était en liesse à la Banque, où l'on encaissait des deux mains, sous la forme de belles espèces bien sonnantes, les larmes, le sang et les hontes de la patrie.

Tandis qu'en 1868, à l'apogée de la prospérité impériale, l'action de 1.000 francs ne rapportait que 90 francs, en 1871 elle donnait un dividende de 270 francs, porté en 1872 à 320 francs et en 1873 à 360 francs.

L'invasion avait fait quadrupler les dividendes!

En octobre 1869, les actions de la même Banque étaient cotées 2.725 francs. En février 1873, elles étaient cotées 4.515 francs.

Le démembrement de la France avait presque doublé les actions !

C'est de cette façon — en battant monnaie avec nos désastres au profit d'actionnaires qui ne sont pas moins Allemands et Anglais que Français — que la Banque de France a « servi éminemment » le pays durant les années terribles.

Il est vrai qu'à la même époque et dans les mêmes circonstances le maître du jour, M. Jules Ferry, le « servait » non moins « éminemment » en affamant la capitale et en sacrifiant d'un trait de plume, de compagnie avec les Simon et les Favre, notre dernière armée de l'Est.

Ce qui explique qu'aux yeux de ses frères et

amis du Sénat le patriotique passé de MM. Rouland, Schneider, Rothschild et autres Léon Say ait paru constituer un « titre exceptionnel » à un siège législatif pour leurs successeurs.

Mais tout le monde n'a pas les mêmes motifs pour être de cet avis. Et je connais, pour ma part, un certain nombre de « grincheux » qui, sans contester le « titre exceptionnel », au lieu de le faire aboutir pour le gouverneur d'une pareille banque au Sénat ou à la Chambre, le feront aboutir au mur Jecker — le jour où ils seront les maîtres.

Ah ! le bon Bock

Pour mettre les ouvriers en garde contre « ce que les colporteurs de la *bonne parole* appellent *la tyrannie du capital* et les *vols bourgeois* », un ancien ingénieur des mines, M. Pernolet, vient d'avoir une idée originale — sinon heureuse — sur laquelle se sont jetés le journal la *Houille* d'abord, le *National* ensuite.

C'est d'évaluer en... bière le profit réalisé, en 1881, par les Compagnies minières du Nord, sur leurs serfs de dessous terre.

Sous cette forme liquide, le prélèvement dont est l'objet le produit de leur travail lui a paru plus facile à faire avaler à ces travailleurs.

Et après avoir établi — d'après des « documents officiels » qu'il oublie d'indiquer — à **20.529.403** francs les salaires reçus pour l'année par les **20.901** mineurs, et à **2.751.914** francs les dividendes distribués aux actionnaires, ledit Pernolet aboutit aux conclusions suivantes :

A trois cents journées de travail par an, chaque mineur a reçu par jour **3** francs **30**, alors qu'il a produit **3** francs **75** centimes — ce qui réduit à **40** et quelques centimes par jour « la part du sacrifice fait par l'ouvrier et ne *représente guère que la valeur d'un bock par journée* ».

Un bock — au prix où est le bock au Grand Café de l'Opéra — voilà donc tout ce que paie par jour à ses employeurs « le prétendu exploité » qui reçoit en échange « les moyens d'assurer l'existence paisible de sa famille » !

C'est Pernolet qui le dit — et qui n'a pas l'air de se douter de la réponse naturelle et fatale de l'ouvrier : « Ce bock, puisque c'est moi qui l'ai tiré, au lieu de le payer à Son Oisiveté l'actionnaire, j'aimerais autant — et même mieux — le consommer moi-même. »

Pernolet ne paraît pas non plus s'apercevoir que ces **40** ou **45** centimes de bock représentent le *huitième* de la journée ouvrière, évaluée par lui-même — le bock compris — à **3 fr. 75**. C'est-à-dire qu'en acceptant même pour exacts les chiffres qu'il lui a plu d'aligner, la *dîme capitaliste* serait d'*un cinquième plus lourde* que la *dîme féodale*, qui ne représentait, elle, que la *dixième* partie du produit, et pour la destruction de laquelle, cependant, les grands-pères de Pernolet n'ont pas reculé devant une Révolution.

Mais ces chiffres sont faux — d'une fausseté qui ne laisse pas place à une erreur involontaire.

Pour parler franc — ou français — M. Pernolet et ses deux organes *mentent* lorsqu'ils limitent à « 2.751.914 fr. les dividendes reçus en 1881 par les actionnaires des houillères du Nord ».

Ces houillères sont au nombre de huit : Anzin, Aniche, Escarpelle, Douchy, Vicogne, Fresne-Midi, Azincourt et Marly. Et il suffit d'ouvrir l'*Economiste français* de la première semaine de janvier 1882 pour se convaincre que le 29 décembre 1881, trois d'entre elles seulement : Anzin, Escarpelle et Vicogne, avaient distribué, la première, 4.032.000 francs ; la seconde, 692.760 francs, et la troisième, 2.400.000 francs, aux porteurs de leurs 38.573 parts de deniers ou d'actions — soit *sept millions cent vingt-quatre mille neuf cent-soixante francs.*

Et dans cette somme — je le répète — ne sont pas compris les 400 francs par part de denier d'Aniche, les 100 francs par action de Douchy, etc., qui portent presqu'au double le « revenu total ».

D'un article de M. L. Simonin, publié par le *Journal de Denain* du 2 janvier de cette année, il résulte en effet, qu'en évaluant à 5 fr. 67 c. les frais de main-d'œuvre par tonne (l'ingénieur en chef des mines du Nord, M. Peslin, ne les fixe, pour 1881, qu'à 5 fr. 59) et à 3 fr. 33 c. les autres frais, « il reste un bénéfice net moyen de **3 fr. 40 c.** par tonne ».

Ce qui, pour les **3.671.702** tonnes extraites en **1881** dans le département du Nord, donne *douze millions quatre cent quatre-vingt-trois mille sept cent quatre-vingt-un francs*, soit *plus de quatre fois* le chiffre imaginé par *Pernolet-bon-bock* contre « l'ignorance et la mauvaise foi des déclamateurs socialistes ».

Répartis entre nos **20.701** travailleurs du sous-sol, cela ferait 603 francs par tête et par an ou *plus de deux francs par jour.*

Nous sommes loin, on le voit, du fameux bock (pris au Grand Café de l'Opéra) qui ferait l'objet du litige entre le travail et le capital.

C'est une véritable mer de bière qui, brassée à plusieurs centaines de mètres au-dessous du niveau de la terre par la chair à grisou et à éboulement, est bue à tire-larigot par les Perier, Chabaud-Latour et autres patrons du Pernolet.

La fin de la France par la propriété

Les terribles dangers qui menacent la nationalité française ont été maintes fois dénoncés par la statistique, que Lange appelait « la plus révolutionnaire de toutes les sciences ».

De **38** pour cent de la population totale des grandes puissances que nous représentions à la fin du dix-septième siècle, nous sommes successivement tombés à **27** pour cent en **1789**, à **20** pour cent en **1815** et à **14** pour cent en **1878**. Et cela, non pas tant en suite de perte de territoire que par l'insuffisance de l'accroissement de la population.

Alors que l'accroissement annuel par **1.000** habitants a été, pour la période **1860-77**, de **7** pour l'Italie, de **8** pour l'Autriche et la Russie, de **9** pour l'Allemagne, de **12** pour l'Angleterre et de **16** pour la Saxe, il n'a été que de **3 1/2** pour la France. Et, depuis, il va diminuant d'année en année.

Quant aux conséquences de cette insuffisance de notre reproduction, c'est la *République française* qui les indiquait, dans sa revue scientifique, en février 1880 : « Ce n'est pas seulement notre puissance politique et militaire qui est en péril, c'est notre puissance économique ; c'est plus que cela encore, c'est l'influence intellectuelle et morale que nos écrivains exerçaient sur le monde, c'est le patrimoine intellectuel de la France qui est en question. Notre patrie est menacée d'une ruine irrémédiable. »

Sur ce point, aucun doute possible. La France se meurt, et ce qui la tue, ce n'est pas une défaillance organique, une stérilité inhérente à notre race, puisque les Franco-Canadiens originaires de nos départements normands, les moins féconds de tous, ont centuplé en un siècle, malgré une immi-

gration considérable aux États-Unis et malgré
l'envahissement de leur pays par les colons anglais.

Ce n'est pas non plus le défaut de subsistances
puisque l'immigration va toujours croissant des
étrangers dans notre pays. De 1860 à 1880 seulement, le nombre des étrangers fixés en France a
plus que doublé.

Non, il s'agit d'une stérilité artificielle, volontaire et préméditée. Il s'agit de calculs individuels.
Si la race française, au risque d'un étouffement
inévitable et prochain au contact de ses puissants
rivaux, ne se reproduit pas ou ne se reproduit que
dans une proportion dérisoire, c'est que les ména-
ges français font le moins d'enfants possibles.

Et pourquoi ? parce que les millions de petits
propriétaires que compte la France ne veulent pas
voir, morcelés, partagés après leur mort, le morceau du sol qu'ils ont eu tant de peine à « arron-
dir » de leur vivant.

Cela est si vrai que — de l'aveu encore de la
République française — c'est « dans les départements où la propriété est très divisée (où les propriétaires sont le plus nombreux) que la *natalité*
a une tendance à se restreindre, pendant qu'on la
voit augmenter dans ceux où la propriété est concentrée entre quelques mains.

24 naissances seulement pour 1.000 habitants
dans les 30 départements qui comptent par 1.000
habitants 285 propriétaires et 28 dans ceux qui

ne possèdent que 177 propriétaires pour le même chiffre d'habitants.»

Les paysans propriétaires, que l'imbécilité bourgeoise oppose comme un obstacle insurmontable à nos revendications collectivistes ou communistes, peuvent être le plus puissant instrument de conservation sociale. Mais la société qu'ils contribuent si puissamment à conserver, *c'est la France cosaque ou prussienne avant un siècle.*

Mais qu'on ne croie pas que, la *cause propriétaire* du mal ainsi impitoyablement établie, les docteurs *tant pis* ou *tant mieux* de l'ordre actuel vont aboutir à la conclusion nécessaire, à l'ordonnance qui s'impose.

Ceux qui voient les choses en noir, comme M. le député légitimiste Pieyre, se bornent à demander à la Chambre une modification dans le droit de mutation.

Actuellement, on le sait, les successions recueillies par les enfants, à la mort des parents, sont grevées d'un droit fixe de un pour cent, quel que soit le nombre des enfants. Et ce que propose notre honorable à 9.000 fr. par an, c'est une taxe en raison inverse du chiffre des enfants : 6 fr. 50 0/0 s'il n'y a qu'un enfant, 5 0/0 s'il y en a deux, 1 fr. 50 0/0 s'il y en a trois, 75 cent. 0/0 s'il y en a cinq et 50 c. 0/0 seulement s'il y en a six ou sept.

Le pauvre homme s'imagine, avec ces primes tout ce qu'il y a de plus homœopathiques, « pousser à la fécondité » et se fait *charivariser* — avec raison — par le *Journal des Débats* qui le rappelle à la réalité dans les termes suivants :

« Prenons un cultivateur normand qui possède une fortune de 100.000 fr. Il a un fils, et désire n'en point avoir d'autre, parce qu'il laisse à ce fils 99.000 francs, c'est-à-dire l'aisance, et parce qu'il ne laisserait à deux fils que 49.500 francs par tête, c'est-à-dire la médiocrité. Venir dire à ce père : ayez deux enfants au lieu d'un, parce qu'alors ils auront à se partager 95.500 francs, tandis que votre fils unique n'en aurait que 93.500 à lui tout seul, c'est le supposer par trop naïf. »

Rien de plus exact. Mais que va-t-on faire alors ? Rien. Et ce rien suffit au même *Journal des Débats* qui, lui, voit les choses en rose, comme le rapporteur de la proposition Picyre, M. le député radical Carret.

Entre la fin de la France par la propriété et la fin de la propriété individuelle du sol et des autres moyens de production, le patriotisme de nos radicaux et de nos opportunistes, une fois de plus d'accord, n'hésite pas.

Il vote la fin de la France, « la chute irrémédiable de la Patrie », selon l'expression de l'organe de feu Gambetta.

Et la France finirait, si, heureusement pour elle, le collectivisme ou le communisme révolutionnaire du Parti ouvrier n'était pas là pour la sauver, malgré et contre la bourgeoisie.

100 Milliards !

Le dernier rapport de M. Tirard sur la « situation des engagements du Trésor au 1er janvier 1884 » arrache des hi ! et des ha ! à nos gouvernants bourgeois eux-mêmes, épouvantés de ce que coûte leur politique — bien que ce ne soit pas à eux qu'elle coûte.

Le montant des sommes qui restent à payer d'ici 1960 atteint à 16 MILLIARDS 152 millions 736 mille 554 francs, 51 centimes, dont 6 milliards 588 millions en capital et 9 milliards 564 millions en intérêts, — de l'argent à 150 pour 100 ! Et sur ces 16 milliards les Rothschild des divers chemins de fer n'ont à « palper » — les pauvres gens ! — que 4 milliards 646 millions 663 mille 221 francs, 33 centimes.

A ces 16 milliards 152 millions 736 mille 554 francs, 51 centimes, qui ne sont qu'une partie du découvert, il convient d'ajouter :

1º Les subventions (1884 à 1901) aux Compagnies maritimes, — ou 290 millions 164 mille 905 francs ;

2º Les remboursements à la caisse des lycées, collèges et écoles primaires, évalués à 236 millions 554 mille francs ;

3º Les garanties d'intérêts aux chemins de fer (encore !) de France et d'Algérie, dont « le total ne saurait être indiqué, même approximativement », mais sera « très considérable », de l'aveu du ministre de ces étranges finances ;

4° La dette consolidée et la dette flottante dont le service annuel dépasse 896 millions, — soit, pour les soixante-seize années qui nous séparent de 1960, 78 MILLIARDS 96 MILLIONS.

78 milliards 96 millions, *plus* 236 millions 544 mille francs, *plus* 200 millions 164 mille 905 francs, *plus* 16 milliards 152 millions 736 mille 554 francs, *plus* le montant inconnu mais « très considérable » des garanties d'intérêt aux chemins de fer, cela nous mène, si je sais faire une addition, bien près de 100 MILLIARDS.

100 MILLIARDS ! Voilà donc, en chiffre rond, la charge qui d'ici 1960 écrasera le travail national du seul chef des engagements actuels du Trésor, en admettant que par impossible le Trésor ne s'engage pas davantage et sans compter les milliards nécessités annuellement par l'armée, la marine, la police, la magistrature, le clergé, etc., etc.

Voilà ce que, en dehors des bénéfices, dividendes et autres prélèvements de ses employeurs directs, devra produire pour ses dirigeants la France ouvrière, c'est-à-dire la classe qui ne possède rien, rien que sa force-travail dont la vente quotidienne est son seul moyen de vivre !

100 MILLIARDS DE DETTE ! Tel est l'héritage de nos déshérités ! C'est ça, pour eux, et patrie et République !

Et ces 100 milliards, qu'il leur faudra suer sous

2

la courbache du fisc, une fois dégorgés par nos
prolétaires, ne les libèreront ni peu ni prou. Le
lendemain de ce formidable amortissement, ils se
retrouveront, comme la veille, avec le même ro-
cher sysiphique du Grand-Livre à rouler, avec les
mêmes rentes perpétuelles à servir.

Quel dixième cercle à ajouter à l'enfer de Dante,
que ce gouffre des déficits budgétaires où, Décius
forcés, des générations entières de travailleurs
sont appelés à disparaître sans espoir même de le
combler ! Et comme on pleurerait sur ces damnés
des dilapidations bourgeoises, si la Révolution qui
vient — et dont les élections socialistes allemandes
ne sont qu'un des signes avant-coureur — n'apportait pas dans ses flancs la banqueroute libératrice !

Un Bilan

Libre au gouvernement — qui compte parmi ses
sous-secrétaires d'Etat un administrateur d'Anzin,
M. Perier — de s'opposer à l'enquête parlementaire réclamée par M. Clémenceau, comme M. Clémenceau avait lui-même fait la sourde oreille à
l'enquête ouvrière réclamée par les délégués des
mineurs de Douai.

Opportunistes du pouvoir et radicaux de l'opposition sont dans leur rôle de classe en ne voulant
pas, ceux-ci que le grand jour, ceux-là que le
demi-jour même soit fait sur l'exploitation capitaliste dont la Régie d'Anzin est l'idéal.

Mais on se tromperait étrangement si l'on s'imaginait que, faute d'une main officielle pour soulever un coin du voile qui recouvre le plus grand vol des deux derniers siècles, le voile ne sera pas déchiré.

Les statistiques, heureusement, sont là, qui peuvent suppléer aux *enquêteurs*. Et voici ce que raconte la brutalité de leurs chiffres :

Lorsqu'en 1734, la houille grasse fut découverte à la fosse du Pavé, sur Anzin, on avait dû, pour aboutir, creuser depuis 1716, 34 puits et dépenser 1.413.103 livres, dont 47.500 fournies en deux fois, à titre de subvention, par l'Etat. Ce qui réduit le capital de fondation à 1.365.603 livres, et la valeur *versée* du denier (au nombre de 288) à un peu plus de 4.000 francs ; car, dès cette époque, l'exploitation — c'est l'ingénieur-directeur des mines d'Aniches qui le rapporte — « était bien réglée et prospère. »

Or, en 1781, le denier (de 4.000 fr.), vaut déjà 33.250 livres.

En 1791, « sa valeur devait être du double ».

En 1833, le denier atteint 100.000 francs.

En 1840, 200.000 francs.

En 1874, 800.000.

De 1.365.603 livres qu'elle représentait en 1734, la propriété totale d'Anzin est montée, en 1874, à **230 millions.**

Quant aux dividendes distribués, en laissant de côté la période de 1734 à 1763, sur laquelle

M. l'ingénieur E. Vuillemin, ne nous fournit aucun renseignement, ils sont en moyenne :

De	300.000	livres	en	1764
—	400.000	—		1775
—	700.000	—		1779
—	1.400.000	—		1788
—	2.204.000	francs	en	1833
—	2.880.000	—		1848
—	3.500.000	—		1854
—	5.000.000	—		1865
—	10.000.000	—		1873
—	12.616.000	—		1874

soit un total, pour cent dix ans, de *plus de* **220** *millions*.

Qu'on ajoute à ces **220** millions les **11.000.000** de 1875, les **10.000.000** de 1876, les **5.500.000** de 1877, les **2.200.000** de 1878, les **2.900.000** de 1879, les **2.031.000** de 1880, les **1.970.000** de 1881, les **1.297.000** de 1882 et les **1.276.000** de 1883, avoués par M. Raynal en pleine Chambre des députés, et l'on arrive à un bénéfice net. total, de *plus de* **255** *millions de francs*.

255 millions de dividendes, plus **230** millions que se cotaient à la Bourse, en 1874, les **288** deniers : cela fait près d'*un demi-milliard* qu'a valu, sans travail aucun, même administratif — puisque les actionnaires n'ont aucun droit d'intervenir dans la gestion de la Société — cette partie du sous-sol national aux familles Perier, de Witt, Chabaud-

Latour, d'Audiffret-Pasquier, etc., en échange du
million déboursé il y a un siècle et demi.

Les travailleurs, eux, ceux qui, de génération
en génération, ont risqué leur vie trois cent soixante-
cinq jours par année dans cet enfer géologique
pour en extraire le *diamant noir*, ont reçu :

275 fr. de salaire annuel de	**1764** à **1802**
366 —	—	**1802** à **1817**
339 —	—	en **1818**
534 —	—	**1845**
1168 —	—	**1873**
1129 —	—	**1875**

Soit **44.367** fr. pour **110** années de travail ou,
par vie de mineur — évaluée à trente-six ans —
14.789 fr.

Il est vrai que les éboulements, les inondations,
les coups de grisou, qui se chiffrent par plusieurs
milliers de cadavres, se sont ajoutés pour eux à ces
410 francs en moyenne par année.

Il est vrai encore que « la privation de soleil et
de lumière, l'humidité, le défaut d'oxygène et la
présence de gaz délétères » leur ont rapporté l'*a-
némie*, constatée pour la première fois en **1803** par
Hallé et les médecins d'Anzin et caractérisée « par
une teinte cireuse, un œdème des extrémités et du
visage, des palpitations et de l'essoufflement, une
profonde prostration des forces, des sueurs nocturnes très abondantes, un pouls faible et accéléré,
de fréquentes défaillances, tous les signes en un

2.

mot d'un dépérissement plus ou moins lent, mais
profond ».

Et ils osent réclamer — les misérables ! Ils osent
— après s'être tués de toutes les façons pour *renter*
d'un *demi-milliard* « la Compagnie à Perier » —
lui refuser les 500 pauvres petits mille francs
dont elle a besoin, paraît-il, pour joindre les deux
bouts !

Allons, vite des dragons, M. Waldeck, et si la
cavalerie ne suffit pas, qu'on y ajoute de l'artillerie comme à Reims, en 1880, M. Rousseau !

Où irions-nous et que deviendrait la société, si
on ne pouvait équilibrer avec du plomb la balance
qui penche si lourdement du côté du travail, contre
le capital ?

La propriété au Cambodge

Le traité de Tien-Tsin, que M. Jules Ferry avait
mission des Chambres de faire respecter et qui
vient d'être enterré sous les ruines de Fou-Tcheou,
ne saurait nous faire oublier la convention de
Pnum-Penh, passée le 17 juin dernier avec le roi
du Cambodge, et aux termes de laquelle « le sol du
royaume cessant d'être inaliénable, il doit être
procédé, par l'autorité franco-cambodgienne, à la
constitution de la propriété au Cambodge ».

D'après le *Temps* du 20, cette transformation
s'était faite « selon les désirs de Sa Majesté Noredom, qui avait jugé bon », etc., etc.

Dès la fin de juillet la version variait. Le *Temps* du **30** publiait — sans commentaire — un télégramme du gouverneur de la Cochinchine au général Boué, portant que « c'est à la suite de l'attitude blessante prise par le roi, et comme *réparation*, qu'a été obtenue la convention du **17** juin ».

Le **2** août, enfin, le journal le *Saïgonnais* — reproduit par le *Temps* — apportait, sur les véritables origines de cette convention, créatrice de la propriété individuelle dans l'Extrême-Orient, des détails que nous regrettons de ne pouvoir reproduire *in extenso* et dont voici la substance :

" Le **12** juin, arrivée de M. Thomson à Pnum-Penh, porteur d'un arrangement douanier que, sous différents prétextes, le roi évite de sanctionner. Le **13**, avis donné au récalcitrant que si le **14** il n'a pas accepté cet arrangement, on saura « prendre toutes les mesures exigées par les circonstances ». Le **14**, arrivée de trois canonnières, l'*Alouette*, la *Logaci* et l'*Escopette*, qui débarquent 150 hommes d'infanterie de marine et 150 tirailleurs indigènes, sous le commandement du colonel Miramond. Le **17**, à cinq heures du matin, investissement par la troupe du Palais royal qui est forcé par M. Thomson et son escorte, et sommation *ad hominem* d'avoir à signer, non plus l'arrangement douanier, mais une nouvelle convention qui «permette à la France de remplir enfin au Cambodge le rôle qui lui incombe». *Soumission ou abdication*, tel est le dilemme appuyé de trois cents baïonnettes, dans lequel est enfermé Noredom qui, « vaincu par une attitude aussi énergique », cède et appose la signature demandée.

Rien à ajouter à une pareille scène — qui rappelle, en les agrandissant, celles qui se jouaient dans les Abruzzes à l'époque du brigandage — sinon que le *dévalisé* de *Pnum-Penh* s'était mis de lui-même, depuis 1863, sous le protectorat du gouvernement qui vient de lui crier : *soumission ou abdication*, comme on demande « la bourse ou la vie ». Tout y est, depuis « l'ombre de la nuit » utilisée de tout temps par les opérateurs de grand chemin, jusqu'à l'*Escopette*, qui, au lieu d'être un mauvais fusil, se trouve être devenue — progrès oblige — une excellente canonnière.

Mais en surprenant une fois de plus la bourgeoisie gouvernementale française en flagrant délit de banditisme, en train de *faire* le royaume comme d'autres *font* le porte-monnaie, nous n'avons pas — et pour cause — la naïveté de nous indigner. Nous savons que ce qu'elle vient d'accomplir au Cambodge, la bourgeoisie gouvernementale anglaise l'a accompli aux Indes et la bourgeoisie gouvernementale allemande l'accomplira demain où bon lui semblera. Toute la politique coloniale a toujours été faite de ces extorsions, agrémentées le plus souvent de meurtres, qui plus est.

Ce que nous avons voulu, en évoquant cette avant-dernière page de l'histoire de notre empire indochinois, c'est faire toucher du doigt, pour ainsi dire, la façon dont en plein dix-neuvième siècle se constitue la propriété individuelle.

Que cette propriété ait à sa source la violence, toutes les violences, dans le passé, même les plus bouchés des économistes ont dû finir par le reconnaître. Seulement, en même temps qu'ils invoquent la prescription en faveur des héritiers de ces vols séculaires, ils affirment, à qui veut les entendre, que ce qui est vrai d'hier est faux aujourd'hui et qu'actuellement, depuis ce qu'ils appellent l'ère moderne, sortie de la force des choses la propriété individuelle est fille exclusive du travail, de l'épargne et de je ne sais encore quelle autre opération du Saint-Esprit bourgeois.

Eh bien ! la voilà, « la force des choses » qui met fin à l'inaliénabilité du sol du Cambodge en l'an de civilisation 1884 ! — C'est la force de trois canonnières, dont l'*Escopette* la bien nommée.

Le voilà « le travail » qui engendre la propriété individuelle ! — C'est la prise d'assaut en pleine paix et en pleine nuit du palais d'un allié, d'un « protégé ».

La voilà, « l'épargne », père et mère de la même propriété ! — Ce sont les cinquante cartouches par homme de trois cents fusiliers marins et tirailleurs indigènes, qui couchent en joue, jusqu'à ce qu'ils se soit laissé détrousser, un vieillard surpris et sans défense.

Et comme il est fatal que cette propriété de quelques-uns, née du guet-apens, ait pour conséquence

l'exploitation générale, elle va commencer par
coûter aux contribuables cambodgiens et français —
français surtout — 300.000 piastres ou près de **2**
millions de liste civile qu'il a fallu assurer au Noredom et à ses proches, pour prix d'un consentement tout ce qu'il y a de plus *in extremis*.

Oh ! là là !

La classe capitaliste, qui gouverne sans régner
sous la monarchie et qui gouverne et règne sous la
République, a quelque peu modifié le *truisme* de
Descartes : « Je pense, donc je suis. »

Tous les jours elle se prouve son existence — et
elle la prouve aux autres — non pas en pensant —
il y a longtemps qu'elle s'est déchargée de ce soin
sur des salariés — mais en volant.

Son vol ordinaire — celui qu'on pourrait appeler son pain quotidien — s'opère sur les producteurs nationaux, mineurs à la d'Audiffret-Pasquier, tisseurs à la Bréchard, métallurgistes à la
Schneider, raffineurs à la Constant Say, que l'escopette du salariat n'admet à passer — ou à vivre
— qu'autant qu'ils auront vidé, entre les mains
des salariants, le produit le plus clair de leur travail, 55 pour 100 en moyenne.

Divers autres vols — qui consistent à mettre du
beurre sur ce pain — s'accomplissent par l'impôt
qui dépouille les producteurs en tant que contri-

buables, par le commerce qui les dépouille en
tant que consommateurs, et par la finance qui les
dépouille en tant qu'*épargnistes*, dans la mesure
où ils se sont laissé entraîner à pratiquer, pour le
compte des Bontoux-Fœder, « la sainte vertu de
l'économie ».

Mais ces vols — aussi multiples que variés —
enfermés dans les limites ou les frontières de la
Patrie (patrouillotes, saluez !), ne suffisent pas à
l'appétit bourgeois, qui emploie le pouvoir politique, ou l'État monopolisé, à mettre une rallonge
internationale à la table où il se satisfait.

Lorsque ces capitalistes sont en pleine virilité,
comme les Allemands en 1870, c'est aux grandes
nations qu'ils s'attaquent. Rien ne les effraie ou ne
les arrête, et, à leurs risques et périls, sur les
vainqueurs d'Iéna, d'Austerlitz, de Sébastopol et
de Magenta, ils frappent des indemnités de guerre
de cinq milliards.

Lorsqu'au contraire, comme nos petits bourgeois de l'heure présente, le souffle leur manque
avec ce que Danton se vantait de ne pas léguer à
Robespierre, ce n'est pas à la bourse des peuples
capables de se défendre qu'ils s'adressent ; c'est
aux « femmes et aux enfants », si je puis m'exprimer ainsi, de la famille des États qu'ils limitent
leur brigandage.

C'est ainsi — le Livre jaune sur les affaires de
Madagascar qui vient d'être distribué à la Chambre
en fait foi — c'est ainsi que dès 1882, avant même

qu'un kilogramme de poudre eût pu être brûlé, la France capitaliste signifiait au gouvernement hova d'avoir à lui payer « un million de francs ».

C'est ainsi encore qu'après avoir occupé le Tonkin malgré la Chine ; après avoir, depuis deux ans, tué tout ce qui était tuable, brûlé tout ce qui était brûlable et pillé tout ce qui était pillable dans le Delta du fleuve Rouge — doublement rouge — la même France capitaliste est en train d'extorquer au gouvernement de Pékin, sous prétexte d'indemnité, une somme qui « ne saurait être inférieure à cent cinquante millions de francs. »

C'est à ce genre d'opération — le meurtre en grand en vue du vol — que servent l'armée nationale et la non moins nationale marine, paysans et ouvriers que l'on mobilise au nom de la déesse Patrie et dont on fait, malgré eux, autant de sous-Campi.

Et c'est la classe qui use et abuse de la sorte de la force, représentée par le fusil Gras, le canon d'acier et le revolver Hochtkiss, pour vider les poches des vaincus — parce que vaincus — c'est cette classe qui crie à l'abomination de la désolation et nous dénonce et nous traque comme des malfaiteurs parce qu'au bout de la bataille suprême que le prolétariat se prépare à livrer à la bourgeoisie, nous montrons, comme un couronnement nécessaire et légitime, la dépossession de cette dernière.

Dévaliser les inoffensifs Malgaches qui sont

chez eux et que l'on élève au rang d'ennemis parce qu'ils osent se défendre — c'est pain bénit.

Exproprier de leur sol les non moins inoffensifs Annamites, ce qui reste des Annamites après « les merveilles » des Courbet et des Millot; et battre monnaie sur le dos des Chinois qui ont fait cause commune avec leurs frères jaunes — autre œuvre également pie.

Mais défense à la classe ouvrière de toucher à un cheveu de la tête des capitalistes par lesquels et pour lesquels elle saigne ; défense de faire rendre gorge à ceux dont les biens, aussi mal acquis que possible, ne représentent que du travail non payé ou volé.

Oh! là là !

Ne touchez pas à la rente

La mise en demeure des travailleurs sans travail et des salariés sans salaires — qui sera portée demain à la Chambre des députés par les délégués de Paris et de Lyon — venait hier, non plus devant le bureau du Conseil municipal, mais devant le Conseil lui-même. Et malgré la gravité de la situation — on meurt de plus en plus de faim en pleine rue — malgré l'admirable et irréfutable exposé des motifs dont le citoyen Vaillant a appuyé les mesures réclamées, les bourgeois de l'Hôtel de

3

Ville se sont refusés à donner la moindre satisfaction matérielle à leurs électeurs ouvriers.

Ils se sont bornés à voter l'institution d'une Commission permanente du travail à laquelle ont été renvoyées les propositions relatives aux prix de série et à la journée de huit heures, et à se débarrasser du vœu à l'adresse du Pouvoir législatif sur une Commission quelconque chargée de l'enterrer.

Mais ce n'est pas cette faillite — trop facile à prévoir -- de la prétendue représentation parisienne qui caractérise la séance de vendredi. Tout au plus y a-t-il là une nouvelle leçon pour les masses prolétariennes qui, désabusées de la fraction opportuniste de la bourgeoisie, s'obstinaient, contre tout bon sens, à faire fonds sur la fraction radicale de la même classe — ennemie.

Ce qui domine la journée municipale du 30 janvier, c'est l'espèce de danse de Saint-Guy conservatrice qui s'est emparé du Conseil, sans distinction de droite, de gauche et d'extrême-gauche, à la seule proposition d'un prélèvement sur le service de la dette au profit des affamés du travail.

L'idée seule de faire contribuer les rentiers, par une réduction momentanée de leurs arrérages, à l'atténuation de la crise, a transformé en autant de possédés l'unanimité de nos pseudo-mandataires, qui n'ont consenti à passer à la discussion des résolutions de la Commission des ouvriers sans travail qu'après avoir exorcisé par l'ordre du jour pur et simple ce spectre d'un crédit de cinquante millions ouvert aux souffrances ouvrières sur le budget des repus et des oisifs.

Avant tout — a hurlé le Gamard — il faut « rassurer les porteurs de titres ! »

« Il ne faut pas permettre — a repris le Dreyfus — qu'un débat s'engage sur cette question. Il y va de l'honneur et de la dignité de la ville de Paris. »

Et l'Armengaud, et le Strauss, et le Pichon de faire chorus au préfet de la Seine, qui n'aurait pas été le Poubelle que chacun connaît si, prenant d'autorité la parole, il ne s'était pas porté au secours de la rente menacée.

Voilà donc qui est entendu, de par les 69 voix sur 71 qui ont appelé à leur aide la question préalable comme l'Assemblée de Versailles appelait, en mai 1871, les pelotons d'exécution à la Gallifet, la rente est sacrée. On ne touche pas plus à la rente en République bourgeoise qu'on ne touchait à la reine en monarchie féodale, suivant l'expression de Vaillant.

Alors que, de l'aveu de M. Michelin — qui déposait dernièrement un projet de vœu dans ce sens — « les conséquences de la crise qui sévit actuellement doivent être supportées par la population entière » ; alors qu' « il est juste que le préjudice causé par cette crise soit réparti entre locataires et propriétaires », une exception doit être faite au bénéfice des rentiers, qui ne sauraient, sous au-

cun prétexte et sous aucune forme, subir leur part
des calamités les plus nationales.

Ils sont au-dessus de la nation qui les nourrit à
rien faire — sans doute parce que c'est la nation
qui les nourrit, parce qu'ils ne font rien et parce
que, sous le nom d'intérêt, l'argent qu'ils ont pu
prêter leur a déjà été remboursé non pas une fois,
mais dix.

Le Grand-livre a remplacé les Tables de la loi
juive enfermées dans l'Arche et sur lesquelles on
ne pouvait — même d'intention — porter la main
sans être immédiatement foudroyé.

Le dieu des juifs modernes — ou des capitalistes — que constitue l'Etat, municipal et national, n'a pas encore, il est vrai, édicté la peine de
mort contre les citoyens assez sacrilèges pour attenter, même par parole, au nouveau Saint des
Saints ; mais à la façon dont le projet Vaillant a
été exécuté, « avant toute discussion », il y a tout
lieu de croire que cette lacune ne sera pas longue
à combler.

En attendant, lorsque les bourgeoisillons de
l'Hôtel de Ville se sont refusés à rien entendre
avant d'avoir mis hors de page la propriété ren-
tière, ils n'ont fait que parodier la première séance
de la Convention, cette fameuse séance du 21 septembre 1792 sur laquelle continuent à se pâmer
tous ceux qui ne la connaissent que par les historiens de la bourgeoisie.

Alors aussi un grand problème était posé — et

imposé par les événements : celui de l'abolition
de la royauté. Et avant de décréter cette abolition, les grands-pères des petits Lyon-Allemand
d'aujourd'hui voulurent tirer du jeu leur épingle
propriétaire. Danton se leva qui, appuyé par le
girondin Lassource, tonitrua aux « applaudissements unanimes (*sic*) — de l'assemblée :

« On a paru croire, d'excellents citoyens ont
pu présumer que des amis ardents de la liberté
pourraient nuire à l'ordre social en exagérant
leurs principes. Eh bien ! abjurons ici toute exagération ; *déclarons que toutes les propriétés terri-
toriales, individuelles et industrielles seront éter-
nellement maintenues.* »

Et la Convention nationale décréta que « la sûreté des propriétés était sous la sauvegarde de la
nation. »

Sauver la caisse a toujours été la préoccupation
exclusive de la classe qui s'est appelée, suivant les
temps et les lieux, Danton, Gamard — ou simplement Bilboquet.

Sur-corvée

Hier les avocats de la propriété foncière — de
la grande, très grande propriété — niaient encore
mordicus que la surtaxe sur les blés étrangers dont
la Chambre a été saisie par le gouvernement dût
« exercer la moindre influence sur le prix du pain. »

La meilleure preuve — d'après le rapporteur,
M. Graux — que le cours des blés pouvait être re-
levé par des droits protecteurs sans faire renchérir
le pain, c'est que les droits d'octroi sur les farines,
qui pour Paris seulement représentaient **2.260.000**
francs, ont été supprimés « sans que le prix du
pain ait été abaissé d'un centime. »

De ce que fariniers et boulangers ont mis dans
leur poche, au lieu d'en faire bénéficier le consommateur, le montant du dégrèvement ainsi opéré,
on concluait donc qu'ils sortiraient de cette même
poche, au lieu de le prélever sur le consommateur,
le montant de la hausse factice, fiscale, survenue
dans le prix du blé ! C'était tout simplement grotesque.

Aujourd'hui, le grotesque a fait place à l'odieux.
Aujourd'hui, on avoue que, les blés surtaxés,
c'est le pain plus cher, et qu'il s'agit bien réellement d'un impôt sur la faim. Le ministre de l'agriculture, M. Méline, « exprimant l'opinion du gouvernement », n'a contesté que le chiffre de cet
impôt, que « l'honorable M. Langlois » avait éva-
lué à **25** francs par famille de quatre personnes et
le non moins « honorable M. Raoul Duval » à
30 francs, alors que d'après Ferry — de plus en
plus famine — il ne dépasserait pas **18** francs.

Mais ici il faut citer — la forme de l'aveu valant
le fond :

*Vraisemblablement la charge qui résultera du
droit (de 3 francs) sera pour un ménage avec enfants
d'environ 15 à 18 francs au maximum.*

Et le ministre d'ajouter :

Eh bien! je le demande, une pareille charge qui représente quelques journées de travail peut-elle être de nature, comme on a essayé de le dire, à affamer l'ouvrier ?

C'est là réponse — non plus par paroles, mais par faits — de notre bourgeoisie gouvernementale aux réclamations de la France prolétarienne torturée par la plus homicide des crises : *ni travail ! ni pain ! 18 francs d'impôts nouveaux, 18 francs de dîme !* Et au profit de qui ? Au profit des modernes seigneurs du sol, qui, après avoir vu sous l'action sociale des voies de communication et de transport décupler la valeur de leur capital foncier, entendent, à leur première moins-value, se faire couvrir, indemniser par les sans-terre, sans-capital et sans-salaire de l'heure actuelle.

Car, il n'y a pas à le contester après les chiffres apportés par l'agriculteur Duval et par l'économiste Passy, les souffrances auxquelles il s'agit de remédier homœopatiquement par un surcroît de souffrances à infliger aux souffre-tout, n'ont rien de national. La prétendue crise agricole ne touche pas le pays, qui n'a jamais été plus productif — 6.976.000 hectares emblavés en **1884** contre 4.523.000 en 1835, et ce malgré la perte de l'Alsace-Lorraine ; 15 hectolitres 25 à l'hectare en **1885** contre 11,59 de 1815 à 1835 ; 4 milliards 42 millions de francs de récolte en **1876** contre 2 milliards 116 millions en **1840**. Il n'y a « qu'une crise de propriété » — et pas de la propriété représentée par les 12 millions de cotes paysannes — mais de la propriété à fermage et à métayage qui nourrit à rien faire quelques cent mille jouisseurs.

Ceux-ci, en effet, par suite précisément de la surabondance des céréales et de leur bon marché, ne trouvent plus à affermer aussi cher ; ils ont vu réduire jusqu'à 25 0/0 par endroit la rente qu'ils tiraient du sol — cultivé par d'autres. Il est vrai que depuis un demi-siècle cette rente avait été augmentée de plus de 100 0/0 par l'accroissement de la population, par l'institution et le développement des chemins de fer, etc. Mais s'ils ont été seuls à profiter des plus-values d'origine essentiellement nationale, il n'en est pas de même des moins-values qu'ils entendent mettre patriotiquement à la charge de la nation.

Et c'est à cette poignée d'oisifs, que les Méline appellent La France — comme le Louis XV du Parc-aux-Cerfs était La France pour la Dubarry ; c'est à cette bande de vaut-rien que la représentation nationale, sans distinction de droite ni de gauche, va faire l'aumône de 18 francs par famille de crève-la-faim, paysanne et ouvrière.

Ce n'est que « quelques journées de travail de plus », selon la belle expression ministérielle, de travail non payé, pour la nouvelle féodalité terrienne, c'est-à-dire de *sur-corvée* ; et cela ne compte pas, quand il s'agit de ces corvéables modernes que sont nos salariés.

Quatre milliards ce n'est rien

Engagée il y a plus de quinze jours la bataille continue à la Chambre sur le relèvement des tarifs douaniers. Bataille acharnée — et instructive, s'il en fut.

Non seulement les plus muets ont recouvré la parole, mais pas plus de trace que sur la main d'une majorité républicaine et d'une minorité monarchiste. Il s'agit d'affaires ; et, devant cet « argent des autres » à rendre sien, adieu toutes les divisions — ou tous les masques — politiques, qui servaient — et qui serviront encore — à faire le trottoir électoral.

A la géographie conventionnelle des opinions a fait place la géographie fatale des intérêts, qui annexe le gouvernementalisme d'un Méline à l'*oppositionisme* d'un Baudry d'Asson et divise contre elle-même l'Union républicaine — avec un grand U.

Plus rien que deux grands partis en présence — également, quoique diversement capitalistes :

Le parti des propriétaires fonciers qui, au moyen de droits sur les blés étrangers, au prix d'une famine artificielle, entend faire relever par l'Etat — cet Etat qui ne doit rien aux prolétaires — ses *prix de vente* ou ses revenus.

Et le parti des propriétaires industriels, flanqués de financiers à la Léon Say, qui combat pour ses *prix de revient* qu'il ne veut pas laisser élever par

3.

un impôt — indirect — sur le pain, cette *houille* de la machine humaine.

Ces deux frères ennemis du capitalisme ont pu se couvrir à l'envi de l'intérêt des travailleurs — travailleurs des villes ici, travailleurs des champs là. Mais, des deux côtés, pour la galerie. Au fond — on a dû l'avouer à plusieurs reprises — la lutte est entre la *rente du sol* et les *profits de l'industrie* qui se font face et s'*antagonisent*.

— Si vous ne rehaussez pas la valeur vénale de nos produits, végétaux aujourd'hui, animaux demain, en arrêtant à la frontière par une surtaxe les produits similaires étrangers, nous ne trouverons plus à affermer ou nous ne pourrons affermer qu'au rabais — ont déclaré les Graux, les Wadington et autres avocats de la féodalité terrienne. Adieu les hauts loyers qui nous faisaient une oisiveté dorée ! Adieu les dîmes qui n'ont pas cessé de croître de 1815 à 1875 et dont nous avions pris la douce et facile habitude !

— Si vous renchérissez par des droits dits protecteurs l'aliment premier et indispensable, en augmentant les frais d'entretien — ou le salaire — de notre outillage de chair et d'os, vous allez — ont répliqué les avocats de la féodalité manufacturière — grever nos marchandises de je ne sais combien de centaines de millions, au moment même où, la crise aidant, nous commencions à gagner moins. Ce sont nos bénéfices qui vont disparaître ou s'écorner considérablement !

C'est comme médiateur entre la chèvre terrienne et le chou manufacturier, pour satisfaire l'appétit des uns sans desservir la table des autres, que l'éclectisme de M. Germain est intervenu avec l'amendement que l'on connaît et qui, adopté par la Commission, tient aujourd'hui l'affiche législative :

Au lieu du droit projeté de 3 francs par hectolitre sur les blés étrangers, suppression du principal de l'impôt foncier remplacé lui-même par la surtaxe des alcools.

Un dégrèvement de 118 millions — ou de 103.736.623 fr. en exceptant les vergers, jardins, bois — est ce qui peut s'appeler un beau denier, — surtout si on le rapproche des 25 millions refusés dernièrement aux meurt-de-faim de la France ouvrière. Capitalisé à 3 0/0 cela fait tout bonnement *quatre milliards* — quatre milliards de plus-value donnés du jour au lendemain à titre gratuit à la propriété non bâtie ou au propriétariat agricole ! Et, sans faire profession d'optimisme, il était permis de s'attendre à un « merci » chaleureux de la part des gagnants d'un aussi gros lot.

En tenant pour satisfaits les mendiants de la rente foncière on aurait commis cependant la plus grossière des erreurs. Un cadeau de quatre milliards ne suffit pas à ces messieurs, qui « n'ouvrent pas pour si peu le bec ».

Une décharge annuelle de 104 millions est « absolument insuffisante », a dit textuellement

M. Méline, qui l'a qualifiée encore de « secours infinitésimal », de « pure chimère ».

Ce « n'est rien », comparé à ce qu'au moyen du blé et du pain surtaxés on espérait tirer, — et on persiste à vouloir sortir — de la poche des consommateurs — affamés !

Et ce qu'il y a de pis — ou de mieux, au point de vue éducateur — c'est qu'à en juger par la tournure que prend la discussion, la Chambre pourrait bien finir par donner raison au Méline — et leur *au-delà*-quatre milliards aux rentiers du sol déguisés en agriculteurs.

Vive la famine !

C'est fait !

Par 308 voix contre 173 les élus du suffrage universel, gouvernement en tête, se sont portés au secours de la grande propriété terrienne, des Rothschild du sol, dont « les revenus » — selon l'expression ministérielle — vont être « augmentés » et garantis par un droit de trois francs par hectolitre sur les blés étrangers.

Peu importe que la France, en régime de propriété individuelle, ne produise pas le froment nécessaire à la nourriture de ses habitants, réduits encore par centaines de mille au pain noir de l'orge, sinon de l'avoine. — On arrêtera à la frontière le pain blanc venu des Etats-Unis ou de l'Inde.

Peu importe que, sous l'action de la plus terrible des crises économiques, les salaires réduits ici
et supprimés là rendent de plus en plus insoluble
le problème de la vie ouvrière.— Le pain familial
sera renchéri de 18 francs par an d'après M. Méline, de 25 à 30 francs d'après M. Duval, de 60 fr.
d'après M. Nadaud.

Vive la famine, du moment qu'organisée fiscale-
ment elle peut seule rehausser le prix des fer-
mages, c'est-à-dire sauver la rente foncière menacée par la concurrence céréalière américaine ou
asiatique !

Le gouvernement a pour « devoir » — le mot a
été dit — de protéger le travail national, lorsque ce
travail est représenté par des nationaux qui ne
travaillent pas, par la fainéantise possédante.

Il lui est au contraire interdit d'intervenir, son
rôle de protecteur cesse, lorsque le travail national qui crie vers lui est représenté par les travailleurs eux-mêmes, par la classe ouvrière des
villes et des campagnes.

Nul n'ignore, en effet, que si les revenus propriétaires, après s'être démesurément accrus pendant
les trois premiers quarts de ce siècle, ont baissé
depuis quelques années par suite de l'importation
des produits agricoles du dehors, les salaires prolétariens ont été — et continuent à être — bien
autrement affectés par l'envahissement de la main-
d'œuvre étrangère.

C'est par dix-huit cent mille que se chiffrent les

bras italiens, belges, allemands et espagnols qui à l'atelier et aux champs ont concurrencé ou remplacé les bras nationaux. Plus de travail pour nos salariés ou le travail au rabais !

Et quoique les victimes d'une pareille invasion n'aient jamais demandé l'exclusion de concurrents transformés en affameurs ; quoiqu'ils se soient bornés dans leur programme électoral, devant la commission d'enquête et ailleurs, à réclamer de la loi un tarif *minimum* au-dessous duquel il fût prohibé de faire travailler, ils se sont toujours vus repoussés avec perte, l'Etat ne pouvant pas s'immiscer dans le jeu naturel de l'offre et de la demande.

Le laisser-faire, laisser-passer était un principe sacré, auquel — même pour arracher à la faim des milliers de femmes et d'enfants — il était défendu de toucher, parce que le principe, alors, se traduisait par une réduction des prix de revient ou par un accroissement de profits pour les employeurs.

Il tombe en revanche au rang de simple « balançoire », et l'on se fait gloire de le balancer, dès qu'appliqué, non plus aux producteurs mais aux produits, il entraîne pour d'autres employeuts l'abaissement des prix de vente ou une réduction de bénéfices.

De même que la République en danger faisait à Rome suspendre toutes les lois, dans notre France capitaliste tout doit être sacrifié aux revenus du capital en danger.

Tout, même nos gouvernants, qui ne sont pas sans savoir quelle responsabilité ils ont assumée en se présentant d'ici quelques mois, devant le pays électoral, comme « la République du pain cher ».

C'est leur mort politique que quelques-uns au moins viennent de signer — et qu'ils re-signeraient tous à l'occasion — pour satisfaire la gent capitaliste dont ils ne sont que les valets.

Les voleurs volés

La surtaxe des céréales, que le Sénat ne discute aussi longtemps que pour la mieux voter, est un impôt progressif à rebours. Ce sont les plus pauvres, ceux qui se nourrissent presqu'exclusivement de pain, qui feront tous les frais de cette protection dite nationale.

M. Méline — cité par M. Millaud — évaluait en 1879 à 65 francs le surcroît de dépenses qu'entraînera par ménage de cinq personnes un droit de 3 francs sur le blé. 65 francs ! c'est-à-dire plus du vingtième du budget familial ouvrier.

D'après le *Temps*, d'autre part, qui se base sur une récolte moyenne, la charge annuelle qui du chef de la nouvelle loi incombera à la France du travail, ne saurait être calculée à moins de 120 — ou de 200 millions, si la surtaxe doit avoir son plein effet.

Reste à savoir qui bénéficiera de ce cinquième

de milliard extorqué — en pleine crise — à la misère prolétarienne.

Ce n'est pas la petite culture, la propriété paysanne, qui ne « fait pas de blé » ou n'en fait que
pour sa consommation.

Ce ne sont pas davantage les fermiers qui à des
prix plus rémunérateurs verront forcément succé-
der des loyers plus élevés.

Dans la pensée des auteurs de cette loi de
famine le gâteau devait être partagé inégalement
— oh ! très inégalement — entre le Trésor public
et le trésor privé de cinq à six cent mille grands
propriétaires.

Ces derniers, naturellement, auraient eu le gros
morceau — quelque chose comme les neuf
dixièmes. *Quia nominor leo :* parce qu'ils s'appellent
le capital. L'État, lui, en bon domestique de la
classe possédante, se contentait des miettes : vingt
pauvres petits millions, que M. Tirard, sans plus
attendre, en ministre qui trouve les millions aussi
facilement qu'il les perd, s'est hâté de faire figurer à la colonne des recettes dans son projet de
budjet de 1886.

Mais État et propriétaires avaient compté sans
leur hôte — je veux dire sans la spéculation, cette
reine du monde bourgeois, qui arrive comme le
troisième larron de la fable pour « saisir maître
Aliboron ».

Depuis le vote préliminaire de la Chambre,
qu'a-t-elle fait ? Elle a introduit — et elle continuera à introduire jusqu'à la promulgation des

nouveaux tarifs — des quantités considérables de blés étrangers, déjà « suffisantes, paraît-il, pour la consommation de toute la France pendant près d'une année ».

Du coup, voilà non pas aventurés, mais envolés, évanouis comme une simple muscade, les millions qui servaient à caler — sur le papier — le budget Tirard. La douane ne percevra rien, par l'excellente raison qu'il n'entrera rien, tout étant entré avant la lettre — ou avant les droits.

En revanche, aussitôt les droits en vigueur, la hausse attendue va se produire sur les blés, mais pas au profit des propriétaires, au profit des spéculateurs-accapareurs qui seront seuls à empocher la différence des cours.

Vienne la récolte, et comme ils ont fait la hausse les mêmes spéculateurs feront la baisse sur le marché dominé et écrasé par leurs stocks, sans que nos propriétaires, obligés par une pareille concurrence de vendre à vil prix, touchent un sou de l'odieuse dîme établie à leur usage sur la faim populaire.

Les voleurs seront volés — et ce sera justice, la seule justice, hélas ! que permette l'ordre social actuel.

Marmite vide

La viande sur pied est plus chère en France

que partout ailleurs : le même bœuf qui ne vaut que 438 fr. à Berlin, 420 fr. à Alexandrie et 390 fr. à Vienne, vaut à Paris 480 fr. Le même mouton qui vaut 40 fr. à Paris ne vaut que 35 fr. à Vienne, 27 fr à Berlin, 26 fr. à Alexandrie et 16 fr. 65 à Chicago

La viande abattue, d'autre part. n'a pas cessé de renchérir ; pour me limiter à la troisième qualité — à celle qui entre seule dans l'alimentation ouvrière — elle a haussé en trois ans de 23,60 0/0 ou de près d'un quart (1 fr. 13 le kil. en 1881 — 1 fr. 40 en 1883).

Ce qui n'a pas empêché le gouvernement de proposer et la Chambre de voter un renchérissement artificiel de cette viande déjà si chère, au moyen d'un droit de 5 et de 6 0/0 sur le bétail étranger.

A l'appui de ce nouveau pas dans la voie de l'affamement populaire, le ministre de l'agriculture n'a trouvé et produit qu'un seul argument : c'est que les hauts prix payés par le consommateur n'arrivent pas au « malheureux éleveur » qui, lui, n'a jamais vendu à des conditions aussi mauvaises.

Et il est entré à ce sujet dans des détails aussi précis qu'instructifs.

Le cultivateur, a-t-il dit en substance, ne vendant pas lui-même est obligé de passer par un premier intermédiaire, le commissionnaire, qui, sous prétexte de frais de garde et de nourriture des aninimaux, réalise un premier prélèvement — ou profit.

Vient ensuite l'acheteur en gros ou par lots énormes — le *chevillard* en terme de métier — qui ne revend au boucher qu'après avoir, lui aussi, prélevé sa *dîme*.

Nous arrivons enfin aux bouchers qui « font de gros bénéfices » et élèvent d'autant plus les prix qu'ils se sont multipliés davantage depuis quelques années et qu'à un débit moindre correspondent des frais généraux plus considérables.

Ces intermédiaires qui, sans rien produire, vivent grassement sur le producteur et sur le consommateur, « voilà où est la plaie », a déclaré textuellement M. Méline. Et ce n'est pas nous qui réclamerons contre un pareil diagnostic.

Mais plus M. Méline avait raison en plaçant le mal où il est — au moins partiellement — plus il est impardonnable d'avoir cherché le remède dans un relèvement des cours, par voie de douane, qui ne peut profiter et ne profitera en rien à l'éleveur resté — quels que soient les droits dont on le protègera à la frontière — aussi « malheureux », c'est-à-dire aussi volé par la triple spéculation à laquelle il est en proie.

Pour être conséquent avec lui-même et d'accord avec la réalité, sait-on à quoi M. le ministre eût dû conclure ?

D'abord et surtout à la suppression des intermédiaires ruineux par lui dénoncés et à leur rempla-

cement par l'Etat ou la Commune, — par l'Etat ou
la Commune qui « acquiert » aujourd'hui des sources qu'il « amène » à Paris et qui pourrait aussi
bien y amener le bétail par lui acheté, — par l'Etat
ou la Commune, *intermédiaire*, sinon gratuit, *au
prix de revient*, traitant directement avec le cultivateur pour livrer ensuite au détaillant sans autre
majoration que les frais de cet Office d'achat et de
transport.

Il aurait dû conclure encore à la taxation de la
viande conformément à la loi de 1791, — taxation
d'autant plus facile qu'approvisionnant lui-même
MM. les bouchers, l'Etat national ou municipal
aurait la plus sûre des bases pour déterminer les
plus justes prix.

A l'aide de ces deux mesures qui se complètent
et n'en forment qu'une au fond, alors oui, en admettant que l'élevage soit réellement en souffrance,
il eût été possible de lui être d'un secours efficace
en *rehaussant le prix du bétail vivant sans augmenter, en abaissant même le prix de la viande abattue*.

C'est la spéculation qui seule aurait été atteinte,
faisant tous les frais de ce sauvetage en partie
double.

Mais, pour sauvegarder de la sorte les droits et
les intérêts de la production et de la consommation,
il aurait fallu toucher quelque peu à la liberté du
commerce, c'est-à-dire du vol, qui est la principale
sinon la seule conquête de la Révolution bourgeoise de 89. Si justifiée et si urgente que fût une

semblable intervention sociale, ç'aurait été du so·
cialisme — le *Temps* dirait du communisme. Et
c'est pourquoi non seulement l'opportunisme d'un
Méline mais le radicalisme d'un Clémenceau n'a eu
garde de s'y arrêter.

On a préféré vider — ou laisser vider — la marmite du prolétariat parisien, déjà réduite de 4 kil.
par tête depuis trois ans — et ce, sans avantage
aucun pour l'agriculteur, au seul bénéfice de ses
sangsues.

La curée

Elle a repris de plus belle avec la nouvelle
Chambre — en admettant qu'elle ait jamais cessé.
Dès le premier jour, toutes les fractions de la classe
capitaliste se sont, comme une véritable meute,
ruées, la g.... ou la bouche grande ouverte, sur
l'argent du contribuable ou du consommateur aux
abois.

Voici d'abord les richissimes sucriers : mis en
goût par l'os, avec beaucoup de viande autour,
qu'ils ont emporté l'année dernière, ils réclament
double ration. La prorogation de la surtaxe de
7 francs sur les sucres bruts importés des pays ou
des entrepôts d'Europe ne leur suffit pas ; ils veulent que cette surtaxe non remboursable soit étendue aux sucres coloniaux, — et leur volonté sera
faite, bien qu'elle s'exprime par l'organe de trente-

trois adversaires plus acharnés les uns que les autres du régime actuel.

Viennent après les gros producteurs de céréales et de bestiaux. Les tarifs protecteurs de 1884 n'ont fait que leur creuser l'estomac. Et les voilà qui demandent qu'on élève d'urgence les droits de douane de 3 à 6 et à 9 fr. 60 sur les blés, de 1 fr. 50 à 3 francs et à 6 fr. 60 sur les avoines, de 30 à 45 francs sur les bœufs, etc.

A cette proposition, qui ne manquera pas de devenir loi, s'en sont jointes provisoirement trois autres tendant toutes à exclure les produits étrangers des fournitures de l'Etat, des départements et des communes. Et renvoyées dare-dare à la première Commission d'initiative, elles en sont revenues l'autre jour avec un rapport et un rapporteur favorables concluant à la prise en considération.

Ce n'est pas tout. Sous le prétexte que le vote de ces lois prendrait un certain temps et qu'il y a péril en la demeure, M. René Brice a, dès jeudi, interpellé le gouvernement sur — c'est-à-dire contre — « les acquisitions de blés étrangers faites par les départements de la guerre et de la marine en août, septembre et octobre derniers ».

Les produits nationaux sont déjà protégés — comme l'a fait remarquer dans sa réplique le secrétaire d'Etat à la guerre — puisque 1° les achats en gestion directe des blés durs étrangers ont été réduits de 92.000 quintaux en 1883 à 18.000 en 1885 ; puisque 2° le blé tendre des Indes a été exclu absolument des adjudications; puisque 3° pour les avoines comme pour les blés on a eu soin d'établir dans toutes les adjudications un poids spécifique différent selon les provenances, au bénéfice des provenances françaises.

D'un autre côté, notamment pour les avoines, la production française est souvent insuffisante, et s'interdire les similaires exotiques ce serait ou prendre des engagements qu'on ne pourra pas tenir, ou, si on les tient, s'exposer à mettre sur le flanc toute notre cavalerie.

Pour les farines, d'autre part, nul moyen de contrôler le véritable pays d'origine, et la mesure destinée à avantager notre agriculture se traduirait forcément en prime à la mauvaise foi des intermédiaires ou spéculateurs.

Enfin — et surtout — le recours exclusif aux produits indigènes grèverait au-delà de toute mesure le budget de la nourriture de l'armée. Rien que pour les conserves de viandes on évalue la dépense supplémentaire à **2** millions et demi ou **3** millions par année.

Mais toutes ces considérations ont glissé, comme eau sur toile cirée, sur des représentants d'autant plus acquis au grand propriétariat rural qu'ils en font — en grand nombre — partie.

« *On paiera plus cher* (on, c'est la masse ouvrière déjà écrasée par le poids des impôts), voilà tout », a déclaré naïvement ou cyniquement M. Brice, après avoir expliqué sans rire que « l'État est un

grand consommateur » et que « comme consommateur » il n'a pas le droit d'aller au meilleur
marché, qu'il a au contraire « le devoir impérieux »
d'acheter au plus cher possible, du moment que
c'est avec l'argent des meurt-de-faim qu'il achète
et que ce surcroît de dépenses doit être empoché
par les gens à terre et à sac.

Et par 402 voix contre 93, la Chambre « convaincue » — qu'on ne doit jamais dire non à qui
possède — a adopté la première partie d'un ordre
du jour affirmant « la nécessité de réserver à l'agriculture nationale les fournitures de l'Etat ».

La petite France qui vit de profits — ou de
rentes — a donc reçu un premier acompte. Dans
tous les marchés à passer aux frais du Trésor public
— c'est-à-dire aux nôtres — la fameuse loi de l'offre et de la demande sera violée comme une simple
Constitution. Une modification du cahier des charges — des charges accrues pour la nation imposa-
ble — y pourvoiera.

Mais que, forts du précédent, nos prolétaires —
qui sont bien aussi nationaux que l'avoine, le blé
ou le lard — ne s'avisent pas de réclamer l'introduction, dans les mêmes cahiers ou dans d'autres,
d'une clause, si peu protectrice qu'elle soit, contre
la concurrence mortelle de la main-d'œuvre étrangère, contre des salaires dérisoires ou contre une
journée de travail démesurée. Ou il leur sera répondu — comme toujours — par la plus absolue
des fins de non-recevoir, au nom des libertés pri-

mordiales de l'industrie, du commerce et de l'échange, qui ne sauraient être méconnues qu'en faveur des millionnaires.

Bon appétit, messieurs !

La providence des armateurs

De rudes estomacs nos armateurs ! Ce n'est pas eux qui rééditeront jamais l'exclamation légendaire de certain « soupeur » :

« Comment peut-on dire que l'appétit vient en mangeant ? Voici cinq heures que je mange et je n'ai plus faim ! »

Depuis le temps qu'ils sont attablés autour du budget, ingurgitant coup sur coup, à titre de prime, 3 millions en 1881, 10 millions en 1882, 11 millions en 1883, 14 millions en 1884 et 15 millions en 1885, ils sont toujours aussi affamés. Et pas plus tard que la semaine dernière ils commandaient à leurs cuisiniers ordinaires de la Chambre, sous la forme de « modifications à plusieurs articles du Code de commerce », un nouveau plat de leur façon — et à nos dépens — qui leur a, du reste, été servi sur l'heure.

Ce qu'ils réclamaient, par l'organe de leur Peulevey, c'est la faculté de « se livrer à la navigation — c'est-à-dire d'y livrer les autres, *de faire naviguer — sans exposer quoi que soit le leur fortune de terre* dans les aléas de ces opérations ».

4

Déjà la législation en vigueur leur donnait sur ce point tout espèce de satisfactions — monstrueuses, en autorisant, par exemple, le propriétaire de navire à se libérer, par l'abandon du navire et du fret, de tous les engagements, dettes ou obligations, contractés par le capitaine pour les besoins du service. Autant permettre à un joueur de courir après sa mise en empruntant à des tiers sans l'obliger vis-à-vis des tiers prêteurs au-delà de cette mise elle-même !

Mais une exception était faite pour les dommages causés aux ouvrages des ports. Un navire venait-il à donner et à se perdre contre une jetée emportée en tout ou en partie? Fallait-il la relever? Les dépenses ainsi occasionnées à l'Etat étaient imputables à l'armateur et recouvrables sur ses biens en général.

C'est de cette charge que toute la bande des Peulevey demandait à être exonérée au détriment de la nation. Et la Chambre — après le Sénat — de répondre à l'unanimité : *Amen!*

On n'aurait que des haussements d'épaules pour le pauvre diable qui prétendrait n'être responsable de la chute d'un pot de fleurs sur la tête d'un passant que dans la limite des débris de ce vase et voudrait porter le surplus des dégâts au compte du Trésor public. Mais il s'agissait des Morelli, Pereire et autres millionnaires. Et nos députés ont, comme nos sénateurs, trouvé on ne peut plus juste de restreindre la responsabilité des accidents maritimes et de leurs suites à la valeur de la coque échouée. Les contribuables déjà saignés en cinq années de 53 millions au profit des mêmes richards — auront à payer le reste.

Ils auront à payer bien autre chose encore, car, en veine de libéralités faites avec nos deniers, le Parlement a tenu à être Providence jusqu'au bout.

Jusqu'à présent, aux termes d'un décret de 1860, les propriétaires de navires étaient tenus, en cas de naufrage, de rapatrier l'équipage en détresse jusqu'à concurrence de tous les frets antérieurs qui avaient pu être recueillis au cours de voyage, le surplus des dépenses de rapatriement incombant à l'État. Autre monstruosité, puisque, naufragés au service et pour le bénéfice de l'armateur, les matelots auraient dû être ramenés au port d'embarquement aux frais exclusifs de ce dernier.

Mais, même ainsi réduite aux « frets recueillis » — autrement dit aux profits réalisés — les propriétaires ont trouvé trop considérable leur part contributive. Ils ont voulu ne plus concourir au sauvetage de leurs victimes que dans la mesure des débris du navire. Et au Palais-Bourbon comme au Luxembourg ils ont obtenu gain de cause.

L'argent, qui « pendant le voyage » — lisez au cours de l'opération, — était entré dans leur caisse, y restera. C'est dorénavant dans les caisses gouvernementales, c'est-à-dire dans nos poches, que sera pris l'argent nécessaire au retour des employés — ou des exploités — de nos commerçants maritimes.

Joli commerce, comme on voit, et de moins en moins onéreux pour le pays !

Telle est la double réforme dont vient d'accoucher le républicanisme parlementaire, pour ne rien dire de la réduction de trente ans à six mois du délai, passé lequel, la plainte des matelots blessés ou estropiés à bord ne sera plus recevable.

Il est vrai qu'à quelques jours de là le républicanisme municipal devait refuser l'urgence sur une somme de cinq mille francs réclamée par Vaillant pour les ouvriers tailleurs en grève.

Ce qui ne fait pas compensation, mais ce qui complète le tableau.

Le droit à l'usure

De quel sommeil d'Epiménide sortent donc nos sénateurs pour discuter gravement depuis mardi s'il convient ou non d'abolir le taux légal de l'intérêt de l'argent ?

C'est ce qui s'appelle courir à la cage lorsque les oiseaux ont décampé.

Eh ! braves gens, il y a longtemps que, sans attendre votre permission, la liberté du prêt — ou de l'usure — a été prise par les Rothschild de toutes les grandeurs, au nez et à la barbe de votre législation de 1807 et de 1850, qu'on ne s'est même pas donné la peine de « tourner ».

Pourquoi, d'ailleurs, se seraient-ils gênés, tant

en matière civile qu'en matière commerciale, alors
que l'État donnait lui-même l'exemple des coups
de sabre dans son propre Code ?

Est-ce que la loi du 9 juin 1857, qui a prorogé
le privilège de la Banque dite de France, ne l'a pas
« autorisée, si les circonstances l'exigent — lisez :
lorsque bon lui semble — à élever le taux de ses
escomptes et l'intérêt de ses avances au-dessus du
six pour cent » sacramentel ?

Est-ce qu'une loi du 6 juillet 1860 (article 4) ne
permet pas au Crédit foncier de percevoir, en outre de l'intérêt légal, un sur-intérêt de 45 centimes
à peine déguisé en commission et sous prétexte de
frais d'administration ?

Est-ce que, en étendant à l'Algérie le privilège
du même Crédit foncier, le décret du 1er mars
1860 n'a pas élevé le taux de l'intérêt de 6 à 8 pour
cent, plus une commission de 1 fr. 20 — toujours
pour frais d'administration ?

Est-ce qu'enfin et surtout ce n'est pas à 9 et
demi pour cent — chiffre officiel, mais bien au-
dessous de la réalité — qu'à l'aide de frais de régie et de droit d'appréciation le Mont-de-Piété
prête à la misère parisienne ?

Aussi, comprenant l'impossibilité de poursuivre
l'usure en la pratiquant sur une aussi vaste échelle,
le garde des sceaux, dès 1857, invitait-il par une
circulaire, qui n'est pas restée lettre-morte, les
procureurs généraux à surseoir à toute poursuite
pour un délit devenu la règle gouvernementale ;

4.

et lorsque les tribunaux se sont trouvés saisis par des particuliers, ont-ils presque toujours, systématiquement, pourrait-on dire, donné gain de cause aux usuriers de la banque.

Du moment, d'autre part, que la meilleure des sociétés... pour les voleurs est basée sur la propriété individuelle ou exclusive, entendue comme droit d'user et d'abuser, à quel titre les propriétaires d'argent ne seraient-ils pas aussi libres dans leurs abus que les propriétaires de tout autre capital, immobilier ou mobilier ?

On a refusé — avec des cris de vierge violée — de limiter de loyer — ou le taux d'intérêt — des maisons, abandonné à l'appétit de M. Vautour, alors que dépassant 15 et 20 0/0 il répondait à des plus-values d'origine exclusivement sociale (rues, chemins de fer, tramways, population accrue, etc).

On refuse, malgré la loi de 1791, de taxer le pain — c'est-à-dire de limiter le profit des boulangers, c'est-à-dire encore le taux de l'intérêt de l'argent transformé en blé et en farine.

Comment dès lors — l'exploitation sans limite étant de droit dans le domaine vital de la nourriture et du logement — songer à faire respecter ou à maintenir le plus exceptionnel des freins à l'exploitation commerciale des boutiquiers les uns par les autres ou à l'exploitation civile des « fils de famille » par les premiers venus ?

Seule, l'hypocrisie cléricale et bourgeoise, qui n'est pas, quoi qu'en écrive Vauvenargues, un hommage rendu à la vertu. mais une simple couverture du vice, peut expliquer les hésitations apparentes du Sénat.

De même qu'on envoie en Centrale chaque année un certain nombre de voleurs de quatre sous qui ont eu la bêtisse de se laisser prendre, afin de pouvoir sans honte saluer jusqu'à terre, comme la crème des honnêtes gens, les voleurs de millions qui tiennent le haut du pavé.

De même qu'on jette à Saint-Lazare ou qu'on enferme dans les bazars *ad hoc*, après les avoir notées d'infamie, quelques milliers de filles dites perdues, pour avoir le droit de proclamer la vertu des autres, de toutes celles qui sont dehors et qui ne sont ni moins ni autrement « horizontales ».

De même les de Gavardie et les Marcel Barthe voudraient que l'on maintînt, avec le taux civil de 5 0/0 et le taux commercial de 6 0/0, le délit d'usure, à seule fin que la classe entière des Schilock non atteinte par la justice — et il y a longtemps que dame Justice n'a plus d'yeux pour eux, n'en découvrant, pour ne pas les condamner tous encore, que 16 en 1883 et 15 en 1884 — puisse continuer à jouer au petit manteau bleu.

« Usuriers ? nous ! puisqu'il existe plusieurs lois contre l'usure et que les gardiens de toutes ces lois s'inclinent devant nous comme devant des bienfaiteurs de l'humanité ! »

Mais il faut en finir avec cette comédie — qui ne trompe plus personne.

Puisque l'usure sous mille noms différents, l'usure poussée jusqu'à l'intérêt taillé en pleine chair ou perçue en plein viol, est la loi du monde moderne, le sang et les nerfs, la vie de l'ordre capitaliste, déclarez le droit à l'usure, messieurs les sénateurs, comme l'ont déjà déclaré en partie messieurs les députés !

La France républicaine ne saurait être inférieure en franchise à la royale Italie, à l'impériale Allemagne, à la libérale Angleterre et à la républicaine Amérique, qui ont depuis longtemps mis bas le masque.

Un milliardaire

M. Vanderbilt est mort. Il est mort en s'entretenant avec le président du conseil d'administration de *son* chemin de fer de Baltimore. Une minute avant de rouler foudroyé de son fauteuil sur le tapis, il était encore en vie — c'est-à-dire en train d'ajouter des millions à son milliard, car vivre, pour ce milliardaire transatlantique, c'était mettre dollar sur dollar, rentes sur dividendes.

Toute son existence — depuis moins de huit ans que ce Vanderbilt II avait succédé à Vanderbilt Ier, comme Alexandre III de Russie a succédé à Alexandre II — s'était passée à faire de l'or, comme certain âne de la fable auquel il ressemblait par ce côté — et par d'autres — sauf que cet or il ne le ch... pas lui-même ; c'eût été trop fatigant, il le faisait suer aux autres.

Pendant ces huit années, il avait plus que doublé le demi-milliard paternel, arrivant à un revenu de plus de 53 millions par an ou de 147.284 francs par jour, de 6.156 fr. par heure et de 102 fr. par minute. Et ce, sans aucun de ces fameux « services » — rendus ou vendus à ses semblables — par lequel le laquéisme des Bastiat s'efforce de légitimer la fortune des maîtres du jour.

Non, de l'aveu du *Temps*, « les qualités de ce *Roi des voies ferrées* — qu'il n'avait ni construites, ni même fait construire — n'étaient pas absolument d'un ordre supérieur. » Tout son « génie » consistait à « savoir ce qu'ignorait Aristote, qui n'avait jamais vu un écu faire des petits, que les millions sont des animaux essentiellement reproducteurs » et à les laisser se reproduire.

En même temps qu'un imbécile — disons le mot — c'était un ladre, exclusivement préoccupé de « réduire au chiffre le plus faible les frais d'exploitation de ses chemins de fer » — et au premier rang de ces frais le salaire du personnel exploiteur — et exploité.

Les deux faits suivants — rapportés par le *Temps*, déjà nommé — le peindront mieux que de longues phrases :

Peu après la mort de son père — fort large, paraît-il, avec ses employés en matière de « permis de circulation », qui ne lui coûtaient pas un centime — le Vanderbilt qu'on vient d'enterrer vit un jour entrer dans son cabinet un vieux conducteur habitué à recevoir des faveurs de ce genre et qui venait en demander une nouvelle comme une chose toute simple et qui allait de soi. A la grande surprise de l'employé, sa demande ne rencontra pas immédiatement un accueil favorable. « Mais, mon ami, lui dit son nouveau chef, la Compagnie ne vous paye-t-elle point ? — Si fait, répondit le conducteur. — Et votre traitement n'est-il pas suffisant ? » Nouvelle réponse : « Je n'ai pas lieu de me plaindre. » — Eh bien ! mon ami, et ce fut là la conclusion pratique de cet entretien, vous trouverez en bas, dans la salle d'attente, un bureau dans lequel un employé distribue des billets précisément aux gens qui sont satisfaits de leur situation comme vous l'êtes. Bonjour ! »

« Il n'y a pas de petits profits » — telle était donc la première maxime de ce La Rochefoucauld nouvelle manière.

Une autre fois, dans un de ses voyages, il se trouva avoir dans son wagon-salon une demi-douzaine de reporters qui lui demandaient des renseignements sur certains changements qu'il venait d'introduire dans l'administration de ses chemins de fer. « Mais, monsieur Vanderbilt, se hasarda à dire un de ses interlocuteurs, en parlant d'un grand express qu'il était question, je crois, de supprimer, mais, monsieur Vanderbilt, ce train ne rend-il pas de bien grands services au public ? — Le public ? s'écria M. Vanderbilt, le public ? Qu'il s'en aille à tous les diables, le public ? (*The public be damned !*) Est-ce que vous croyez que c'est pour le bon public que les capitalistes construisent des chemins de fer ? C'est pour retirer de leur argent le plus gros intérêt possible ! ».

Les profits ne sont jamais assez gros — telle était l'autre maxime de ce re-La Rochefoucauld, qui « n'était même pas un spéculateur » — c'est toujours le *Temps* qui l'affirme — et qui n'aurait pu par suite, comme circonstance explicative et atténuante de son *milliardisme*, invoquer les « risques » courus.

Monsieur Vanderbilt n'a jamais rien « risqué », il gagnait sans jouer. Les six ou sept millions dont il a augmenté l'avoir familial « ne représentent que l'accroissement naturel » d'un capital donné, autrement dit ce qu'à l'aide de ce capital il est possible au premier, ou au dernier venu, de voler légalement, honnêtement, en tout repos de conscience, aux travailleurs qui le mettent en valeur.

S'étonne, après cela, qui pourra, de la misère ouvrière !

Contrairement à la succession de Vanderbilt Ier, qui en 1877, par suite de la liberté de tester, s'accumula entre les mains d'un seul — du fils aîné, la succession de Vanderbilt II sera divisée comme l'empire d'Alexandre. Les deux enfants les mieux partagés héritent chacun de deux cent cinquante à trois cents millions. Et comme ils s'entendent, paraît-il. à faire rouler l'argent, il se pourrait qu'avant peu la fortune fabuleuse du Rothschild américain n'existât plus qu'à l'état d'histoire.

Compensation suffisante pour messieurs les économistes, auxquels il importe peu sous quelles formes et par quelles voies ces *banquises* d'or fondent et rentrent dans la circulation, mais pas pour nous, pas pour les socialistes, qui n'admettront jamais que les producteurs salariés soient « revanchés » parce que les millions et les billions qu'on leur aura volés avec leur vie auront fini par aller se volatiliser sur le tapis vert du baccarat ou dans le lavabo des filles.

Capital et travail

Les gens qui ont dû « bûcher » ferme et longtemps — puisque, de par la loi et les prophètes de l'économie politique, la propriété et le capital sont le produit du travail — ce sont les actionnaires des mines de Blanzy, si j'en juge par le compte rendu du dernier exercice.

Alors que les ouvriers du fond, contre dix heures par jour du plus infernal des travails, ont ils à eux tous, à peine touché quelques centaines de mille francs, ces « travailleurs » d'actionnaires se sont trouvés — malgré la dureté des temps — à la tête d'un bénéfice de 3 millions 53.688 fr. 03 c. ainsi répartis :

1° Prélèvement pour compléter l'amortissement des dépenses en travaux d'avenir et de développement : 561.130 fr. 14 ;

2° Dividende de 80 francs par action (16 pour cent) : 2.400.000 fr. ;

3° Affectation sur le reliquat pour compléter l'amortissement de la nouvelle caserne de gendarmerie : 51.056 fr. 91 ;

4° Provision pour travaux à effectuer, etc : 41.500 fr. 98.

Trois millions de bénéfice ! Mais c'est trois fois ce qu'en salaire ont eu à se partager les forçats — moins la sécurité du lendemain — des fosses en question !

Pour que les porteurs d'actions aient pu empocher trois fois plus que ces derniers, il faut donc, de toute nécessité, qu'ils aient travaillé trois fois plus ou *trente heures sur vingt-quatre*, trois cent soixante-cinq fois par an.

Auraient-ils donc réellement accompli ce miracle à la Josué ?

J'éprouve, pour ma part, quelque difficulté à le croire. Étant donné surtout qu'on m'affirme, avec preuve à l'appui, que ces travailleurs, tout ce qu'il y a de plus extraordinaires, n'ont pas mis le pied à Blanzy, dont ils ne connaissent les mines que par de petits morceaux de papier qui, sous le titre *d'actions*, se négocient à la Bourse et qu'ils ne se sont même pas donné la peine de se procurer eux-mêmes, les agents de change n'ayant pas été inventés pour les chiens.

Grâce à ces petits morceaux de papier — bleus, rouges ou verts, je l'ignore — ils ont, pas plus tard que le 31 décembre dernier, palpé plus de trois millions, dont deux millions et demi en dividendes. Un beau denier, comme on voit, et qui prouve — quoi qu'en ait dit et écrit cet imbécile d'Aristote — que non seulement les écus font des petits, mais que le papier fait des écus, beaucoup d'écus.

A moins pourtant que ces millions encaissés par

5

nos mineurs *in partibus* ne soient le produit, la création des mineurs effectifs sous le nez desquels ils passent.

Auquel cas, nous nous trouverions en présence d'un *vol* tout ce qu'il y a de plus qualifié.

Mais les gendarmes ?

Les gendarmes ! — C'est sur le produit de ce vol qu'on leur construit — pour 51.000 francs — des casernes nouvelles, d'où ils sortiraient le revolver au poing pour *ricamariser* les volés, si ces derniers s'avisaient jamais de vouloir arrêter au passage le fruit de leur labeur, l'œuvre de leurs mains, ainsi subtilisé.

Telle est la loi de l'ordre capitaliste, défendu avec une ardeur égale par les Letoille et les Carle, les Richard et les Benoist-Levy, et qui n'est pas fondé sur le vol, oh ! non.

La preuve c'est que les voleurs, les petits, ceux qui font le porte-monnaie ou le mouchoir, on les « met dedans », pendant que les actionnaires de Blanzy sont dehors, libres comme l'air du temps, s'ils ne sont pas à la Chambre ou au Sénat édictant des lois contre les récidivistes ou au ministère signant l'ordre d'embarquer pour Cayenne les misérables qui du bien d'autrui ont tondu la largeur de leur langue.

Périsse la France mais vive la rente !

Vous représentez-vous quelqu'un de tombé dans

une rivière à sangsues. Elles l'ont envahi de toutes parts, lui pompant la vie avec le sang.

Survient un ami, un frère, un sauveur, qui à ce dévoré vivant tient à peu près ce langage :

Vous êtes perdu ! chaque lampée de vos locataires obligatoires épuise vos forces, que vous répareriez inutilement. Plus du tiers du pain ou de la viande que je pourrais vous faire passer, irait, sans autre résultat qu'une nouvelle fatigue pour vous, à vos « mangeurs ». A la première crue — et la fonte des neiges est proche — incapable de vous maintenir sur l'eau, vous serez emporté et noyé. Mais gardez vos sangsues ; bornez-vous à ne pas en augmenter le nombre.

Tel est le cas de M. Camille Pelletan, qui l'autre jour tenait, à la France exsanguée par une dette publique de 25 milliards, non pas à peu près, mais tout à fait ce langage (je cite l'*Officiel* :

« La dette consolidée et la dette flottante accaparent chaque année le tiers du revenu de notre pays. Il y a une somme énorme de 1 milliard, de 1.100 millions dont pas un centime ne va ni à l'administration qui régit la France, ni à l'armée qui la défend, ni à l'instruction qui la forme, ni à aucun des grands services publics pour lesquels les impôts sont créés et qui constituent la vie d'une nation civilisée.

« Si l'agriculture est écrasée par l'impôt foncier sur les propriétés non bâties, c'est au profit exclusif des rentiers sortis, comme autant de vers, des cadavres des guerres du Consulat et de l'Empire.

« Si le revenu de nos forêts n'est plus à nous, c'est qu'il paye — aux rentiers encore — le milliard des émigrés.

« Si vous êtes obligés de frapper d'un impôt sur vos chemins de fer le mouvement des hommes et des richesses, c'est toujours pour combler — dans la poche des rentiers — le trou ouvert par les expéditions lointaines du second Empire.

« Et ces contributions vexatoires sur les vins, sur les alcools, que les hommes de 89 avaient supprimées comme un des pires abus de l'ancien régime, si on les perçoit encore, c'est de plus en plus pour nos rentiers qu'a multipliés la guerre de 1870.

« Il y a là un véritable danger national, dans ce monde du travail moderne où les nations sont devenues de grands ateliers de production, contigus et rivaux. Alors que la fabrication française est grevée de 30 francs par tête d'habitant, l'Anglais ne paie que 20 francs et l'Allemand 10.

« Qu'il éclate un de ces conflits toujours suspendus sur l'Europe où il faut jeter les millions sans regarder, parce qu'il y a là une question de vie et de mort, et la lente exsudation de milliards qui épuise peu à peu vos ressources, votre sang, votre vie et votre génie, fait de vous un peuple vaincu avant de combattre.

« Mais ne touchez pas — oh ! non — à ce *bud-*

get mort (budget assassin serait le terme exact) ;
*ce ne sont pas des dépenses sur lesquelles on puisse
faire des économies* ; veillez seulement à ce qu'elles
ne s'accroissent pas et pour cela mettez un gardien
à la petite porte de la dette flottante pour y arrêter les emprunts nouveaux, l'enflure de la dette
perpétuelle. »

Un étrange sauveteur que M. Camille Pelletan,
n'est-ce pas ? Dans le langage des bords de l'eau,
cela s'appelle un *naufrageur*.

Mais M. Henry Maret n'est pas de cet avis. Il
« admire », lui, son confrère en littérature radicale,
voyant le gouffre où va disparaître la France, le
dénonçant et s'opposant finalement à ce qu'on le
comble.

Et à ceux qui se permettent de « reprocher à
Pelletan de n'avoir pas conclu », le rédacteur en
chef du *Radical* demande fièrement, le poing sur
la hanche :

« Et quelle conclusion voulez-vous que nous
donnions ? »

Quelle conclusion, ô matamore de l'impuissance ?

Mais celle qui découle du procès admirablement fait par le rédacteur en chef de la *Justice* au
sysiphisme du Grand-Livre ; celle que notre parti
ouvrier a inscrite depuis des années dans son programme ; celle que Basly, Camélinat, Boyer et
deux autres de leurs collègues, qui n'ont pas
phrasé mais agi, ont votée au milieu des « rires »

jaunes de la Chambre : la suppression de la dette publique.

Comment! cette dette est un vol, remboursée — et amortie — qu'elle a été depuis un siècle, non pas une fois, mais vingt, par le plus ininterrompu des intérêts annuels.

Elle constitue les pauvres, les dépossédés, les prolétaires, débiteurs dès leur berceau — qui est souvent une porte-cochère — vis-à-vis des riches, vis-à-vis de la classe qui possède tout parce qu'elle a tout pris.

Elle va, de votre propre aveu, « par les mille ramifications de l'impôt, boire la sève, la substance du sol, épuiser l'épi dans le champ, grever dans l'usine les rouages de la machine ».

Industriellement, de votre aveu encore, elle nous fait battre non-seulement sur le marché extérieur, mais sur le marché intérieur. Dans la lutte pour l'existence qui peut s'engager demain, elle nous tuera.

Et lorsqu'il vous suffit d'un bulletin ou d'une boule déposée dans une urne pour en libérer le territoire, vous la votez et la revotez, et vous osez vous écrier : Que pouvions-nous faire de plus ?

Confessez donc, ce qui est, que les intérêts capitalistes sont votre suprême et unique loi. Vous êtes, avec votre radicalisme de parole, prisonniers d'une classe, de votre classe, qui sacrifierait non pas une, mais vingt patries, au paiement de ses arrérages.

La Prusse victorieuse a prélévé en 1871 une indemnité de guerre de cinq milliards sur la France rendue.

Trois fois plus Prussiens que les Prussiens de Bismarck et de de Moltke, les entretenus du Grand-Livre ont, eux, en pleine paix, rien que depuis 1871, frappé sur leurs compatriotes *un tribut de* **dix-huit milliards**.

Et cette rançon ne leur suffit pas. C'est à perpétuité, jusqu'à ce que mort s'en suive, qu'ils entendent pratiquer leurs extorsions annuelles.

Périsse la France, mais vive la rente ! — cette rente que l'Empire allemand, étendu jusqu'à la Seine ou jusqu'à la Loire, leur servira aussi régulièrement que les Pelletan et les Maret de la République bourgeoise.

Novembre 1880.

II

AUTOUR D'UNE GRÈVE

Guerre sociale

De graves nouvelles, qu'on trouvera plus loin, nous arrivent de Decazeville.

Mardi matin la grève éclatait. Cette grève des pays noirs, à allure de grisou — et ne tardait pas à s'étendre à tout le bassin houiller. Et le même jour, le sang avait coulé.

Par extraordinaire, pour la première fois peut-être, ce n'est pas du sang ouvrier.

La victime, pour parler le langage officiel, est le sous-directeur de la mine, un nommé Watrin, qui jouait depuis trop longtemps avec les colères prolétariennes.

A la suite d'une « question » — lisez d'une réduction — de salaire, l'explosion s'est produite. Et sur le refus de ce Gessler économique de donner sa démission, on la lui a prise.

Nous ne sommes pas, nos lecteurs le savent, de ceux qui crient aux exploités : « Mort un exploiteur, morte l'exploitation ! » Si le travail et les travailleurs pouvaient être affranchis à ce prix, il y a longtemps que la chose ne serait plus à faire.

Mais devant ce cadavre d'employeur, de tortureur, qui va tirer des larmes de tous les yeux bourgeois et des condamnations d'une justice également bourgeoise, il nous est impossible de penser à autre chose qu'aux souffrances, aux injures et aux provocations dont une pareille mort n'est que le couronnement — pour ne pas dire le châtiment.

Pauvres, pauvres mineurs, si habitués à plier et à jeûner, à quel supplice n'ont pas dû être mis votre fierté et l'estomac des vôtres pour que vous ayez pu voir rouge et vous faire justice vous-mêmes !

Il nous est impossible de nous apitoyer sur d'autres que sur ces populations maudites, qui, déjà livrées aux brutalités de la soldatesque expédiée en toute hâte d'Albi et de Rodez, vont payer de nous ne savons combien d'années de prison pour les uns, et d'années de famine pour les autres, ce qui, pour quiconque est descendu un instant dans l'enfer géologique et capitaliste, n'est qu'un fait de guerre... de guerre sociale.

Aux condamnés de demain — damnés de toujours — le *Cri du Peuple* envoie son salut révolutionnaire.

Janvier 1886.

B.

Le gouvernement responsable

Les journaux monarchiques, le *Soleil* en tête, veulent absolument que « le gouvernement ait une part de responsabilité » dans ce qu'ils appellent « le lugubre drame de Decazeville ». Et j'estime, pour ma part, que le *Soleil* et les autres journaux monarchistes ont plus — quoique autrement — raison qu'ils ne le croient eux-mêmes.

Oui, le gouvernement a manqué au premier de ses devoirs, qui est « d'assurer la sécurité des citoyens ».

Oui, « il a livré ceux qu'il avait mission de protéger ».

Oui, il a laissé carte blanche à « la haine de quelques centaines de gredins ».

Oui, enfin, « il n'a pas trouvé d'énergie contre les assassins ».

Mais « les citoyens, » ô *Soleil*, dont le gouvernement n'a pas, en manquant au premier de ses devoirs, « assuré la sécurité », ce sont les deux mille taupes à face — je ne dis pas à posture — humaine de Decazeville sur le ventre vide desquelles il a permis depuis des années à une poignée de Watrin de piétiner avec leurs souliers ferrés de garde-chiourme.

Ceux qu'il a livrés et qu'il avait d'autant plus « mission de protéger » que les fosses dans lesquelles on les torture, sous prétexte de les faire travailler, sont un cadeau gouvernemental, un gracieux effet de sa libéralité, ce sont les travailleurs du fond pour lesquels il n'a stipulé aucune garantie d'existence contre un travail réservé autrefois aux esclaves révoltés et qu'on n'oserait plus aujourd'hui imposer à des forçats.

Les « quelques centaines de gredins » auxquels il a lâché la bride sur le cou, ce sont les actionnaires des « houillières et forges de l'Aveyron » qui ont eu, sous la République comme sous l'Empire, la liberté de demander à une série de vols extralégaux un supplément aux dividendes que leur assurait le vol légal qu'est le salariat.

Gredinerie, la paie au mois, destinée à river, par le crédit forcé, aux magasins de la Compagnie ou à l'économat les salariés dépouillés du libre usage de leur maigre salaire !

Gredinerie — et celle-là prévue et punie par le Code — les retenues opérées sur les prix convenus à l'ouverture des chantiers ou des lots, sous prétexte que les mineurs ont trop bénéficié du forfait !

Les « assassins, enfin, contre lesquels » — pour l'avoir dépensée contre Louise Michel et contre Bernard, contre les victimes des Chagot et contre les pélerineurs du Père-Lachaise, — « le gouvernement n'a pas eu, mais pas du tout, d'énergie », ce sont les Léon Say, président du Conseil d'administration, les Raoul Duval, vice-président, les Gastambide, secrétaire, les Desseiligny et Petitjean, administrateurs délégués, et les simples membres de Banneville, Cibiel, Johnston, Hély d'Oissel, Schneider et de Lamberterie, qui ont pu, sans qu'on vît apparaître le moindre gendarme et le moindre procureur, mettre la faim au ventre d'une population coupable d'avoir voté pour la République au 4 octobre dernier.

Ces assassins-là, que non-seulement on n'inquiète pas, mais aux ordres desquels on met depuis quelques jours administration, police, justice et armée, n'en sont pas à leur premier cadavre. Ils ont institué une véritable *permanence de l'assassinat*, tuant par an en moyenne un homme sur cinq cents, ou quatre sur les deux mille qu'ils emploient, de l'aveu des statisticiens les plus officiels qui (voyez le rapport de M. Clémenceau, page 29) chiffrent à 2,09 pour mille ouvriers les accidents suivis de mort dans les houillières françaises.

Et lorsque l'on se borne à affirmer la responsabilité partielle d'un gouvernement qui assiste impassible à cette orgie d'attentats, on reste en deçà de la vérité.

Après les Compagnies qui volent et qui tuent naturellement, parce que le meurtre et le vol sont la loi même de l'exploitation capitaliste moderne, le grand, le seul coupable des explosions ouvrières qui broient comme paille les Watrin, est le pouvoir politique, qui n'a rien fait pour les prévenir et tout fait, au contraire, pour les précipiter, en désertant son rôle de tuteur des dépossédés — dépossédés par lui.

Qu'au lieu de prêter main-forte aux tortionnaires des mines il soit seulement intervenu, comme le lui réclame depuis six ans notre Parti ouvrier, pour assurer aux sans-soleil un minimum de salaire, c'est-à-dire de vie, et l'ingénieur vivrait encore, que pleure le *Soleil* et que M. Demôle s'apprête à venger.

Ses meurtriers, ceux qui l'ont révoqué à coups de barre de fer, sont nos gouvernants bourgeois, qui ont réduit toute une population à se faire justice elle-même.

A l'Œuvre

Je n'ai pas l'honneur de connaître personnellement le citoyen Basly, député de la Seine. Mais ce que je sais de sa courageuse conduite dans la dernière grève d'Anzin, sa déclaration, à peine élu, qu'il serait au Palais-Bourbon « l'homme des mineurs » et la spontanéité avec laquelle il s'est transporté à Decazeville pour couvrir de son écharpe — et au besoin de son corps — les taillables et corvéables à merci des Léon Say et de leur Watrin, ne me permettent pas de douter qu'il fasse son devoir jusqu'au bout.

L'enquête terminée qu'il a tenu à faire sur place, les mains pleines de preuves accablantes pour ceux qui ont converti en instrument de torture le sous-sol de France filouté aux Français, il va parler, dénoncer, demander justice.

Il dénoncera le Watrin qui — ce sont ses complices encore en liberté qui l'avouent — rognait mois par mois le morceau de pain de ses nègres blancs, et se faisait attribuer par la Compagnie cinq pour cent sur les économies ainsi réalisées de haut vol.

Mais avec et avant le Watrin — qui a au moins, lui, payé sa dette — il dénoncera la Compagnie qui, sur ce brigandage de compte à demi, en avait greffé une série d'autres qui lui appartiennent en propre.

D'abord la paie au mois — les millionnaires se faisant ouvrir un crédit gratuit par les meurt-de-faim.

Puis les bois tellement éloignés des fosses que, pour étayer les galeries et garantir leur peau, les ouvriers du fond étaient obligés de perdre des heures — non payées, naturellement, et par suite volées.

Puis les prix convenus à l'ouverture du chantier ou de lot, et repris, annulés, réduits dès que « la veine » ouverte au péril de sa vie par le mineur paraissait devenir trop productive.

Puis le magasin coopératif ou l'économat, qui ne servait pas seulement à ruiner le petit commerce de la région, qui mettait les salariés à la discrétion des salariants, les contraignant sous peine de renvoi à se fournir chez le maître et à consommer en marchandises un salaire qu'ils ne touchaient jamais.

Basly demandera justice. Remettant les choses et les hommes à leur vraie place, il montrera les poussés-à-bout de Decazeville dans le cas — légal — de légitime défense, tuant pour ne pas être tués.

Il mettra le cadavre d'ingénieur, que l'on exploite avec autant de tapage que de mauvaise foi, à l'actif de la Compagnie et du gouvernement qui, prévenus, avisés du grisou humain qui s'accumulait et allait faire explosion, ont laissé semer ce genre de vent pour récolter ce genre de tempête.

Et il réclamera la mise en liberté immédiate des prévenus de tout sexe et de tout âge, cueillis au hasard dans la foule anonyme des justiciers. Les volés de Decazeville ne sont pas plus responsables d'un Watrin écharpé en flagrant délit que n'étaient — et que n'ont été tenus pour responsables — les affamés parisiens du Foulon et du Berthier *lanternés* en 89.

Odieux outils du plus odieux des régimes, les morceaux qu'en laisse derrière elle la colère populaire n'accusent que le régime, l'ordre monarchique alors, l'ordre capitaliste aujourd'hui.

Pour trouver — et châtier — les assassins, de même qu'autrefois il fallait frapper à la tête l'ancienne royauté, il faut aujourd'hui frapper, dans ses biens et dans sa personne, la nouvelle féodalité qui s'appelle, dans la présente circonstance, la « Société des houillières et des forges de l'Aveyron ».

Basly réclamera des poursuites contre les

Léon Say, les Raoul Duval et autres fauteurs — seuls fauteurs — des désordres qui ont ensanglanté le bassin déjà ensanglanté d'Aubin.

Ceci pour le passé et le présent.

Pour l'avenir, auquel il importe de parer sans délai, en attendant qu'avec les autres moyens de production les mines aient été restituées à la collectivité nationale débarrassée de ses fainéants, Basly exigera la revision des concessions scélérates consenties par le premier Empire au profit d'un certain nombre de Périer, de Schneider, de Say et d'autres Chagot.

Cette revision, qui ne saurait être ajournée sans vides nouveaux et accrus dans les rangs des exploiteurs, devra porter sur deux points principaux.

Par cela seul qu'il a livré à quelques-uns pour en faire de l'or les charbonnages français, l'Etat a charge des vies humaines y exposées ; il doit aux prolétaires, que la faim condamne à ce labeur souterrain, un salaire qui leur permette de vivre eux et les leurs, non pas en bêtes, mais en hommes. Et, pour ce, il lui faut introduire, dans un cahier des charges à intervenir, une clause interdisant aux Compagnies de faire travailler au-dessous d'un certain prix.

Il faut, d'autre part, en finir avec la « philantropie » des mêmes Compagnies et déclarer l'industrie minière exclusive de l'industrie de la nourriture et de l'industrie du logement. Sous prétexte de loger à bon marché leurs ouvriers et de leur fournir au prix de revient pain, vin, viande et le reste, les nouveaux seigneurs de la houille ont rétabli plus que le servage, l'esclavage, — tel qu'il se pratique encore à Cuba et au Brésil, où les noirs dépendent du planteur pour la satisfaction de tous leurs besoins organiques.

L'économat capitaliste, tel que le Watrin l'avait organisé à Decazeville, c'est le *truck system* — ou le paiement (à peine déguisé) en nature, dont le prolétariat anglais a eu raison après une lutte de plus de cinquante ans. Interdit dans le Royaume-Uni, il est impossible qu'il soit maintenu dans la République française.

Cet instrument de servitude et de spoliation, Basly sommera nos gouvernants de le briser — sous peine d'être brisés eux-mêmes. Et il aura pour appuyer sa sommation nos cent et quelques mille mineurs du Midi, du Nord et du Centre, et plus de cinquante mille petits commerçants qui, — on a pu s'en convaincre la semaine dernière — n'entendent pas se laisser Watriner impunément.

L'Extrême-Gauche démasquée

Le faux nez socialiste dont s'étaient affublés les radicaux de l'extrême-gauche pour les besoins de leur réélection n'aura pas été long à réintégrer le magasin aux accessoires.

Il a suffi à Basly de revenir de Decazeville avec

une demande d'interpellation pour que leur bour-
geoisisme se montrât dans toute sa hideur.

Ce sont les extrêmes-gauchers, en effet, M. Clémenceau en tête, qui, plus ministériels que ne
l'espérait M. Baïhaut, ont barré au « député des
mineurs » l'escalier de la tribune. Ce sont eux qui
« en le rendant responsable du rejet de l'amnistie » s'il parlait, l'ont contraint de se taire et
d'attendre.

D'attendre quoi ?

Qu'au contact des baïonnettes — de la République — qui les couvrent à nos frais les Petitjean et autres Watrin II aient repris leurs esprits
et les concessions de la première heure ? Qu'à
force de voir vider les fosses au profit des prisons,
la patience échappe aux forçats de la mine et que
le sang coule à nouveau ?

Mais le radicalisme de ces messieurs ne s'est pas
borné à jouer avec le feu en remettant à huitaine
une population entière et ses griefs.

Basly ayant prononcé le mot « d'exécution » à
propos de la défenestration de l'ingénieur tortion-
naire, M. Clémenceau s'est emporté. Pour lui et
ses collègues, des ouvriers qui, atteints dans leur
existence et dans l'existence de la femme et des
enfants, se défendent comme ils peuvent et, à défaut de la justice sociale qui se dérobe, se font
justice eux-mêmes, sont des « assassins ». Le mot
a été dit. Il n'y a que ceux d'en bas, que nul et que

rien ne protège, à qui il est interdit de se protéger, sans crime, jusqu'à la mort de l'assaillant.

M. Clémenceau et M. Maret ont donc « protesté vivement » contre la mise en liberté des enfants de dix-huit ans et des femmes qui encombrent les prisons de Rodez et sur lesquels la classe des Watrins, maîtresse du pouvoir, s'apprête à venger son mort.

Ils ne veulent pas davantage entendre parler de poursuites contre « la Société des houillères et des fonderies de l'Aveyron », malgré la série de vols, dans le sens du Code pénal, relevés à son actif : depuis le *vol à la retenue* — l'ouvrier du fond n'étant jamais payé du premier mois et devant faire crédit un autre mois à ses richissimes employeurs — jusqu'au *vol à la paie* — les berlines tarifées 100 francs étant réglées à 38 et à 36 — en passant par le *vol à l'économat* qui rappelle le détroussement des filles dans les maisons de tolérance.

MM. Clémenceau, Maret, et autres Wickersheimer ont enfin combattu — *risum teneatis* — comme du « pur communisme » tout minimum de salaire à imposer aux Compagnies. L'État qui a abandonné à quelques-uns le sous-sol de tous ne saurait, paraît-il, intervenir pour garantir un minimum d'existence aux dépossédés que la faim attache à cette glèbe souterraine et qui devront continuer à en extraire des millions pour d'autres sans être assurés d'en extraire pour eux et les leurs du pain en quantité suffisante.

Tel est, en matière de vie ouvrière le dernier mot de la bourgeoisie radicale, qui n'admet pas la moindre limite légale à l'exploitation capitaliste et qui n'en fait pas moins fonds sur les travailleurs parisiens pour compléter dimanche la victoire de ses candidats.

Espérons qu'elle aura cette fois compté sans son hôte et qu'éclairé par cette dernière expérience notre prolétariat se refusera à faire le jeu des Jaclard et des Lefèbvre-Roncin, des Longuet et des Richard qui se présentent sous un pareil patronage.

Au nom de nos frères de l'Aveyron « lâchés », livrés par l'extrême-gauche toute entière, ouvriers de Paris, votez pour Andrieux ! votez pour Piéron ! votez pour Allemane et pour Joffrin !

Redoublez !

Le mineur Basly, l'ouvrier en bronze Camélinat et l'employé Boyer étaient d'excellents citoyens, la crème des candidats, lorsque, pour faire pièce au socialisme révolutionnaire et pour décrocher — ou acheter — les suffrages ouvriers, les politiciens de la bourgeoisie les portaient tapageusement sur leurs listes.

Les mêmes Basly, Camélinat et Boyer ne sont plus bons qu'à pendre, aujourd'hui que le tour — électoral — est joué et du moment qu'au lieu de se laisser embourgeoiser, domestiquer comme les Nadaud et les Corbon, ils entendent demeurer fidèles à leur classe et faire leur devoir de prolétaires.

Basly qui, après avoir été au premier danger payer de sa personne à Decazeville, s'apprête à porter demain à la tribune du Palais-Bourbon le cri de douleur des *watrinés*, n'est plus qu'un énergumène. Energumènes — et pour la même raison — les Boyer et les Camélinat qui, au meeting de dimanche, sont venus prêter serment de fidélité au peuple travailleur, dont ils seront à la Chambre les ouvriers, selon l'admirable expression de l'un d'eux.

Cette manière, une fois passé de l'atelier au Parlement, de rester en communion avec l'atelier et de redescendre dans la rue pour en dégager la volonté et la jeter vivante, violente, à la face du plus récalcitrant des pouvoirs, paraît à la plus républicaine des presses le dernier mot de la trahison.

Il faut opter, dit en toutes lettres le *Temps*, entre ses collègues et ses électeurs. « Ayant les idées qu'ils ont et méditant les desseins dont ils nous font confidence, nous comprenons très bien que MM. Basly, Camélinat, Boyer, et ceux de leur école aillent dans les réunions populaires pour y organiser les forces matérielles dont ils attendent la victoire : ce que nous ne comprenons pas, c'est qu'ils retournent, après cette profession de foi, au Palais-Bourbon. »

En bon français, c'est leur démission qu'on leur demande. On voudrait que, comme Rochefort, après s'être donné la satisfaction puérile de souffleter sur les deux joues une Chambre incapable de rougir, ils laissassent le champ libre aux députés à tout faire des grandes Compagnies, aux souteneurs des Léon Say et des d'Audiffret-Pasquier.

Mais cette sortie collective, — qui serait une véritable abdication, — on ne l'obtiendra pas des mandataires ouvriers. S'ils n'ont pas, d'après nos docteurs ès-légalité, le droit de conserver leur siège de députés et de travailler en même temps à la révolution sociale, eh bien, ce droit, qu'on leur dénie, ils le prendront !

Plus l'ennemi voudrait les voir — ou les mettre — hors du pouvoir législatif, et plus leur devoir est de se maintenir dans la place, en attendant que les circonstances leur permettent de l'ouvrir à ceux du dehors, au prolétariat organisé et armé.

Une parole de Blanqui m'est toujours restée en mémoire. Nous revenions de Reims, où trois mille tisseurs avaient fait une véritable ovation au démuré de Clairvaux. Et cet homme d'action, qui était doublé d'un observateur de premier ordre, me disait : « C'est toujours à l'extrême-gauche des corps élus que dans les moments tragiques le peuple va chercher ses nouveaux chefs. Qu'au 24 février 1848, au lieu des libéraux à la Lamartine et à la Marie, il ait trouvé dans la Chambre envahie et dispersée une poignée seulement de révolutionnaires, et au lieu d'un gouvernement provisoire faisant les journées de Juin et l'Empire, nous aurions eu la vraie République définitivement fondée. Qu'au 4 septembre 1870, au lieu de capitulards à la Favre, d'affameurs à la Ferry et de massacreurs à la Jules Simon, l'extrême gauche du Corps législatif eut compté quelques Delescluze, quelques Millière et quelques Varlin ; et la dictature dans de pareilles mains eût été la fin de l'invasion et le commencement de la révolution. »

Rien qu'en vue d'une pareille éventualité, qui n'est pas seulement inévitable, mais prochaine, il importe que nous ayons au Palais-Bourbon un certain nombre d'hommes sur lesquels les masses puissent compter.

D'ici là les Basly, les Camélinat, les Boyer et d'autres — s'il en existe, — ont à compléter l'éducation révolutionnaire du pays en harcelant de leurs mises en demeure l'Etat bourgeois, en dénonçant, par les carreaux toujours brisables de la Chambre, ses dénis de justice et en lui arrachant, si possible, des lambeaux de réforme et de mieux-être qui n'apaiseront pas — qu'on n'ait aucune crainte — la large faim ouvrière, qui ne feront que la creuser et la surexciter.

Qu'ils laissent en attendant la meute des journaux capitalistes « hurler après leurs chausses. » S'ils crient, c'est que leur caste est touchée. Marquez le coup — citoyens du groupe ouvrier — et redoublez !

Le 11 février 1886

Les mineurs de Decazeville — dont la « misère générale » peut seule, d'après un collègue de Watrin, M. Jules Garnier, expliquer la tragique entrée en scène — n'ont rien à attendre du gouvernement de la République bourgeoise. Rien que des condamnations, des arrestations et l'état de siège.

A leurs réclamations portées par Basly à la tribune, et appuyées par Boyer et Camélinat, le ministre des travaux publics d'abord, le président du conseil ensuite, ont répondu par un refus formel.

Refusée, la journée de huit heures !

Refusé, un minimum de salaire ou de vie, alors qu'un minimum de profits est, sous le nom de «garantie d'intérêt », assuré, pour cent millions cette année, aux Rothschild et sous-Rothschild de nos voies ferrées !

Refusé, même la fin de ce triple vol que représentent la retenue du premier mois, l'économat obligatoire et la réduction *in extremis* des « forfaits » intervenus !

A l'exception de la paie à la quinzaine, que la Société à Léon Say a « promis de mettre à l'étude » les serfs de l'Aveyron sont renvoyés les mains vides.

En revanche, grâce à l'intervention gouvernementale, la susdite Société sort de la présente crise avec des tarifs de transport considérablement abaissés, et avec une nouvelle commande par l'Orléans de 130.000 tonnes par an pendant dix années.

C'était le travail affamé qui criait vers nos gouvernants.

C'est au secours du capital à court de dividendes qu'ils se sont républicainement portés !

Mais ce n'est pas cette mille et unième faillite faite par l'État bourgeois à notre classe ouvrière qui caractérisera la journée d'hier ; pas plus que l'ordre du jour motivé qui l'a dignement couronnée.

En affirmant sa confiance dans « la sollicitude » et dans « l'énergie » dirigeantes, qui se traduisent sous Freycinet comme sous Ferry, sous Ferry comme sous Bonaparte, par les mêmes baïonnettes mises au service des mêmes patrons, la Chambre du scrutin de liste a simplement continué les Chambres du scrutin d'arrondissement.

Ce qui domine l'inoubliable séance du 11 février 1886, c'est l'unanimité et la spontanéité avec lesquelles tous les partis politiques bourgeois ont fait corps, se sont retrouvés unis contre les premiers porte-parole du prolétariat, prolétaires eux-mêmes.

Depuis l'extrême-droite jusqu'à l'extrême-gauche, en passant par le banc des ministres et sans oublier le fauteuil présidentiel, il n'y a eu qu'un mouvement, qu'un cri — le même — de fureur et de guerre contre le « quatrième-état » introduit finalement dans la place.

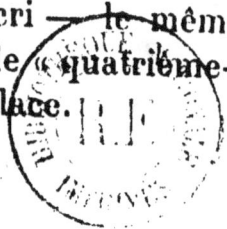

6

Pour répudier les « violences ouvrières » — lisez le coup pour coup du salarié au salariant — l'extrême-gaucher Wickersheimer n'a pas été moins violent que l'extrême-droitier Raoul Duval. C'était le même intérêt, disons le mot, la même caisse qu'ils défendaient avec le même emportement.

Les classes et leur lutte fatale ont fait hier leur entrée au Palais-Bourbon, séparées par leurs morts qu'elles se sont jetés mutuellement à la face, et créant deux Parlements dans le Parlement, comme il y a deux nations dans la nation.

Le Parlement ou la représentation prolétarienne peut ne compter, pour l'instant, que trois membres, que quatre en y comprenant Clovis Hugues. Mais, selon l'exclamation pittoresque de ce dernier, ces *trois* — comme les *cinq* de l'Empire — « feront des petits », et bientôt. L'avenir — et un avenir prochain — leur appartient. A eux les masses qui faisaient la force du radicalisme et qui, abandonnées, livrées par lui, iront au socialisme qui se lève et qui s'est affirmé hier comme la personnification non seulement de leurs intérêts, mais de leurs colères.

Catilina n'est plus aux portes. Il est dans Rome, prêt à l'ouvrir à ceux du dehors qui, d'un bout à l'autre du pays noir, du monde des esclaves, répondront par une longue clameur de triomphe à leur drapeau planté, comme un poignard, au cœur même de l'ennemi.

Un défi

Injures et calomnies lui étant restées pour compte, la presse bourgeoise, perdant la tête, en est arrivée, contre le champion à la Chambre des écrasés de Decazeville, à l'espèce de défi suivant, que nous ramassons, de nos ciseaux transformés en pincettes, dans un journal du matin :

Il me semble que les journaux qui ont favorisé l'élection de Basly ont des comptes à lui demander de sa conduite, qu'il y a lieu de le remettre en présence de ses commettants et d'exiger de lui des explications catégoriques. Puisque Basly représente Paris par son mandat, il faut qu'on sache si Paris approuve l'assassinat de M. Watrin. Puisque Basly, serviteur respectueux du suffrage universel, a tenu ce langage que nous réprouvons tous, il faut que l'on sache s'il est le mandataire fidèle ou infidèle de la population parisienne. Les noms des journaux qui ont soutenu sa candidature sont connus. Celui du *Temps* figure en tête de la liste. Pourquoi ces journaux n'organiseraient-ils pas une réunion ?

Cette réunion justicière, dont on a l'imprudence de menacer Basly, n'est pas pour nous déplaire.

Non seulement nous l'acceptons au nom de notre vaillant ami, mais nous l'exigeons.

Ah ! on ose parler de « mandat outrepassé », parce que le Palais-Bourbon, où il entre à peine, n'a pas fait oublier à Basly la mine où il a travaillé dix-huit ans et où il a laissé cent et quelques mille camarades !

Eh bien ! En avant les mandants ! En avant les électeurs — en majeure partie ouvriers — de la Seine qui, en votant pour l'ancien « haveur », ont entendu donner un député, un défenseur aux serfs d'Anzin et d'ailleurs !

Que le *Temps* ou tout autre journal à la solde des Compagnies les convoque en tribunal populaire, en jury national. Basly, qu'on se le tienne pour dit, y sera.

Et tant pis pour les accusateurs si, les rôles intervertis, ils en sortent accusés, condamnés et quelque peu exécutés.

Comme il se pourrait cependant que les capitaines Fracasse de la bourgeoisie, après s'être aussi avancés, reculent devant la justice populaire par eux évoquée dans une heure d'aveugle colère, nous les prévenons loyalement que cette réunion qu'ils se sont avisés de braquer contre les députés ouvriers aura lieu quand même. Si ce n'est pas eux qui la font, c'est nous qui en prendrons l'initiative.

Dimanche 21, au plus tard, si Basly n'a pas été traduit devant ses commettants, c'est nous qui traduirons à cette barre ouvrière les Watrins de la Chambre et de la presse.

La réunion !

Et de deux.....

Après l'*Evénement*, voici venir le *Figaro* pour

appuyer l'idée d'un meeting, dans lequel les Lockroy et autres prometteurs d'une amnistie qu'ils
n'ont pas tenue, demanderaient des comptes au
mineur Basly, resté au Palais-Bourbon fidèle à
ceux de la mine.

Les monarchistes de tout poil s'offrent, par la
plume de M. Francis Magnard, a servir d'aides
aux républicains bourgeois pour l'érection des bois
de justice et « l'exécution » du député socialiste.

C'est édifiant! Écoutez plutôt :

M. Edmond Deschaumes développe dans l'*Événement* une
idée qui fait honneur à son bon sens et à la loyauté de ses opinions républicaines : il estime que M. Basly, dans son apologie
de l'assassinat (?!), a été le mandataire infidèle de la population
parisienne, qui l'a sottement élu par un esprit de discipline
mal compris, et il demande que les journaux qui ont soutenu
la candidature de M. Basly, le *Temps* par exemple, provoquent une réunion publique où les électeurs viendront dire si
M. Basly a, oui ou non, méconnu son mandat. Nous approu-
vons chaudement cette idée ; si à défaut du *Temps* et de la *République française*, journaux un peu graves pour avouer facilement leurs torts, l'*Événement* veut prendre l'initiative de cette
consultation de la population parisienne, notre concours lui
est acquis.

Maintenant qu'ils ont le concours de l'organe en
partie triple, du trône, de l'autel et du bidet, les
républicains à la Magnier ne sauraient plus hésiter.

Voyons, Messieurs, un peu de courage à la poche ! vous voilà tous réunis, sans distinction de
torchon politique, classe contre classe, capitalistes

contre prolétaires, et nous montrant le poing. —
Frappez donc !

Si vous ne voulez pas vous faire chansonner
comme les derniers des pleutres par nos mioches
de la primaire, ne restez pas dans cette posture de
gens qui... veulent, mais qui ne peuvent pas.

La réunion ! on demande la grrrande réunion
qui doit dénommer Basly pour ne pas s'être laissé
mettre en carte par un Parlement de tolérance et
le remplacer par Watrin ou un de ses apologistes,
au hasard : Deschaumes ou Magnard !

Trop tard !

Ce n'est pas une retraite. C'est un sauve-qui-
peut !

Pour faire détaler comme autant de lièvres nos
bourgeois inquiets pour leurs oreilles, il a suffi de
les prendre au mot et de les sommer d'organiser
contre Basly la réunion qu'ils brandissaient sur
nos têtes.

Invité à prendre l'initiative de « cette consultation de la population parisienne», le *Temps* s'est
hâté de disparaître dans le trou du plus systématique des silences.

L'Evénement ne fait pas meilleure figure. Malgré le renfort qu'il a trouvé dans le *Figaro*, il joue
si frénétiquement des jambes que c'est à peine si,
au loin, dans la poussière de l'horizon, on aper-

çoit encore la voiture qui lui sert de refuge ordinaire.

Pendant que la *Lanterne* qui, allourdie par ses
dessous financiers, est tombée, dans sa fuite, sur
son Mayer, s'égosille à demander grâce : « ce n'est
pas elle, c'est lui, c'est Deschaumes qui a eu cette
idée cocasse *(sic)* et il ne le fera plus. »

Trop tard ! messieurs. Si désarmés que nous
puissions être par tant de couardise, le vin est tiré
— tiré par vous — et il va falloir le boire.

Vous avez évoqué le diable, c'est-à-dire le peuple des réunions publiques. Il est là, qui veut entrer ; et devant votre refus de lui ouvrir les portes,
c'est nous qui les lui ouvrirons. Les comptes que
vous vouliez, dans votre imprudence, demander
à deux des élus d'octobre dernier, il entend les
demander à tous, aux trente-sept qui siègent
encore.

Au Lockroy qui avait promis formellement l'amnistie et qui l'a égarée dans les couloirs ministériels, il mettra le nez dans son parjure.

Aux Clémenceau, aux Pelletan et autres radicaux de la salle Cadet qui, dans leur programme
minimum, s'étaient engagés à mettre immédiatement fin aux aventures coloniales et à séparer
immédiatement l'Eglise de l'Etat, il clouera dans
le dos les tonkinades maintenues *ad æternum*,
comme le budget des cultes.

Il ne fallait pas toucher à la hache... de la déchéance. Mise en mouvement par vous contre

Basly, elle retombera de tout son poids sur les autres, qui vont être mis en demeure de « rendre le
mandat ».

Dimanche prochain, **21** février, la parole sera
donnée aux électeurs de la Seine, au suffrage universel parisien.

Les députés de la *Lanterne* figureront gratuitement — ce qui les changera — sur cette liste... de
prévenus.

Mais, malgré ce bon procédé, auquel on ne les
avait pas habitués, nous doutons fort qu'après l'o-
pération ils trouvent encore « amusante et cocasse »
l'idée de leurs maladroits amis, les Deschaume et
les Magnard.

Ouvrons l'œil !

Après avoir, par l'organe de la *Lanterne*, ren-
gainé leur fameuse réunion dans laquelle on devait demander des comptes à Basly et à Camélinat,
voilà que, par voie d'affiches et de circulaires, et
dans leurs journaux, les radicaux du gouvernement annoncent pour aujourd'hui dimanche, au
Château-d'Eau, un « grand meeting public » sous
la présidence d'honneur du ministre Lockroy et
sous la présidence effective de l'avocat-député
Delattre.

C'est le « commerce parisien » qui convoque.
Quel commerce? Celui des articles Paris fabriqués

en Allemagne ou celui des mandats législatifs et municipaux ?

Après les mille tours de Goblet, dans lesquels nous servions de muscade, auxquels se sont livrés nos politiciens, ce meeting enfariné ne nous dit rien qui vaille. Il nous paraît d'autant plus louche que « tous les députés de Paris » y figureraient et que dans les circulaires on parle en toutes lettres de « manifestation ». Sous prétexte que Basly et Camélinat sont compris « dans tous ces députés », on aurait l'arrière-pensée de profiter du public à 1 fr, 50, 1 fr. et 75 centimes, qui seul est admis à « manifester », pour combler de félicitations les républicains qui ont lâché les mineurs de Decazeville et de blâmes les socialistes qui ont pris leur défense, que nous n'en serions pas autrement surpris.

Ce serait horiblement « canaille », puisque l'ordre du jour, limité aux grands travaux publics et à la revision du code de commerce, écarte et exclut toute consultation des électeurs parisiens. Mais ces canailleries-là rentrent dans la manière de faire de nos jésuites, trop lâches pour donner loyalement un rendez-vous à leurs adversaires, quitte à triompher en leur absence et de leur absence.

Le plus prudent serait donc d'ouvrir l'œil. Il ne faut pas que — même à une assemblée trompée — on puisse « filouter » un satisfecit pour les faux bonshommes qui, comme Lockroy, ont repoussé l'amnistie après l'avoir promise et s'occupent de supprimer le suffrage universel sous prétexte de ne pas le fatiguer.

Avis surtout aux électeurs ouvriers du XIe qui connaissent le Lockroy, leur ancien élu, pour l'avoir blakboulé dans toutes les réunions.

Manœuvre prévue et dénoncée est manœuvre plus qu'aux trois quarts déjouée.

Fallait pas qu'y aille !

Quand nous disions aux valets de plume de la bourgeoisie qu'il ne fallait pas jouer avec le feu des réunions publiques, et qu'à faire appel au peuple on risquait toujours de se brûler les doigts !

Malgré nos avertissements, après avoir pris la double précaution de dissimuler l'objet de leur « grand meeting » et de se barricader derrière des droits d'entrée de 75 centimes et de 1 fr. 50, les Delattre et autres sous-Mayer de la *Lanterne* ont voulu tenter l'aventure.

Ils ont donné rendez-vous au théâtre du Château d'Eau — qu'il s'agissait de purifier de la dernière affirmation révolutionnaire — aux électeurs de Paris. Prétexte ! les grands travaux publics ; véritable but : faire « manifester » contre les trois ou quatre députés socialistes et en faveur des députés capitalistes qui, sans distinction de radicaux et d'opportunistes, avaient, le 11 courant, enterré les réclamations des sans-soleil de Decazeville.

Ce que nous avions prévu est arrivé. Avec cette admirable *prévision* qui le caractérise, le Paris ouvrier est accouru. Et pour faire disparaître comme un seul fuyard dans le trou du souffleur le ban et l'arrière-ban des bourgeois entraînés à grand renforts de tambour et de clairon par la *Lanterne* et par le *Radical*, il lui a suffi de se montrer.

Disparue, sous des huées préalables, la présidence d'honneur du député ministre Lockroy et son commerce d'amnistie en faux et de mutilation en vrai du suffrage universel !

Disparu — après avoir eu le temps de se faire appliquer sur ces joues glabres trois salves d'applaudissements pour Basly — le président effectif Delattre !

Disparus, Georges Martin le sénateur, et Brialou le député (à tout faire de M. Clémenceau), que toutes les mises en demeure n'ont pu dessouder de leurs fauteuils — muets !

Et disparu le Mayer qui, venu pour « encaisser » sa victoire — escomptée d'avance — a dû, selon sa propre expression, « foutre le camp » pour ne pas être accroché à sa propre Lanterne !

L'exécution projetée a eu lieu ; — mais ça a été l'exécution multiple de tous les élus — prometteurs — du radicalisme.

Basly, au contraire, et ses collègues en socialisme, les Boyer et les Camélinat, sont sortis de ces assises parisiennes convoquées — et triées — par l'ennemi, en vainqueurs sans combat, pour ne pas dire en triomphateurs.

Paris, malgré la coalition de la presse financière pour l'émasculer, est pour la révolution et avec l'avant-garde qui a fait trouée dans le Conseil municipal et dans la Chambre.

Et il chantait hier et il chantera demain, à la confusion des marchands de lorgnettes à la Maret et à la Magnier, son vieux refrain de barrière (comme disent ces messieurs de Tortoni).

> C'est bien fait
> V'la c'que c'est
> Fallait pas qu'y aille (bis)
> C'est bien fait.

Le crime de Basly

Basly — c'est entendu — n'a apporté à la tribune qu'un tissu d'inepties, justiciable, d'après le grave *Journal des Débats*, de la correctionnelle, sinon de la cour d'assises. Basly — c'est entendu encore — a compromis, par ses exagérations, la cause si intéressante des mineurs.

Comment se fait-il alors que loin de démentir les monstruosités par lui signalées, tous ceux qui sont intervenus dans le débat aient été obligés de les confirmer, depuis le ministre Barthaut jusqu'à l'extrême-gaucher Wickersheimer ?

Comment se fait-il que les mesures réclamées par lui d'urgence et exécutées comme du « pur communisme » soient présentement reprises par la presse la plus opportuniste, dès qu'au lieu d'insulter elle s'avise de raisonner ?

« L'énergumène » Basly avait dit — je cite l'Officiel :

Les sociétés coopératives ne servent à la Compagnie qu'à réduire le salaire de l'ouvrier. Ce système permet aux administrateurs de contrôler la consommation, sur laquelle ils se basent ensuite pour réduire le salaire.

On veut encore tenir par le crédit les ouvriers qui, en réalité, ne sont presque jamais payés en espèces, et sont presque toujours payés en marchandises.

Je n'indique que pour mémoire les 25 0/0 de retenue opérée sur les salaires ouvriers pour constituer le capital de ces magasins.

Notez bien que ces sociétés coopératives sont constituées avec l'argent des ouvriers, et qu'elles sont administrées par la Compagnie des mines en dehors de tout contrôle ouvrier.

De l'aveu de M. Jules Garnier, dans sa communication à la Société des ingénieurs civils en date du 5 février dernier, la Compagnie, au lieu de payer son salaire aux mineurs, paye directement au magasin coopératif qui a fait la fourniture...

N'y a-t-il pas là un abus contre lequel vous seriez les premiers à protester si on voulait l'appliquer à votre indemnité parlementaire ?

Les Compagnies qui traitent avec les ouvriers pour un travail de..., à un salaire de..., n'ont qu'un devoir : c'est de payer le travail accompli, et n'ont pas à savoir si les travailleurs ont des dettes. Ce n'est pas avec les fournisseurs que la Compagnie a traité, c'est donc à l'ouvrier que la Compagnie doit payer.

Et il avait conclu aussi justement que logiquement à « la suppression de l'économat qui confisque la liberté de consommation des ouvriers ».

Or, lorsque le ministre des travaux publics a

7

tenté de confondre, au nom du gouvernement, le
député des mineurs, il ne s'est pas exprimé autrement sur l'économat « qui a des liens — ce n'est
« pas douteux — avec la Compagnie, car le prési-
« dent et le vice-président sont deux de ses ingé-
« nieurs. De plus, c'est elle qui prête les locaux. Enfin
« le paiement se fait pour la boulangerie avec des
« jetons et pour la boucherie au moyen de livrets.
« C'est à l'aide de retenues faites sur les salaires que
« la société de consommation se trouve payée des
« quantités de pain et de viande consommées par les
« ouvriers... Il y a là une ingérence des agents de
« la Compagnie qui (pour M. Baïhaut lui-même)
« soulève d'assez nombreuses objections, une surveillance, un contrôle, une police exercée sur la
consommation ouvrière... ».

Le mandaté de l'extrême-gauche contre Basly
et ses « violences » qu'il a répudiées avec fracas,
est encore plus catégorique :

« L'ouvrier, a dit M. Wickersheimer, pendant le courant du
« mois paye ce qu'il consomme avec des bons, des jetons qui
« lui sont remis par la Compagnie, et que celle-ci rembourse
« au magasin coopératif. Si l'ouvrier paye avec son argent, il
« est libre, on ne peut pas savoir exactement quel est le mon-
« tant de ses dépenses, tandis que s'il paye avec des jetons, il
« est dans une dépendance bien étroite vis-à-vis de la Compa-
« gnie. Il arrive souvent qu'à la fin du mois, les ouvriers après
« la retenue des jetons, n'ont que six, huit ou dix francs à tou-
« cher. Qu'arrive-t-il ? C'est que ces ouvriers sont exaspérés
« contre la société d'alimentation qui n'est plus pour eux une
« société de prévoyance, mais qui les rend plus misérables

« qu'avant ou, en tous les cas, qui leur fait sentir leur misère
« d'une façon beaucoup plus dure. »

Et plus loin :

« Au début, la société coopérative de Decazeville ne fournis-
« sait que le pain. Depuis on l'a étendue au vin et à la viande,
« et dans ces derniers temps on a essayé de l'étendre aux au-
« tres objets d'alimentation et même aux chaussures et aux vê-
« tements. Eh bien, qu'arriverait-il, le jour où la société coo-
« pérative fournirait, avec tous les objets d'alimentation, tous
« les objets d'habillement ? C'est que les ouvriers seraient vé-
« ritablement alors, et sans métaphore, les esclaves de la Com-
« pagnie. »

Aujourd'hui, enfin, c'est M. Ranc, — dont les
frères et amis ont voté comme un seul homme
contre Basly et son ordre du jour — qui écrit dans
la *Petite République Française* :

« La société coopérative de Decazeville est en fait adminis-
« trée par la Compagnie, en dehors de tout contrôle ouvrier.
« Que fait la Compagnie ? Au lieu de payer son salaire au
« mineur, elle paye directement les sommes dues par l'ouvrier
« au magasin coopératif. Est-ce acceptable ? Et les ouvriers
« n'ont-ils pas raison de protester contre un système qui les
« traite en gens incapables de gérer leurs propres affaires. »

Et M. Ranc, ajoute :

« Je n'aime pas les mots déclamatoires, mais je suis bien
« obligé de reconnaître que l'organisation en apparence coo-
« pérative, mise en œuvre par les compagnies minières, serait
« purement et simplement l'organisation du servage. Il est
« temps que les pouvoirs publics avisent. »

Ainsi, de l'aveu du peu déclamatoire et encore

moins socialiste M. Ranc, comme de l'aveu du lé-
galiste Wickersheimer, le crime de Basly — pour
lequel on voudrait le mettre hors de la Chambre,
ne pouvant pas le jeter en prison — son crime est
d'avoir dénoncé le *servage qui s'organise*, le *véritable esclavage* en voie de rétablissement dans
tous les pays noirs, et d'avoir voulu qu'on « avisât »
séance tenante !

Ces crimes-là, citoyen Basly, vos électeurs de
la Seine vous diront dimanche par leurs acclama-
tions qu'il est glorieux de les commettre — et plus
glorieux encore de les répéter.

A quand la récidive ?

Condamné !

C'est qu'il a raison d'avoir « peur », le pleurard-
fusilleur de Mai qui signe Jules Simon.

« Peur » du mort qui fut Watrin et qu'il a
« fallu enlever clandestinement », et « plus peur
encore » du vivant qui s'appelle Basly et qui, prenant simplement et courageusement à son compte
l'acte de colère et de justice de sa classe, « rédige
un ordre du jour qu'on dirait un ultimatum imposé
à la société » capitaliste.

L'ultimatum n'est pas douteux. Et pendant que
les sous-Rivarol à tant la ligne des Actes des apôtres de 1886 essaient de rire de l'orthographe de
celui qui l'a porté à la tribune, oubliant son rôle

d'académicien pour ne se souvenir que de ses intérêts de possédant, M. Simon « tremble », — et il
l'avoue

Il « tremble » de la comparaison faite en pleine
Chambre entre les exécuteurs ouvriers du Watrin
et les exécuteurs bourgeois des Flesselles et des
Foulon. Une pareille assimilation contre laquelle
il proteste, mais sans conviction, lui révèle dans
les couches profondes du prolétariat, dont le député des mineurs n'est que l'écho, « la volonté
de transformer la bourgeoisie en une caste op-
pressive contre laquelle une révolution est nécessaire. » Et, bien que Basly ne l'ait pas dit, il « entend malgré lui » la voix des mines, des manufactures et des ateliers répétant : « Nous écraserons
les bourgeois, à la fin du dix-neuvième siècle,
comme les bourgeois, à la fin du dix-huitième, ont
écrasé les nobles et les prêtres. »

Impossible d'avoir l'oreille plus fine et plus juste.

Comme il est impossible de mieux voir et de
mieux dire les causes fatales de la révolution qui
s'apprête qu'en s'exprimant comme suit :

« Ce n'est ni la Constituante, ni la Convention,
qui a jeté parmi nous ce nouvel élément, jusque-là
inconnu au monde, qu'on appelle l'ouvrier de
fabrique, c'est la vapeur. Les ateliers de mille
hommes et au-delà, la journée de dix heures (et
de douze et de quatorze), le travail de nuit, l'ouvrier de huit ans, les ouvrières enrégimentées et
casernées, sont autant de nouveautés du dix-

neuvième siècle ; elles en sont la force et la faiblesse, l'espérance et la terreur. »

Et plus loin : « Il semble, à regarder notre état
social, qu'on soit en présence, non d'un peuple,
mais de deux armées. »

Ainsi parle le sénateur Simon et ainsi ont toujours parlé les socialistes scientifiques, ces affreux
communistes qu'on bafoue et qu'on emprisonne
quand on ne peut pas les coller au mur.

Oui, c'est la vapeur, c'est le machinisme qu'elle
a développé et la concentration des capitaux qui
en a été le corollaire, qui, en dépouillant les producteurs de leur instrument de travail, du produit
de leur travail et de leur qualité d'hommes, pour
en faire des sous-outils, a donné lieu à un nouvel
esclavage pire que l'ancien.

Oui, ces esclaves de tout sexe et de tout âge, qui
vont se multipliant, sont « la terreur » de l'ordre
actuel, qui peut de moins en moins contenir leur
mécontentement et, « l'espérance » de l'ordre nouveau qui surgira de leur nombre organisé et irrésistible.

Oui, le peuple, qui n'est qu'un mot, cache de
moins en moins les deux armées, les deux classes
en présence : *travailleurs sans propriété, contre
propriétaires sans travail* ; et la défenestration de
Decazeville, comme les journées de Juin et la Commune de 1871, n'est qu'un des incidents de cette
grande lutte.

Mais comment, la « situation » ainsi établie par

lui-même, M. Jules Simon peut-il chercher « le remède dans quelques lois mieux bâties que les syndicats professionnels » ou dans des « écoles plus fortifiantes que les écoles neutres ? » Il n'y a pas de « maître intérieur » — lisez de Dieu — qui tienne. Pût-on le « ressusciter » comme le voudrait l'auteur de la *religion naturelle*, qu'il ne serait pas moins impuissant « que la loi écrite, qui ne suffira pas, même appliquée. »

Sous la poussée des forces matérielles et humaines qu'il a déchaînées, votre ordre social éclate, M. Jules Simon. Il est condamné. Et tous les miracles que votre déisme *in extremis* attend du plus vide des cieux ne le sauveront pas plus qu'ils ne rendront la vie au Watrin, sa victime.

Les Faits

Rit-on assez dans la presse — de ce gros rire bête qui n'appartient qu'à l'*office* — lorsqu'il arrive aux socialistes de soutenir que, sous la République comme sous l'Empire et sous la Monarchie, l'État est aux mains d'une classe, la classe capitaliste, à laquelle il sert à la fois de garde du corps et de garde-meubles et immeubles ! Baptisés pour la circonstance d'anarchistes, nous sommes traités de « sectaires haineux », quand on ne nous accuse pas de nous crever les yeux pour ne pas voir le soleil — ce soleil du suffrage universel qui, dès son apparition sur l'horizon politique, a balayé comme de simples vapeurs les classes et leur antagonisme et n'a plus laissé place qu'à la nation se gouvernant elle-même. Or, que se passe-t-il dans l'Aveyron depuis un mois ? D'un côté était une puissante Compagnie, quelques centaines de capitalistes poussant l'oisiveté jusqu'à ne pas exploiter eux-mêmes, faisant exploiter par leurs Watrin et leurs Blazy. A leur tête, Léon Say, le prophète du Dieu-capital fait homme: Rothschild !

De l'autre, plusieurs milliers de sans-terre ou de sans-propriété condamnés par le besoin de manger et de vivre à un travail littéralement infernal, — les mines de Decazeville, de l'aveu de l'*Economiste français*, réalisant par leur état constant d'incendie l'enfer rêvé des chrétiens.

Survient un conflit entre ces membres — outrageusement inégaux — de la même société française (je ne veux pas rechercher pour l'instant d'où est partie la provocation). Et immédiatement que voyons-nous?

Dans cette lutte, pour le pain ici, pour les profits là, entre le pot de terre ouvrier et le pot de fer capitaliste, l'Etat, la puissance publique, la République aujourd'hui, intervient. Et voici le bilan — mathématique — de son intervention.

Pour les exploiteurs — par procuration — de la mine, des cadeaux d'abord. C'est ainsi que le ministre Baïhaut s'est hâté de leur obtenir de l'Orléans un nouveau marché pour dix années de

135.000 tonnes par an et une réduction de 25 0/0 sur les tarifs de transport.

On leur a fourni ensuite — aux frais du trésor public, c'est-à-dire aux dépens de la nation, dont les *ouvriers du fond* sont partie intégrante, ce me semble — de l'infanterie et de la cavalerie à volonté. Depuis trois semaines, nos soldats, levés pour la défense du territoire, sont devenus de simples estafiers au service de la plus privée des entreprises, qui ne les paie même pas, qui se les fait payer par nous.

Ce n'est pas tout. Dans ce différend entre la misère des uns et les millions des autres, les misérables qui ont tout contre eux, jusqu'au temps qui s'appelle pour eux la faim, n'ont qu'un atout dans leur jeu. Ce sont les risques que l'arrêt général du travail, la grève étendue aux gardes barrages, fait courir à la propriété des concessionnaires. Le feu est là qui, cessant d'être combattu, va transformer en feuilles sèches le papier-monnaie des actionnaires. Que fait l'Etat, cet Etat de tous? Il tranquillise et sauve les porteurs de titres en astreignant le génie à cette corvée de pompiers souterrains. Désormais, ces messieurs peuvent *affamer en paix* leurs victimes, qui ne pouvaient déjà pas attendre, et qui n'ont plus rien à attendre d'une résistance inutile.

Quant aux exploités de la même mine, tout ce qu'ils ont obtenu du même Etat, de la même puissance publique, de la même République, ç'a été,

7.

en dehors de l'eau bénite de cour préfectorale, des gendarmes, beaucoup de gendarmes, pour les empoigner, de la troupe, plus encore, pour les intimider par le sabre ou la baïonnette au clair de ses patrouilles, et des tribunaux correctionnels, en attendant la Cour d'assises, pour les condamner, comme les mitrailleuses de mai 1871 exécutaient : en masse et au jugé.

Mais il n'y a plus de classe, n'est-ce pas, messieurs de la bourgeoisie rose ou rouge ? Et le gouvernement n'est pas — oh ! non — l'instrument de la classe des riches contre la classe des pauvres ?

Que serait-ce si, après avoir laissé de côté — je n'en avais pas besoin — les causes du conflit ainsi tranché gouvernementalement contre les salariés, je montrais ces derniers aussi innocents que l'enfant qui vient de naître de l'explosion à laquelle on les a acculés, ne faisant en réalité que se défendre ?

Ce sont, en effet, les voleries dont on a abusé contre eux depuis des années et sous toutes les formes — éloignement des bois laissés à leur charge, économat obligatoire, paye au mois et violation des prix convenus — qui ont fait pour la première fois sortir des fosses les plus résignés, pour ne pas dire les plus moutons, des « haveurs ».

C'est la parole — protestée — du préfet que satisfaction leur serait donnée dans un délai maximum de six semaines qui a préparé la nouvelle grève. C'est l'annonce — provocatrice — d'une diminution d'un salaire — déjà de famine — avec la remise en fonction de l'*alter ego* du Watrin, Blazy, qui l'a fait éclater.

Et c'est l'avis de Léon Say que le travail — autrement dit les vivres — serait coupé à tous ces grévistes — malgré eux — qui la maintient et l'éternise.

Tous les « torts » — soyons parlementaires — sont donc à la Société des mines et fonderies de l'Aveyron qui a, comme à plaisir, créé de toutes pièces la crise. Et malgré ces torts — confessés aujourd'hui par les journaux les plus anti-ouvriers — c'est avec cette Société — de bandits — que se sont identifiés nos gouvernants, incapables de désobéir quand le capital commande et prêts à aller s'il le faut jusqu'aux fusillades — bonapartistes — d'Aubin et de la Ricamarie.

Je n'apprécie pas, je constate — les faits ainsi groupés parlant trop haut et trop clair pour que tout commentaire ne devienne pas inutile.

Bon voyage, messieurs les actionnaires !

Pendant que les députés socialistes font leur devoir à Decazeville — payant de leur personne et épargnant celle des mineurs ; retenant les colères d'une population à bout de provocations et opposant leur poitrine — et celle de notre ami Duc — aux fusils du désordre prêts à devenir les fusils

du massacre — les conseillers socialistes de Paris
ne restent pas les bras croisés.

Eux aussi sont à leur poste -- de solidarité et de
justice. Après avoir dénoncé à l'indignation publique les propriétaires-directeurs à la Léon Say,
ils ont demandé au Conseil de prélever en faveur
des mineurs privés de travail, des grévistes à leurs
corps défendant, une somme de 10.000 francs sur
la réserve du budget de 1886.

Vaillant, Joffrin et Chabert, réunis dans une action commune, ont fait plus et mieux ; ils ont saisi
leurs collègues d'un projet de vœu tendant :

A « faire annuler par le Parlement les actes de
concession des mines dont la Société des houillères
de l'Aveyron est devenue propriétaire » ;

A « déclarer cette Compagnie déchue de son
droit de propriété » ;

Et à « voter par une loi à cet effet la reprise de
ces mines, devenues ainsi définitivement propriété
inaliénable de la nation ».

Là est en effet — et elle n'est que là — la solution de la question de Decazeville, comme la solution du problème social est et n'est que dans la
reprise générale de tous les moyens de production
transformés en propriété nationale ou collective.

Mais sans attendre cette loi générale — ou même
partielle — d'expropriation capitaliste et d'appropriation sociale qui viendra, mais qui ne viendra
que lorsque, maître du pouvoir politique, le prolétariat sera lui-même la loi, les agissements de la

Société à Léon Say vont obliger nos gouvernants à entrer dans la voie indiquée à l'Hôtel-de-ville.

On a lu dans tous les journaux la menace officielle du Léon Say et de ses complices de « fermer chantiers et forges dès aujourd'hui et de cesser tout à fait l'exploitation », — menace à laquelle les forçats de là-bas ont répondu en se déclarant prêts à exploiter la mine pour le compte de la nation.

Or, cette cessation d'exploitation de la part des concessionnaires est prévue par les lois de 1810 et 1838.

Nul besoin de légiférer à nouveau. De par l'ancienne législation impériale et royale, une telle grève de la Compagnie, c'est la déchéance.

Le jour où « l'exploitation du sous-sol est restreinte ou suspendue de manière à inquiéter la sûreté publique » — et c'est le cas, avec l'incendie en permanence dans les houillères aveyronnaises — « ou les besoins des consommateurs » — et c'est encore le cas, par suite des anciens et des nouveaux marchés passés avec l'Orléans — le sous-sol ainsi déserté et compromis rentre, fait retour à l'Etat, comme à son propriétaire naturel et légal.

Que la Société des mines et fonderies de Decazeville mette donc la menace à exécution. Le plus tôt sera le mieux.

Bon voyage, messieurs les actionnaires !

Grâce au comité central et aux comités locaux dont Basly a jeté les puissantes bases, voici les mineurs organisés, en mesure de prendre la succession, d'opérer eux-mêmes, avec le concours d'ingénieurs, non plus imposés comme des gardes-chiourmes, mais librement choisis, élus par eux, devenus de simples collaborateurs.

Que les Freycinet, Sadi-Carnot et autres copains à Léon Say, ne voient pas d'un bon œil cette substitution de Sociétés ouvrières aux Sociétés capitalistes, et qu'ils ne s'y résignent pas facilement, c'est possible, sinon probable.

Mais c'est alors que commence le rôle, le devoir de l'opinion publique, jetant son poids dans la balance et arrachant de force au pouvoir ce qu'il n'est pas disposé à concéder de gré.

C'est à nous, c'est à la presse, c'est aux réunions, c'est aux chambres syndicales et autres groupes ouvriers à intervenir, à sommer l'Etat de faire le nécessaire pour le transfert, des non-travaillant aux travailleurs, de l'usufruit de la mine — nationalisée.

Nous demandons que, la déchéance prononcée contre la Société des mines et fonderies de l'Aveyron, en vertu des lois impératives de 1810 et de 1838, les mines en question, restituées à la nation, soient remises pour leur exploitation à la disposition du personnel extracteur.

Nous demandons que si, aux termes des mêmes lois, on doit avoir recours à l'adjudication, les ouvriers mineurs associés soient mis par le trésor public en mesure de devenir adjudicataires.

L'Etat sert bien trente et quelques millions de

subvention aux financiers des Messageries maritimes. Il a bien fait cadeau de plus d'un milliard en espèces aux richissimes Compagnies de chemins de fer.

Il peut — il doit — trouver les quelques millions nécessaires à la libération de la sous-glèbe de Decazeville et des prolétaires qui y sont attachés.

Sans compter que ces millions lui seront remboursés et au delà par la fin des expéditions militaires dont ce bassin houiller a été, est et serait encore le théâtre en régime d'actionnariat.

Récusé et récusation

Les quelques journaux qui osent encore défendre la Société de Decazeville croient avoir tout dit, lorsqu'ils ont répété qu'au fond du conflit il n'y a qu'une question de personne — ou de personnel.

Faisant l'âne pour avoir du son — sans avoir l'air de se douter qu'à ce métier-là on risque des coups — ils demandent niaisement « à quel titre les grévistes de là-bas persisteraient à maintenir hors des fosses l'ingénieur revenant, Blazy. »

Mais à titre de légitime défense, triples maîtres Aliboron.

Comment! l'ingénieur Blazy a été mêlé à toutes les canailleries que l'ingénieur Watrin a fini par payer de sa vie. Comme Watrin, Blazy a failli être écharpé par ses victimes exaspérées et il n'a dû son salut qu'au train en marche dans lequel il a pu sauter à contre-voie. Dans tous les mineurs que, sous la protection des baïonnettes, on remet sous ses ordres, il doit voir non seulement les « assassins » de son compère et complice, mais ses propres meurtriers. Se venger — en vengeant l'autre — telle sera sa constante et unique préoccupation, parce qu'il est homme et parce qu'il a eu peur — ce qu'on pardonne le moins. Et il se trouve des gens pour feindre l'étonnement qu'avant tout les serfs de M. Léon Say veuillent se soustraire à une pareille sous-direction, qu'ils « récusent » ce conducteur de travaux qui a un compte, une dette de sang à régler avec eux, et qui pour ce règlement est armé de toute la puissance, de tout l'arbitraire que comporte une semblable fonction !

Ce qui est stupéfiant, ce n'est pas qu'après l'acte de justice qui les sépare et les « irréconcilie » à jamais une population entière refuse de se laisser livrer, pieds et poings liés — par la faim, — à un individu dont le vrai nom est *représailles*. C'est que « les pieds sur ces chenets » — que l'on prête grotesquement à Basly et à Camélinat qui sont au feu, eux, — des administrateurs se soient rencontrés pour faire ce rêve de ressusciter Watrin dans la personne de Blazy et de l'imposer comme chef à ses exécuteurs. A moins que ce rêve ne soit un calcul et qu'alléchés par le marché avec l'Orléans et la réduction des prix de transport que leur a valu le cadavre de Watrin, ils n'aient cherché de nouveaux bénéfices dans un second cadavre, créé de toutes pièces, celui de Blazy.

Mais, reprend le *Journal des Débats*, par la plume de M. Léon Say, ce « droit de récusation contre les ingénieurs qui leur déplaisent, qu'entendent exercer les mineurs de l'Aveyron, » n'est pas si « simple » que cela. Forts de ce précédent, qui nous garantit qu'ils ne voudront pas ensuite nommer eux-mêmes leurs ingénieurs comme des capitaines de la garde nationale ?

C'est possible. Et après ?

Est-ce que l'élection n'est pas depuis longtemps la base — directe ou indirecte — de toutes les fonctions publiques ? N'est-ce pas en cela précisément que consiste la République, cette République à laquelle, au moins nominalement, s'est rallié M. Léon Say : le choix des gouvernants par les gouvernés ? des administrateurs par les administrés ?

Est-ce que ces mêmes ouvriers qui pourraient réclamer — et qui réclameront avant peu, je l'espère, — la nomination de leurs dirigeants industriels, ne nomment pas déjà directement conseillers et députés, et indirectement maires, préfets, ministres et jusqu'au chef du pouvoir exécutif ?

En quoi leur intervention par voie de bulletin de vote dans la direction économique du pays serait-elle plus extraordinaire, moins justifiée que leur intervention — aujourd'hui acceptée par tous — dans la direction gouvernementale du même pays ?

Les intérêts qu'ils ont dans l'atelier, mine ou usine, ne sont-ils pas plus considérables que ceux qu'ils peuvent avoir dans l'Etat ou dans la commune ? S'il s'agit d'impôt, c'est-à-dire d'argent, ici, il s'agit là de salaire, c'est-à-dire de vie.

Leur compétence n'est pas plus contestable. S'ils sont capables de gérer, au moyen de mandataires, les affaires publiques, à plus forte raison ont-ils toutes les qualités requises pour la gestion de l'entreprise industrielle particulière à laquelle ils sont attachés. Qui donc — fut-ce M. Léon Say — aurait l'audace de prétendre que les mineurs, par exemple, sont moins aptes à élire dans le corps des ingénieurs les sujets nécessaires que les actionnaires, qui sont aujourd'hui des fils de famille et qui seront demain des dames du lac, ou des administrateurs à la Bontoux et à la Féder qui, en matière d'extraction, ne sont jamais allés plus loin et plus bas que les poches des gogos qu'ils ont retournées et vidées !

Le droit, pour les travailleurs, non seulement de récuser, mais de nommer les chefs de travaux, qui scandalise si fort les *Débats*, c'est-à-dire l'électorat économique, n'est pas seulement une chose pratique. C'est une chose nécessaire.

La République — c'est-à-dire le principe électif — ne peut exister sur le terrain politique, si la Monarchie — c'est-à-dire le principe du bon plaisir — continue à fonctionner dans le domaine de la production

Ou la République sera partout — dans l'atelier comme dans l'État — ou elle ne sera nulle part. Et comme, malgré tout, elle s'impose de plus en plus, non seulement en France, mais dans toute l'Europe force va lui être de devenir sociale — ou socialiste — ce qui est tout un.

Le *Watrinat* — les Blazy et autres sous-Say peuvent en faire leur deuil — touche à sa fin.

Battu et Content

Le 11 février dernier, en réponse à l'interpellation du citoyen Basly, M. Baïhaut, ministre des travaux publics s'exprimait comme suit (*Journal officiel*, année 1886, page 187, col. 1):

> Le bruit a couru que la société (dite coopérative) de Decazeville allait étendre ses opérations, en dehors de la boucherie et de la boulangerie, à l'épicerie, à la chaussure et au vêtement.
>
> *J'ai reçu des administrateurs de la Compagnie l'assurance qu'elle ne persévérerait pas dans cette voie, et la Compagnie a donné des instructions pour qu'au moins* jusqu'à nouvel ordre, dans l'intérêt de l'apaisement des esprits, *la tentative à laquelle on avait songé, en ce qui concerne l'épicerie* ou le vêtement, *soit du moins interrompue ou* ajournée.

Hier 7 mars, on a pu lire dans le journal le *Temps* (correspondance de Decazeville, page 2, colonne 4) :

> *Il vient d'être décidé qu'à l'avenir la Société coopéra*

tire, qui jusqu'ici n'a débité que le pain et la viande, *vendra aussi du café, du sucre et d'autres denrées*.

C'est ainsi que la Société des houillères et fonderies de l'Aveyron tient la parole donnée au gouvernement à qui elle doit : 1º sa concession, 2º le renouvellement de ses marchés avec l'Orléans et la réduction de ses frais de transport ; 3º les 1.700 hommes de troupes qui la protègent en terrorisant ses ouvriers ; 4º les procureurs qui abusent à son profit des arrestations illégales.

On peut se faire, d'après cela, une idée de la façon dont la même Société doit exécuter ses engagements avec les pauvres diables de mineurs en matière de salaire, de payement, de pension, etc.

Quant à nos gouvernants ainsi joués, bernés, bafoués, par une poignée de financiers aussi voleurs qu'affameurs, qu'ils protègent aux dépens de la République, qu'on ne croit pas que ce soufflet en pleine joue de leur Baïhaut les sorte de leur longue complicité.

Comme la femme de Sganarelle, battus ils sont — par le Léon Say — et contents, du moment que sur leurs dos les coups n'atteignent que des petites gens, ouvriers et débitants.

La Déchéance !

De l'aveu du ministre des travaux publics à la tribune de la Chambre (séance du 11 février), il y a lieu à reprise des concessions minières dans les deux cas suivants, que cumule la Société des houillères et fonderies de l'Aveyron :

« Si l'exploitation est restreinte ou suspendue de manière à inquiéter la sûreté publique ou les besoins des consommateurs » (art. 49 de la loi de 1810) ;

« Si les travaux de recherche ou d'exploitation sont de nature à compromettre la conservation de la mine » (art. 50 de la même loi).

Les mines de Decazeville étant plus que compromises, s'en allant chaque jour en éboulement et en fumée, force va donc être à nos gouvernants, malgré les entrailles de frères en capital qu'ils se sentent pour les Léon Say et Cⁱᵉ, de prononcer la déchéance prévue et ordonnée par la loi.

Aussi, galopés par cette crainte, n'est-il pas de combinaisons auxquelles ne se livrent nos financiers affameurs pour tourner le péril.

Mais la plus abracadabrante de ces combinaisons est à coup sûr celle du *Soleil*.

Sous prétexte qu'il faut en finir, l'organe orléaniste ne propose-t-il pas sérieusement que « l'Etat rachète la concession en remboursant à la Compagnie — non pas même les 3 millions 600 mille francs aux prix desquels elle s'en est rendue adjudicataire — mais les 6 millions 500 mille francs, auxquels il lui a plu de porter son capital-actions. » Les actionnaires — paraît-il — seraient prêts à faire ce sacrifice à la paix publique. Oui, pour ne

pas laisser s'éterniser un conflit — qui les ruine —
ils consentiraient à recevoir en échange d'une propriété, qui demain ne vaudra même pas son pesant
de papier, six millions cinq cent mille francs en
beaux écus sonnants ou en bons titres de rentes?
Excellents actionnaires !

Car ce n'est pas pour eux — oh! non ! — qu'ils
demandent à l'Etat de leur racheter ce qui lui appartient. C'est pour ces pauvres mineurs, qu'ils
portent dans leur cœur et auxquels l'Etat pourrait
alors « donner ce qu'ils réclament, la mine » ;
dont on « ferait », comme ils le veulent, des propriétaires « et qui pourraient expérimenter partiellement les théories socialistes ».

Impossible d'entasser plus de sottises en moins
de mots. D'abord les *watrinés* de l'Aveyron n'ont
jamais « demandé la mine » — pas plus que la
lune. Ce qui les a fait sortir de leurs fosses et ce
qui a armé leurs bras, ce sont les vols qu'ils étaient
fatigués de subir et dont ils poursuivent la fin
avec l'éloignement du Blazy et autres Petitjean.

Où le *Soleil*, ensuite, a-t-il pris que les théories
« socialistes » concluaient à un changement de
propriétaires, à la propriété de la mine passant des
porteurs d'actions aux manieurs de pic ?

Le socialisme qui est — son nom l'indique suffisamment — l'appropriation sociale, indivise et inaliénable de tous les moyens de production, exclut
toute espèce de propriété privée, non seulement individuelle, mais corporative ou professionnelle.

Et quand nous poussons à la reprise par la nation de la mine de Decazeville — et des autres mines — ce n'est pas pour que la nation, remise en possession, s'en désaisisse à nouveau au profit de qui que ce soit, mais pour qu'elle en confie l'exploitation, sous son contrôle, aux intéressés, c'est-à-dire aux mineurs.

Mais il est bien entendu qu'aujourd'hui surtout où les mineurs, dépouillés de génération en génération, ne se possèdent pas eux-mêmes ou ne possèdent qu'une force musculaire ou intellectuelle outrageusement réduite par la misère, l'ignorance et le sur-travail, c'est la nation qui devra fournir, à ces fermiers ou métayers du sous-sol, les ressources nécessaires à la mise en valeur.

Dans ces conditions, c'est-à-dire l'Etat traitant avec les ouvriers du fonds associés, qui auront à se distribuer le travail et à élire leurs ingénieurs, et auxquels il assurera et matériel et débouchés, alors, oui, nous acceptons, nous faisons plus, nous réclamons « l'expérience » dont le *Soleil* a l'impudence de nous menacer.

Mais, pour cela, point n'est besoin d'un rachat, qui serait une véritable prime au vol et à l'affamement. La déchéance nous suffit. Que l'Etat rentre dans son bien, et que les millions, dont une poignée de Say, Cibiel et Descilligny nous feraient la grâce d'alléger nos poches, il les emploie à réparer les ruines, humaines et non-humaines de l'ancienne exploitation et à la mise en train de la nouvelle.

La loi violée

L'arrestation de Soubrié, dépouillée même de l'appareil militaire dont elle a été réhaussée et qui rappelle les razzias versaillaises d'il y a quinze ans, n'est pas seulement une odieuse provocation.

C'est encore — et surtout — la plus flagrante des illégalités. On connaît, par le télégramme de notre collaborateur et ami Duc-Quercy, la phrase reprochée à Soubrié. Loin de constituer une menace à l'adresse de qui que ce soit, elle était une garantie généreusement offerte par les délégués à leurs mandants : « Ayez confiance en nous, car si nous trahissions notre mandat, vous auriez le droit de nous watriniser ».

Mais en fût-il autrement ; Soubrié eût il provoqué à traiter comme des Watrin tous les traîtres à la cause ouvrière, que des poursuites contre lui ne pouvaient être exercées qu'en vertu de l'art. 24 de la loi du 29 juillet 1881, ainsi conçu :

Ceux qui par menaces ou discours proférés dans une réunion publique auront directement provoqué à commettre le crime de meutre, sans que cette provocation ait été suivie d'effet, seront passible, etc., etc.

Or l'article 49 de la même loi *non seulement ne permet pas, mais interdit formellement* toute espèce d'arrestation préventive en pareil cas :

Si le prévenu — dit textuellement cet l'article — est domicilié en France, *il ne pourra être arrêté préventivement.*

C'est ainsi que lorsqu'en vertu de l'article 24 de la loi du 29 juillet 1881, il plut au parquet de l'Allier de poursuivre notre collaborateur Jules Guesde pour des conférences à Montluçon et à Montvicq, malgré son très vif désir de mettre notre ami à l'ombre, M. le juge d'instruction Piquant dût, en vertu de l'article 49, le relaxer aussitôt l'interrogatoire terminée.

Soubrié pouvait être poursuivi, il ne pouvait être arrêté. Et, en le faisant enlever par la force armée, nos gouvernants dits républicains ont outrageusement violé leur propre loi, cette légalité dont ils prêchent le respect aux prolétaires à coups de gendarmes, de procureurs et de porte-baïonnettes.

Le Procureur de la République poursuivi

Le *Cri du Peuple*, qui ne s'en tient pas, à de vaines protestations, a, d'autre part, envoyé à la citoyenne Soubrié le télégramme suivant :

Arrestation de votre mari illégale, la loi de 1880 interdisant arrestation préventive des prévenus des délits de réunion, domiciliés en France. Poursuivez immédiatement procureur de République. Cri du Peuple fera frais du procès.

Arrestation illégale

Les poursuites suspendus, avec le concours du

8

Cri du peuple, sur la tête du procureur de la République de Villefranche pour l'arrestation illégale du délégué mineur Soubrié, ont fait coup double.

En même temps qu'elles relevaient le courage des affamés de là-bas, assurés qu'on ne les laisserait pas traiter comme pays conquis, elles ont mis sens dessus dessous nos gouvernants qui essayent vainement de se justifier et de justifier leur agent.

C'est ainsi que le *Temps*, après mille précautions oratoires et sur un ton doucereux qu'on ne lui connaissait pas, se fait écrire de Decazeville que le magistrat qui a ordonné l'arrestation avait « avisé au préalable le garde des sceaux, aucune mesure n'étant prise sans que ceux qui doivent la commander se soient assurés dans un conseil qu'elle est pleinement autorisée par la loi ».

C'est ce qui s'appelle plaider à côté, personne, même le *Temps*, n'osant soutenir que l'égalité ou l'illégalité d'un acte puisse dépendre de l'autorisation ou de la non-autorisation de cet acte par un ou plusieurs ministres. Au lieu d'un coupable, nous en avons deux : le procureur et son chef hiérarchique, M. le garde des sceaux. Voilà tout.

Le *Temps* expose ensuite que le procureur de la République ne saurait être actionné que devant les tribunaux civils — seule juridiction dont il soit parait-il, justiciable. Et après ? En quoi la juridiction spéciale qui aura à connaître d'un abus de pouvoir, supprime-t-elle cet abus ?

Le *Temps* arrive enfin à expliquer que Soubrié

ne serait pas poursuivi et n'aurait pas été arrêté
en vertu de l'art 24 de la loi du 29 juillet 1881,
mais en vertu de l'art. 414 du Code pénal. Et cette
substitution d'article lui suffit pour se donner —
et pour donner — à son client — gain de cause.

C'est avoir, en vérité, le triomphe trop facile.

Que Soubrié soit prévenu de menaces tendant
à maintenir une cessation concertée du travail, au
lieu d'être prévenu de provocation au meurtre, peu
importe !

Nul ne nie et nul ne saurait nier, pas même le
Temps, que ces menaces, comme la provocation
dont on avait tout d'abord jugé bon de l'accuser,
résultent de discours proférés dans une réunion
publique. Et dès lors son cas est régi, obligatoirement régi par la loi sur les réunions publiques qui
interdit l'arrestation préventive pour les prévenus
domiciliés en France.

S'il en était autrement la loi du 29 juillet 1881
ne vaudrait même pas son pesant de papier. Elle
serait et *elle ne serait pas en même temps*, puisque tous les délits qu'elle prévoit et qu'elle soumet
à une procédure et à une pénalité spéciale *parce
que commis par voie de presse ou de réunion*,
étant déjà prévus et punis d'une autre façon par le
code pénal, il suffirait de viser dans leurs poursuites ce dernier code exclusivement pour annuler
l'œuvre législative d'il y a cinq ans.

Ce n'est pas sérieux.

Le délit — quel qu'il puisse être — dont il a

convenu à la complicité de nos gouvernants de charger Soubrié pour faire leur cour à M. Léon Say, ayant été commis dans une réunion, ne relève et ne saurait relever que de la législation particulière aux réunions.

Soubrié, par suite, ne pouvait être arrêté préventivement sans violation de la loi. Non seulement il devait être laissé libre, mais il ne pouvait comparaître que devant les assises.

Et si son défenseur, M. Maillard, fait son devoir lundi, comme nous l'espérons, le tribunal correctionnel devra se déclarer incompétent et ordonner la mise en liberté immédiate de la victime.

Sans préjudice, bien entendu, du compte à régler — et qu'on réglera — avec le magistrat prévaricateur, qui n'a pas craint de rendre à la Compagnie minière un service de cette nature.

Un défi

Pour avoir, au cours d'une réunion publique — la police le prétend, du moins — déclaré qu'on « watriniserait les traîtres », Soubrié, le mineur, a été arrêté aussi préventivement que militairement, traîné en police correctionnelle et condamné à quatre mois de prison.

Arrestation, juridiction et condamnation, tout, dans cette affaire, est également illégal, également monstrueux.

J'ai déjà eu l'occasion de l'expliquer avec textes à l'appui. Mais puisqu'il a été passé outre, aujourd'hui *je tiens à le démontrer par le fait.*

Ce n'est plus Soubrié, dans une réunion, c'est moi, dans ce journal, qui m'écrie — vous entendez, messieurs du parquet — : « *Il faut watriniser ceux qui trahiraient !* »

La presse étant régie par la même loi que les réunions, si délit il y a dans cette affirmation, mon cas est absolument celui de Soubrié.

Si Soubrié a pu légalement être arrêté préventivement, je puis, je dois être honoré de la même arrestation préventive.

Si Soubrié a pu légalement être jeté en pâture aux juges de la correctionnelle, je puis, je dois être livré aux mêmes bêtes.

Si Soubrié a pu légalement être frappé, en vertu de l'art. 414 du Code pénal, de plusieurs mois d'emprisonnement, je puis, je dois être frappé de la même peine, en vertu du même article du même Code.

Eh bien ! qu'on essaie !

Je mets au défi tous les procureurs de la République de la Seine de rééditer à mon adresse les exploits de leurs collègues de l'Aveyron !

Je les défie de décerner contre moi le moindre mandat d'amener !

Je les défie, s'ils poursuivent, de me faire comparaître autrement que libre et ailleurs que devant les assises !

B.

Je les défie, si je suis condamné, de me faire purger ma peine autre part qu'à Sainte-Pélagie, prison de presse !

S'ils le peuvent, nul doute qu'ils ne saisissent l'occasion de fourrer un socialiste dans la peau d'un prévenu et d'un condamné de droit commun.

Mais vous verrez qu'ils ne le feront pas.

Ils ne le feront pas, parce qu'ils savent aussi bien que moi — quoique l'avocat-député Maillard ait feint de l'ignorer – que depuis le 29 juillet 1881, les réunions comme la presse sont soumises à une législation spéciale qui, en matière de « menaces proférées par discours ou écrits », a abrogé les articles du Code pénal visant les menaces en général.

Ils ne le feront pas, parce que si le propos qu'on a prêté à Soubrié, et que je tiens, moi, en le signant, présente un caractère délictueux, le délit qu'il renfermerait ne tombe et ne peut tomber que sous la loi de 1881, *qui ne veut pas que l'on puisse arrêter préventivement les prévenus domiciliés en France*, et qui les enlève aux juges correctionnels pour leur garantir des jurés.

Et en ne le faisant pas, ils proclameront eux-mêmes, en même temps que l'illégalité, la nullité de la procédure imaginée contre le mineur Soubrié, sur l'ordre et au profit d'une Compagnie de forbans.

Ce sera fini, bien fini de cet atroce Code pénal, que l'on restaure pour le braquer en mitrailleuse sur les réunions et sur l'action ouvrières. — Et j'estime qu'un tel résultat vaut qu'on se découvre comme je le fais.

Saltimbanquerie radicale

Nicolet a fait école.

C'est à l'extrême-gauche, comme chez ce saltimbanque, « de plus fort en plus fort. »

Lors de l'interpellation Basly, il y a un mois, nos bons radicaux n'intervenaient, par l'organe de leur Wickersheimer, que pour renchérir sur Baïhaut-le-ministre contre les assassinés du Watrin transformés en assassins.

Hier, ils ne sont intervenus, par l'organe de leur Brousse, dans l'interpellation Camélinat, que pour doubler — ou tripler — le même Baïhaut dans son exécution des grévistes.

Reculant les bornes de l'opportunisme qui, du vivant de Gambetta, voyait dans l'apparition de la troupe sur le terrain de la grève une « menace pour le travail » et un encouragement pour le capital », le radicalisme de M. Brousse s'est formellement prononcé pour l'occupation militaire de Decazeville. Du moment qu'un homme avait été tué en janvier, non seulement en février, mais en mars, mais en avril, mais toujours, la parole doit être passée et maintenue aux baïonnettes. Et ce devoir — auquel manque le gouvernement en plein Paris, puisqu'on a tué hier rue de la Gaîté, et que le quartier Montparnasse n'est pas encore mis en état de siège — M. Brousse s'est déclaré, aux applaudissements de la droite et du centre, prêt à le remplir aussitôt — ce qui ne peut tarder — qu'il aura sa part du pouvoir.

Le radicalisme de M. Brousse ne s'est pas moins scandaleusement affirmé contre ce qu'il a appelé « la solution collectiviste », lisez l'exploitation de la mine par les mineurs syndiqués sous le contrôle de la société, remise en possession du sous-sol. Il a lourdement raillé les pauvres « haveurs » embarrassés d'un pareil cadeau et incapables, paraît-il, de choisir ingénieurs et administrateurs. Pour diriger ou faire diriger les travaux d'extraction, il n'y a que des financiers à la Léon Say qui ne connaissent des fosses que les *gogos* qu'ils ont « mis dedans. »

Tout ce que peuvent espérer les travailleurs du fonds et du tréfonds, c'est « une participation aux bénéfices », — alors que, de l'aveu de M. Brousse, les houillères de l'Aveyron ne produisent et ne peuvent produire aucun bénéfice.

Et, en attendant, le radicalisme de M. Brousse les invite à reprendre immédiatement le travail.

Qu'ils capitulent d'abord, subissant tout, le Blazy-restauré comme leur pain diminué, ainsi que le veulent les Léon Say et ainsi que n'ose pas le leur demander le gouvernement, — et l'extrême-gauche daignera s'occuper d'eux.

Elle prendra leur cause en main, comme elle a pris en main la cause de ceux d'Anzin et de ceux de la Grand'Combe qui, après des années de soumission, sont encore à attendre le premier bout de réforme.

M. Brousse et ses collègues en radicalisme qui se font ainsi les rabatteurs des Compagnies, ne sont pas seulement mûrs pour des portefeuilles.

Ils sont pourris.

Tous fusilleurs

M. Brousse était bien l'interprète de l'extrême-gauche lorsqu'il a revendiqué hautement pour le gouvernement d'aujourd'hui — dont il a failli être — et pour le gouvernement de demain — dont il sera à coup sûr — le droit et le devoir de traiter les grèves militairement.

Ce langage — qui a dû faire tressaillir d'aise dans leur tombe les Rouher et les Pinard — est repris et aggravé aujourd'hui par la *Justice* et par le *Radical*.

Le journal de M. Clémenceau écrit en toutes lettres :

Il nous est impossible de reprocher au gouvernement, comme M. Camélinat l'a fait, d'être intervenu dans la grève de Decazeville en envoyant des troupes. La thèse économique que M. Gambetta défendait en 1870, à propos des grèves du Creuzot, n'est pas applicable ici. On conçoit, en effet, très bien que le gouvernement ne pèse pas sur les conflits économiques, parce que, s'il intervient avec des régiments, personne ne s'y trompe, ce sont les patrons qui se sentent appuyés. Ce n'est pas le cas de la grève de Decazeville. Quand la troupe est arrivée, il y avait un meurtre commis. Ce n'est donc plus la liberté économique qui était menacée, — c'est l'ordre public lui-même.

Le journal de M. Maret est plus explicite encore !

Pour prétendre que la présence de la troupe constituait, par elle-même, une menace à l'adresse des ouvriers, M. Camélinat s'est appuyé avec complaisance sur un passage d'un discours de M. Gambetta au Corps législatif impérial. M. Gambetta a dit un jour, ou à peu près, à un ministre de Bonaparte.

« Du moment que vous envoyez des troupes, tout le monde comprend ce que cela veut dire. Les patrons se sentent protégés, les ouvriers se sentent menacés ».

Il n'avait pas l'air de se douter d'une toute petite chose : c'est que nous ne sommes plus tout à fait sous l'Empire. Certes Napoléon III régnant, Gambetta avait raison : des troupes envoyées par Bonaparte ne pouvaient, en effet, avoir d'autre rôle que celui de protéger les patrons et de menacer les ouvriers.

Ainsi, pour une partie de nos extrêmes-gauchers, il suffit qu'un homme — et quel homme ! — ait été tué pour qu'une population toute entière puisse être envahie et couchée en joue pendant des mois par dix-sept cents fusils.

Et, pour l'autre partie, il suffit qu'au lieu d'être mises en mouvement par un empereur, les baïonnettes le soient par un président de République pour qu'elles cessent d'être oppressives.

On ne commente pas de semblables théories. On les dénonce à la France ouvrière en la mettant sur ses gardes contre ces aspirants fusilleurs.

Le Défi

Il n'y avait pas trois moyens de faire cesser — comme une suprême illégalité — la condamnation du mineur Soubrié et d'empêcher qu'à l'avenir les délits de parole et de réunion soient, par l'arbitraire gouvernemental, transformés en délits de droit commun.

On en appeler du verdict de Villefranche, et de l'appel aller jusqu'en cassation. C'était un supplément de je ne sais combien de mois de prison à infliger à un travailleur père de famille. On se mettre dans la peau de la victime de ce monstrueux jugement, et pour cela commettre son délit et faire ainsi soi-même les frais d'une campagne que l'on jugeait d'intérêt supérieur pour la classe et pour l'action ouvrière.

C'est à ce dernier parti que s'est arrêté notre collaborateur Jules Guesde, qui ne précipite personne dans le gouffre, qui s'y jette lui-même; ayant pour habitude — ses six années et demie de prison et d'exil en font foi — de payer de sa personne.

De là son « défi » d'hier — qu'il renouvelle aujourd'hui.

Voici, en attendant, comment cette façon de présenter sa poitrine aux coups est appréciée par la bonne foi de la presse bourgeoise, sans distinction de républicains et de monarchistes :

Le *National* :

Le *Cri du Peuple* lui-même se hâte de lancer à l'autorité le « défi » que voici: Il reprend le mot de l'ouvrier Soubrié, le mot pour lequel on a mis celui-ci sous les verrous, le mot « il faut watriniser les traîtres ». Ce mot, M. Jules Guesde se l'approprie et le répète.

Il est à supposer, en effet, que cela passera comme le reste. Les lois fléchissent, les autorités fléchissent. Il n'y a plus que l'anarchie qui tienne ferme. Eh bien ! nous ne craignons pas de le dire, quelques temps encore d'un pareil régime et c'en sera bientôt fait, non pas seulement de la moralité, mais de l'industrie française.

Le *Français* :

Le gouvernement n'a pas le droit de se plaindre lorsqu'il reçoit de pareils défis. Les lecteurs du *Cri du Peuple* pourront trouver dans son article un certain air de courage. Pour qui connaît la faiblesse du gouvernement, il n'y a là que des bravades sans péril. Le *Cri du peuple* avait mis le gouvernement au défi d'annuler la délibération du conseil municipal. La délibération a été approuvée, exécutée. Le succès obtenu par le défi de la veille explique suffisamment les nouveaux défis du lendemain.

Paris :

Nous n'avons pas à nous demander ce que fera le gouvernement, et, à vrai dire, nous nous soucions fort peu de sa résolution, mais n'est-on pas autorisé à dire, en regardant ces choses, en écoutant ces paroles et bien d'autres, que ce sont-là autant de symptômes alarmants, les prodromes d'un cataclysme, comme les grondements souterrains sont les précurseurs des tremblements de terre et des éruptions volcaniques.

Le *Télégraphe* :

La défection de Soubrié laissait une place à prendre : M. Jules Guesde vient de s'en emparer. Il reprend pour son compte la belle maxime politique qui avait fait un moment la fortune de son précurseur. Il l'enchâsse dans un article du *Cri du Peuple*, il la souligne, il la signe. Ce n'est pas tout : il supplie le parquet et les juges de Paris de le poursuivre ; il les objurgue, il les met au défi de l'arrêter ; il les injurie même un peu, pour les décider. Polyeucte auprès de lui n'était qu'un modéré.

Je ne m'étonnerais pas qu'il n'eût aucune conséquence pour son auteur, pas même les quinze jours de prison qu'il a l'air de solliciter, et qui lui vaudraient peut-être l'entrée du Conseil municipal, cette antichambre des députés.

Le *Monde* :

Que va faire le parquet ?

La question est curieuse et intéressante à suivre. Il est probable que M. Jules Guesde en sera pour son défi. La justice républicaine, qui fait condamner un pauvre diable à quatre mois de prison par un petit tribunal de province, ne voudra pas poursuivre un rédacteur du *Cri du Peuple*.

Elle craindra trop le bruit qu'on ne manquerait pas de faire autour de ce procès.

L'*Univers* :

Nous verrons s'il sera répondu au défi du citoyen Jules Guesde, dont le scandale s'ajoute à celui du citoyen député Basly, prononçant impunément les paroles pour lesquelles on a condamné Soubrié, et à celui du citoyen député Camélinat, déposant tranquillement une demande d'interpellation sur les événements de Decazeville, sans qu'on y ait répondu par une demande en autorisation de poursuites contre lui et Basly, pour le rôle provocateur qu'ils ont joué dans *ces événements*.

Il s'est enfin trouvé un journal pour comprendre le sens et la portée de mon « défi » — qui tient toujours.

9

Et, bien que ce journal me qualifie « d'ami des pires doctrines » et demande qu'on me pende haut et court, je ne lui en suis pas moins obligé de rétablir les véritables termes du débat.

« Qu'on le veuille ou non — écrit le *Courrier du soir* — c'est ici le combat d'un homme contre la loi ou plutôt contre l'application qui a été faite de cette loi ».

Impossible de mieux dire :

Oui, *c'est le combat d'un homme contre l'application illégale* — ou *contre la violation flagrante* — de la loi, prostituée comme l'armée aux bandits de la finance.

Et de ce combat engagé à mes risques et périls, je suis fier, quoi qu'il doive en résulter, ne pouvant que plaindre ceux qui ne se rendent pas compte qu'il s'imposait comme un devoir.

Le droit des majorités

En attendant que — selon la promesse du ministre de la guerre — la troupe fasse gamelle commune avec les grévistes qu'il lui est interdit d'aborder même dans la rue, les arrestations, avec beaucoup de soldats à la clé, continuent à Decazeville.

Toujours sous le même prétexte : atteinte à la liberté du travail. On sait en quoi consistent ces atteintes : des paroles et rien que des paroles —

simples rappels à la solidarité ouvrière le plus
souvent — que la police est obligée de dénaturer
pour en extraire des délits et des condamnations.
Alors que la Compagnie, elle, peut — sans que la
liberté du travail soit atteinte, ni surtout vengée —
signifier par voie d'affiches leur renvoi — ou leur
mise dans l'impossibilité de travailler — à tous ceux
de ses serfs qui n'ont pas répondu *Amen* à la réduction du prix des bennes et à la réintégration du
Blazy.

Mais je laisse de côté une justice aussi inégale,
ce Code pénal qui veille et frappe dans son article 414 dirigé contre le travail, et qui dort au contraire, — du sommeil du juge — dans son article 415 visant le capital, sans jamais le toucher.

Je fais plus. Je veux admettre, contrairement à la
vérité, que des violences aient été réellement exercées contre les quelques mineurs qui auraient voulu
se soustraire à la grève décidée par la grande
masse (1.100 sur 1.500, à s'en tenir aux chiffres
donnés l'autre jour par le ministre des travaux publics). Et je me demande, et je demande à tous
ceux que n'aveuglent pas des dividendes en péril,
en quoi cette immense majorité ouvrière, en opérant de la sorte contre une infime minorité, aurait
fait autre chose que ce qui se fait tous les jours
dans notre monde politique bourgeois sans que
personne s'avise de réclamer.

Est-ce que — par cela seul qu'ils n'étaient pas
le plus grand nombre — les républicains n'ont pas

été obligés — obligés matériellement, pas à coups de poing, à coups de fusils — de subir l'Empire pendant dix-huit ans ? Est-ce que tel n'est pas encore le cas des divers partis monarchiques, contraints, parce que minorité, à s'incliner devant la République de l'heure présente ?

Est-ce que toutes les décisions les plus graves, les plus vitales, dans toutes les assemblées communales, départementales et nationales, ne sont pas prises à la majorité et obligatoires pour la minorité ?

Notre argent, notre sang, notre liberté, tout ce que nous sommes et tout ce que nous pouvons avoir, tout cela n'est-il pas, avec la loi qui n'est que l'expression de leur volonté, à la discrétion de la moitié plus un des citoyens actifs ou de leurs mandataires ?

Et que sont armée, magistrature, police avec leur attirail de codes, de prisons et de baïonnettes, sinon la « violence » — à l'état latent ou en exercice, suivant les cas — contre une minorité éventuellement ou effectivement récalcitrante ?

Cette loi des majorités, avec le droit pour ces dernières d'employer la force contre une minorité réfractaire, n'est pas limitée à l'ordre gouvernemental proprement dit. Nous la voyons fonctionner, avec le même droit poussé jusqu'à la même violence, dans l'ordre le plus privé.

Est-ce que, par exemple, dans toutes les sociétés industrielles, commerciales et financières, toutes les mesures arrêtées par une majorité d'actionnaires ne sont pas valables pour la minorité, c'est-à-dire imposables et imposées à cette dernière ?

Est-ce que ce n'est pas à la majorité, soit de ses actionnaires, soit de son conseil d'administration, que la Compagnie des houillères et fonderies de l'Aveyron a dû décider ces provocations abominables qui s'appellent le Blazy restauré et les salaires diminués ? Et s'il s'était trouvé hier, — et s'il se trouvait demain — une minorité de cœur et de tête pour s'opposer au conflit ainsi créé, qui donc oserait soutenir que, de par les tribunaux, il ne serait pas passé outre à sa protestation, c'est-à-dire qu'il ne lui faudrait pas, malgré elle, rester la complice du Léon Say et de ses Petitjean ?

Et ce qui existe comme la règle, comme la base de tout ordre, non seulement pour cette grande société qu'est la nation, mais pour tous les groupements de capitalistes, serait interdit, comme un délit ou comme un crime, aux groupements de travailleurs ! Au *droit des majorités actionnaires* pour affamer ne correspondrait pas le *droit des majorités ouvrières* pour la défense de leur pain ! Ce serait monstrueux. Et pourtant cela est. Les exécutions judiciaires de Villefranche ne le prouvent que trop. Seules les majorités ouvrières n'ont pas le droit — même de parole — sur les minorités qui compromettent plus que les intérêts, l'existence de tous.

Le prolétariat est hors la loi, — hors de la loi des majorités comme des autres.

Ère nouvelle

Parlez-moi du *Temps* pour ne pas être manchot et pour mettre finalement, non pas un doigt, mais les deux mains sur la plaie ouverte par la grève de Decazeville au flanc de l'ordre capitaliste ! Ce qui épouvante — et avec raison — le grand organe bourgeois, ce n'est pas la grève elle-même — qui n'est « ni plus violente, ni plus tragique » que beaucoup d'autres. Ce sont les circonstances dans lesquelles elle se prolonge, ou, pour employer son expression, « les scandales auxquels elle a donné lieu, de la part d'une opinion publique énervée, d'un gouvernement incertain et d'une Chambre partagée. »

Premier scandale : « Le monstrueux assassinat » du Watrin qui, loin de faire « tressaillir d'indignation la nation entière », a été accepté par la conscience populaire avec une indifférence voisine de la complicité.

Deuxième scandale : Ces « prétendus députés ouvriers, qui désertent le Parlement » pour se transporter au milieu des mineurs en lutte, et qui travaillent ouvertement, non pas à la capitulation ouvrière, mais à « la ruine » de la Compagnie provocatrice.

Troisième scandale : la Chambre qui, après avoir « écouté avec facilité les explications atténuantes et même la violente apologie du meurtre de l'in-

fortuné sous-directeur », a « accordé à Basly sans
réserves et sans protestation d'aucun genre un
congé régulier » pour organiser la résistance des
watrinés.

Quatrième scandale : « Le chef de notre armée
républicaine qui, dans une improvisation irréflé-
chie, s'est plu à montrer les soldats amenés sur les
lieux pour maintenir l'ordre, partageant leur
soupe et leur pain avec les grévistes. »

Cinquième scandale : « L'ordre du jour si labo-
rieusement cherché, où l'on a eu l'air de promettre
une réforme de la législation minière. »

Pendant qu'il y était, le *Temps* aurait dû, pour
être complet, évoquer le sixième — et non le
moindre — scandale de Conseils municipaux, au
nombre de dix-huit à cette heure, qui, de l'argent
des contribuables, jusque-là réservé aux besoins
des possédants, se sont avisés de faire du pain —
et des munitions — pour les militants affamés de
là·bas.

Mais malgré cette lacune, qu'il tiendra à combler, je n'en doute pas, la série des abominations
qu'il découvre — et qu'il dénonce — suffit à justifier son cri d'angoisse. Il est certain que la « peau »
du Watrin, bien qu'on ait essayé au début de la
monter en tambour de deuil, ne paraît pas avoir
ému outre mesure le pays et qu'au lieu de se coti-
ser pour élever à ce tortureur, comme au massa-
creur Bréa, un monument expiatoire, c'est à ses
exécuteurs qu'est allée et que va de plus en plus la

sympathie des masses sous la forme de gros sous
— dépassant aujourd'hui cinquante mille francs.

Il est certain que jamais, de mémoire de gré-
viste, on n'avait vu des membres du Parlement
jeter leur mandat, leur écharpe et leur inviolabilité législative, du côté du travail fatigué de se laisser exploiter et faisant tête au capital exploiteur.
Jusqu'alors, quand par extraordinaire l'ombre
d'un député s'était profilée sur un champ de
grève, c'était — comme à la Grand-Combe et à
Bessèges — au secours des Compagnies, pour
rééditer à l'adresse des sortis-des-fosses le mot
cynique de Dupin à la Représentation nationale
décembrisée : « Vous avez le droit pour vous,
mais vos maîtres ont, avec l'armée, la force ;
cédez ! » Mais des législateurs couvrant de leur
corps des prolétaires et, nouveaux Baudin, opposant leurs poitrines aux baïonnettes de l'ordre —
le plus financier — voilà qui bouleverse toutes les
idées reçues en matière de massacres ouvriers.

Il est certain encore qu'une Chambre, qui, au
lieu d'user contre Basly, Camélinat et Boyer du
« petit local », les laisse courir la France en
« commis voyageurs de la Révolution sociale », fait
tache sur le Reichstag de Berlin, par exemple, qui,
au moyen de sa loi contre les socialistes, ne permet aux Liebknecht et aux Bebel de communiquer
avec leurs électeurs que sous la surveillance de la
police.

Il est certain enfin que ce ministre de la guerre

qui, en paroles du moins, refuse d'être le ministre de la guerre civile, et ne crie pas : « feu à volonté » sur des femmes et des enfants, en ajoutant comme Ferry en 1871 : « Vous n'en fusillez jamais assez », il est certain que ce Boulanger ne cuit pas le pain des Lespinasse et des Vinoy dont notre bourgeoisie était si friande.

Mais c'est ainsi. Et toutes les jérémiades du *Temps* contre ce qu'il appelle « un manque absolu de tenue de l'opinion publique, des pouvoirs publics et en général des hommes politiques », comme ses objurgations pour leur arracher « un acte viril » se briseront contre la force des choses, contre le nouvel état d'esprit sorti d'une propagande socialiste de dix années et qui ne laisse plus de place au *rran* traditionnel.

Novus nascitur ordo. Une nouvelle ère a commencé, qui, sans désarmer encore la classe capitaliste, ne lui laisse pas la liberté de ses armes gouvernementales. Ce que les aveugles — par intérêt — du *Temps* et des *Débats* prennent pour une « anémie morale » est, au contraire, l'affirmation, l'imposition de la morale nouvelle basée sur le droit des dépossédés, des travailleurs, de ceux qui produisent tout sans jouir de rien.

Toutes les fins de régime, de classe, ont été marquées par de pareils abandons, les sabres restant cloués au fourreau par l'invincible main des événements encore sous l'horizon et les fusils se retournant d'eux-mêmes, crosse en l'air. Signe des

9.

temps — qui vont cesser d'être durs pour la grande humanité laborieuse.

Le prix de l'emprunt

Duc-Quercy est arrêté! Ernest Roche est arrêté!

Empoignés dans leur lit hier matin, ils ont été, les menottes aux mains et enchaînés l'un à l'autre, traînés militairement à la pris n de Villefranche.

Non pas qu'ils se soient portés ou qu'ils aient poussé à des violences. Nous mettons au défi le plus Laubardemont des juges d'instruction de relever, malgré des provocations de toute nature, malgré la troupe et ses menaces, malgré la justice et ses razzias, le moindre désordre, depuis la présence sur les lieux de notre collaborateur et de son confrère de l'*Intransigeant*.

Mais ils avaient — c'est le *Temps* qui le déclare — « imprimé au mouvement un caractère absolument socialiste ».

Ils avaient amené les forgerons à faire cause commune avec les mineurs, alors « qu'on avait cru que les forgerons, à qui l'arrêt des travaux à Firmy faisait subir du chômage, *s'armeraient* contre les grévistes ».

Ils avaient, par leur appel à la solidarité ouvrière, assuré du pain et de l'eau à « des gens qui, plutôt que de céder, vivront de pain et d'eau des mois entiers. »

Ils avaient, enfin et surtout, par le calme qu'ils avaient apporté dans une grève — qui est un droit, de par M. Sarrien — enlevé tout prétexte à un de ces *Joue! feu!* qui n'emplissent pas seulement les cimetières, qui repeuplent les fosses par la terreur.

Avec eux, c'est encore le *Temps* qui l'avoue cyniquement, « pas de fin à la crise ».

Or, il fallait en finir, parce qu'en dépit des mensonges du Bochet entassés sur les mensonges du Laur, *la mine brûle*; parce que la Compagnie allait être acculée à la ruine ou à la déchéance.

Et comme il y avait à la tête de la Compagnie ainsi condamnée un Léon Say, bras droit de l'Empereur de toutes les monarchies et de toutes les Républiques, Sa Majesté Rotschild ; et comme la République de MM. Grévy-Freycinet avait un emprunt à placer, la Finance a fait ses conditions :

Débarrassez-moi de la grève de Decazeville, — ou je tue votre emprunt avec votre crédit.

Et la République Grévy-Freycinet s'est inclinée.

Elle a accepté le marché.

Elle a livré — contre sa propre légalité — Duc-Quercy et Ernest Roche, deux des têtes de la grève, et elle aurait livré la troisième, Basly, si Basly n'était pas couvert par son inviolabilité parlementaire.

De même que demain elle fera tirer, remplaçant les gamelles partagées par du plomb à plein fusil, si le travail n'est pas repris — et il ne le sera pas — et si la Compagnie l'ordonne.

Nos gouvernants n'en sont pas à quelques cadavres près, pourvu que leur *émission* de 3 0/0 soit couverte.

———

La suppression de Duc-Quercy et de Roche ne suffit pas à la haute banque qui — pour laisser passer l'emprunt actuellement en discussion — exige deux autres têtes.

Il lui faut l'arrestation des deux députés Basly et Camélinat. Excusez du peu ! Et elle l'aura, à en juger par ce qui s'écrit et par ce qui se dit. Le seul point encore en litige est celui de savoir si, avant de faire empoigner les deux Manuel ouvriers par les gendarmes, on demandera à la Chambre une autorisation voulue par la loi ou si, sous prétexte de flagrant délit, on ne procèdera pas comme pour Millière.

C'est ce dernier parti qui, hier, paraissait devoir l'emporter.

L'Empire aggravé

Ce n'est pas seulement l'opportunisme de MM. Ferry-Waldeck qui est dépassé — ou aggravé — par le radicalisme de MM. Freycinet-Lockroy, c'est l'Empire de M. Bonaparte.

Et lorsque devant les arrestations de Decazeville nous voyons un grand journal radical s'écrier avec indignation : Comme autrefois ! nous nous demandons où ce journal a appris l'histoire.

Lors de la grande grève du Creuzot, en 1870, le

correspondant de la *Marseillaise*, Assi (dont on annonce aujourd'hui même la mort), fut bien, comme Duc-Quercy et comme Roche, arrêté et dirigé sur la prison d'Autun, pour décapiter la résistance ; mais l'Empire n'osa pas invoquer contre lui l'article 414 du Code pénal, cet article qui aboutit à la suppression complète du droit de coalition ou de grève.

C'est comme affilié à l'*Internationale* que le Duc-Quercy d'alors fut poursuivi. Et *il trouva des juges pour l'acquitter.*

Vous entendez, messieurs les magistrats de 'Villefranche !

L'extrême-gauche complice

La question que M. Maillard devait hier poser au gouvernement relativement aux monstrueuses arrestations de Decazeville, a été renvoyée à aujourd'hui, du consentement de l'extrême-gauche, qui a refusé de transformer la question en interpellation.

Non pas que nos radicaux contestent que la loi ait été violée contre Duc-Querey et contre Roche. M. Camille Pelletan, entre autres, a soutenu que l'art. 414 du Code pénal ne pouvait être appliqué dans le cas présent, abrogé qu'il était par la législation sur la presse et les réunions.

Mais d'une part il n'y a pas péril en la demeure,

du moment que ceux qu'on « décembrise » sont des socialistes. D'autre part, comment serait-on jamais possible au pouvoir si l'on se montrait si chatouilleux en matière d'illégalités ?

La consigne est donc de se taire ; et l'on se taira à l'extrême-gauche — à moins que l'on n'applaudisse.

Réaction et révolution

Où est le temps que la bourgeoisie prenait le fusil, descendait dans la rue, faisait des barricades, et renversait un gouvernement — tout cela parce qu'avait été quelque peu chiffonnée la liberté octroyée à la presse par la Charte des Bourbons restaurés ?

Aujourd'hui, on peut tirer à plein Code pénal contre la loi sur la presse de 1881, enlever des journalistes à domicile et les traîner, les menottes aux mains, dans des culs-de-basse-fosse, sans que l'illégalité de ces violences soulève autre chose que des applaudissements.

Jusqu'à la « chaînette » liant Duc-Quercy à Roche, la Chambre a tout ratifié, tout bissé par 485 voix contre 65.

Elle a été plus loin. En « approuvant les déclarations du gouvernement », elle a approuvé un gouvernement se déclarant prêt à traiter demain l'inamovibilité parlementaire comme la loi sur la presse, et à faire empoigner Basly et Camélinat, comme ont été empoignés Roche et Duc-Quercy.

Sous l'Empire, lorsque sur le cadavre de Victor Noir, Rochefort signait crânement son appel aux armes, malgré le flagrant délit, avant de procéder à des poursuites contre un député de Paris, le Bonaparte crut devoir saisir son corps législatif d'une demande en autorisation. La République bourgeoise n'a pas de ces scrupules. Qu'il plaise demain à un Vacquier où à un Barrada de mettre à la charge de Basly les délits qui ont servi de prétexte aux *lettres de cachet* décernées contre nos confrères et amis, et — M. Demôle s'en est vanté — la sale main de gendarme qui s'est abattue sur Manuel s'abattra demain sur l'élu de la Seine, jeté en prison sans plus de façon que les Madier-Montjau et les Charamaule au Deux-Décembre. Aussi un ministère agissant et parlant de la sorte a-t-il eu pour lui, le couvrant de leurs félicitations et de leurs votes de confiance, toutes les droites, la droite monarchique, comme la droite bonapartiste.

C'est mieux que l'Empire, s'est écrié le Cassagnac ; et il s'est fait inscrire, lui et les siens, dans la majorité gouvernementale.

Notre Roi ne ferait pas davantage, a repris le Baucarne-Leroux, et il s'est perdu, avec son parti, dans la suite du Freycinet, du Granet et du Lockroy.

Pour que la bourgeoisie républicaine retourne ainsi sa veste et brûle ses dieux d'antan, il a suffi que ses intérêts, que ses privilèges économiques fussent en jeu.

Le masque du libéralisme, qui lui a servi à tromper le peuple, s'est alors détaché sans effort, tout seul.

On était pour la liberté, pour toutes les libertés, jusqu'à « l'insurrection sainte », lorsqu'on était séparé du pouvoir par une dynastie, Bourbon, Orléans ou Bonaparte. Cet obstacle renversé, la place prise et occupée, la liberté n'est plus qu'une échelle à briser entre les mains ou sur le dos du prolétariat qui suit et qui arriverait au gouvernement par la même voie.

A votre aise, messieurs !

Libre à vous de plagier Bismarck et, à la première entrée en ligne d'un parti socialiste opérant légalement, de chercher le salut de vos capitaux dans la réaction coulant à pleins bords.

Mais ne vous étonnez pas si, en semant le vent, vous récoltez la tempête.

Ne vous étonnez pas si, mise hors la loi, hors de votre propre loi, la classe ouvrière que les Duc-Quercy et les Roche retenaient l'arme au pied et que les Basly et les Camélinat enpêchaient de *partir* avant l'heure ; ne vous étonnez pas si cette masse, ainsi provoquée par vous, acculée, éclate et vous brise comme un simple Watrin.

Barrer les fleuves est encore le plus sûr moyen de les faire déborder.

Le fleuve humain surtout, que grossit tous les

jours la fonte de ces neiges qui s'appelle le salaire réduit, la servitude accrue et le chômage généralisé.

Pas de chance !

Si nos gouvernants étaient tatoués — comme ils devraient l'être, en Peaux-Rouges qu'ils sont — il n'y aurait qu'à les déculotter pour lire en belles lettres bleues ou jaunes sur leur fessier, droit ou gauche :

Pas de chance !

Pas de chance, les Lockroy et les Clémenceau qui, pour se faire réélire, entrelardent leur liste d'ouvriers à la Basly et à la Camélinat, et qui introduisent ainsi dans la bergerie bourgeoise le loup socialiste.

Pas de chance, les Freycinet et les Sadi-Carnot qui, pour amadouer les sous-Rotschild à la Léon Say et les rendre secourables au fameux emprunt, font, sur la fausse nouvelle de la rentrée de Basly à Paris, empoigner Duc-Quercy et Roche, s'imaginant en finir de la sorte avec la grève de Decazeville, soit que, livrés à eux-mêmes, les grévistes s'enferrent sur les baïonnettes de Van der Borson, soit que, terrorisés, ils redescendent comme des taupes dans leur trou de mine.

Non seulement Basly n'est pas parti, empêchant par sa seule présence la tuerie ou la capitulation ; mais Camélinat et Massard sont arrivés. Et après

eux, c'est Meusy. Et, après Meusy, c'est Antide
Boyer et Clovis Hugues, redonnant plus de têtes à
la résistance que les deux mandats d'amener n'ont
pu lui en couper.

Pas de chance, enfin et surtout, le Floquet, qui
s'est avisé samedi, avec la complicité d'une majorité étendue jusqu'à l'extrême-droite, de refuser à
Basly le renouvellement de son congé.

Ces gens qui se vendent vingt fois par mois pour
des recettes générales, voire pour des recettes
particulières, et dont les Compagnies de chemins
de fer connaissent à un franc près le tarif des
votes, jugeant les députés socialistes par eux-
mêmes, s'étaient dit :

« Devant la suppression de son traitement —
car pas de congé régulier, pas de traitement —
Basly devra lâcher ses anciens camarades de fosse.
Et, comme loin de ne jouer là-bas qu'un rôle secondaire et honorifique, c'est réellement lui l'âme
de la lutte prolongée, poussée jusqu'à la victoire ;
comme c'est bien à son écharpe de représentant
du peuple, jetée avec sa poitrine en travers des fusils Gras, qu'est due l'impossibilité de massacrer
les grévistes *ad majoren Léon Say gloriam*, Basly
courant à la questure de la Chambre toucher son
indemnité, c'est le terrain laissé libre dans l'Aveyron aux manœuvres, aux menaces, aux violences
et aux voies de fait de la Compagnie, appuyée et
servie par la plus belle armée que la France ex-
ploitrice ait jamais possédée ».

Et l'on se frottait ses quatre cent trente-cinq paires de mains dans la plus immonde des Chambres à la seule idée du bon tour que l'on venait — — contre tous les précédents — de jouer au plus gêneur des collègues.

Or, il se trouve qu'aux termes du règlement (art. 116), un député « n'est réputé absent sans congé que lorsque pendant *six* séances consécutives, il n'a pas répondu aux appels nominaux. »

Il se trouve, d'autre part, que, par suite des vacances auxquelles le Parlement doit se livrer le 17 avril, *cinq* séances seulement peuvent être tenues avant cette séparation pour un long mois.

De telle façon que la mesure prise odieusement contre Basly tombe dans l'eau, et que, gauche et droite du Palais-Bourbon, transformé en caverne d'Ali-Baba, se seront déshonorées inutilement.

Basly, certes, serait resté à son poste, malgré toutes les suspensions d'indemnité, les seuls atteints en ce cas étaient les syndicats ouvriers auxquels le « député des mineurs » verse la majeure partie de ses émoluments parlementaires.

Mais, même cette satisfaction de *voler* au syndicat des mineurs du Nord la subvention que lui fournit l'ancien herscheur d'Anzin, les députés de la finance ne l'auront pas.

Pas de chance, messieurs les hommes d'argent et de sang !

De plus en plus, *pas de chance !*

A-t-on assez hurlé à droite et au centre lorsque par trois fois, retournant le fer dans la plaie, Boyer a parlé des saluts dont Basly, Camélinat, Clovis Hugues et lui étaient l'objet à Decazeville de la part des soldats?

L'armée saluant des députés socialistes ?

Mais c'est le comble de la « démoralisation » militaire ! a clamé Cassagnac. De mon temps, sous mon empereur, au Deux-Décembre, elle fusillait les députés simplement républicains.

Et les républicains gouvernementaux de reprendre en sourdine : En Mai 71 aussi, les représentants du peuple qui ne juraient ni par Chambord, ni par Orléans, ni par l'homme de Sedan, recueillaient plus de balles que de saluts !

Rien de plus exact. Et nous nous expliquons sans peine le désespoir de la majorité de samedi, Mais tous les gémissements ne feront pas revenir ce bon temps à jamais disparu.

Faites votre deuil, messieurs, des soldats qui ont fusillé et Baudin et Millière. Vous ne les reverrez plus !

Chateauvillain et Decazeville

Les chapelles, que les grandes et les petites dames peuvent — comme une cuvette morale — faire adosser à leur boudoir, me laissent complètement indifférent — quelles soient autorisées ou non.

Les chapelles que les Giraud de Chateauvillain ouvrent en plein tissage, comme les Chagot de Monceau en pleine mine, me préoccupent en revanche énormément, parce que, quoiqu'en écrive M. Maret, elles ne représentent plus la liberté de se faire *messer*, mais une nouvelle servitude ouvrière : la messe ou la porte — et la porte ici, c'est la faim !

Lors donc que nos gouvernants ordonnent la fermeture d'une de ses églisettes patronales, je suis avec eux, comme j'étais avec les mineurs de Saône-et-Loire lorsque — faute des moyens de les fermer — ils faisaient sauter tabernacles, sacristies et autres locaux d'un culte transformé en instrument de torture.

Mais cela ne veut pas dire — oh ! non — que je ne proteste pas contre les tueries de femmes et d'enfants auxquelles a donné lieu l'œuvre de libération accomplie dans l'Isère. La morte et la blessée que les de Mun et les Keller ont hier portées à la tribune de la Chambre, en demandant justice, me révoltent moi aussi et me font crier : au meurtre !

Il m'est pourtant impossible de ne pas faire remarquer qu'en se présentant en armes devant une chapelle non autorisée — et interdite — non seulement l'autorité républicaine avait la loi pour elle, mais elle avait apporté à l'application de la loi tous les tempéraments possibles et imaginables — jour et heure ayant été pris d'un commun accord pour l'apposition des scellés.

Il m'est impossible encore et surtout de ne pas observer que les gendarmes qui ont tiré — et tué — avaient préalablement essuyé quatre coups de revolver.

Or les mêmes droitiers qui hurlent si fort de ce que — au prix du sang — force ait été assurée à la loi, sont les mêmes qui depuis deux mois ne pardonnent pas à la République de ne pas avoir renouvelé, contre la loi, à Decazeville, les massacres de la Ricamarie et d'Aubin.

Ce sont les mêmes qui, samedi dernier, ont approuvé les menottes infligées à Duc-Quercy et à Roche, et réclamé des gendarmes — les gendarmes de Chateauvillain — contre l'inviolabilité d'un Basly, d'un Camélinat et d'un Boyer.

La grève est un droit — et contre des mineurs usant de ce droit il n'y avait pas de violences que monarchistes et cléricaux ne fussent prêts à autoriser et à provoquer.

La chapelle de Chateauvillain est un délit. Ce délit a été suivi, accompagné du crime, prévu et puni par le Code pénal, de résistance à main armée à la force publique régulièrement mandatée. Et, parce qu'on a fait feu légalement dans l'Isère, comme ils voulaient qu'on fit feu illégalement dans l'Aveyron, cléricaux et monarchistes s'indignent.

Indignation perdue, mes bons messieurs !

Quand on a, comme vous, poussé à l'assassinat d'ouvriers défendant pacifiquement leur pain, on est malvenu — on n'est pas admis — à réclamer contre l'exécution d'autres ouvriers et ouvrières faisant des barricades *ad majorem Dei gloriam.*

Vous avez crié bravo ! et bis ! à un gouvernement sortant de la légalité pour entrer dans le droit de tout faire, de tout sabrer. Aujourd'hui ce gouvernement applaudi, échaffaudé par vous, se retourne contre votre clientèle qu'il soumet au même régime.

C'est bien fait. Vous recueillez ce que vous avez semé. Et notre seul regret est qu'au lieu de trouer les poitrines de vos dupes, les revolvers de cette gendarmerie — qui est votre gloire et votre espoir — ne vous aient pas, vous, les responsables, couchés sanglants sur le sol.

Ce que nous aurions ri alors, tandis qu'il nous faut pleurer, nous, les socialistes, sur les tisseuses de l'Isère, sœurs de nos mineurs de l'Aveyron, qui sont tombées sous vos votes assassins.

Vive la réaction !

Le vent de réaction, qui s'est levé sur la République bourgeoise et qui souffle en tempête depuis quelques jours, n'est pas pour nous surprendre.

Encore moins pour nous effrayer.

Il y a beau temps que, instruit par la lutte des classes qui domine le passé et le présent de l'histoire humaine, nous avons, à la grande fureur des radicaux trompés ou trompeurs, prévu et annoncé ce qui arrive.

Après s'être réclamé de la liberté sur tous les tons et dans tous les domaines, avant d'arriver et pour arriver au pouvoir politique qui la faisait reine et maîtresse, la classe bourgeoise ou capitaliste devait réagir contre toutes les libertés — traitées de guitare ou de foutaise — aussitôt qu'elle trouverait en face d'elle, combattant pour l'existence et pour la domination, une autre classe, le prolétariat, en voie de conscience et d'organisation.

A peine votée la loi de 1881 sur la presse et sur les réunions, nous avons dit — et redit, écrit — et reécrit, à l'adresse des aveugles qui ne voulaient voir là qu'un premier pas : « Ceci est le *nec plus ultra* du libéralisme bourgeois. Non seulement on n'ira pas au-delà, mais on reviendra en arrière, biffant l'une après l'autre, au fur et à mesure des progrès de l'*idée* socialiste et du *fait* ouvrier, les quelques garanties octroyées. »

Voilà qui est fait.

Il a suffi de la grève de Decazeville, de la constitution dans la Chambre d'un groupe ouvrier jetant dans le plateau du travail — même républicain — contre le capital — même orléaniste — sa part de pouvoir public, pour que le recul se produisît.

La liberté de la parole écrite ou parlée — pour laquelle on a fait les *Glorieuses* — *kékcékçà*, du moment qu'elle fait échec aux négriers de la mine ? Et pendant que, piétinant sur leur propre légalité,

les Freycinet et les Lockroy font enlever et *emme-
notter* les Duc-Quercy et les Roche, un Bozérian se
lève qui réclame — et obtient d'urgence d'une
moitié du Parlement — une légalité nouvelle
créant pour la presse et les réunions des délits et
des peines ignorés de tous les Code pénal.

L'inviolabilité des représentants du peuple —
dont la violation était par les hommes mêmes du
Deux-Décembre considérée comme un crime que
les plébiscites seuls pouvaient absoudre —
kékeékça encore, du moment qu'elle est un obstacle aux fusils de l'ordre exploiteur trouant les
poitrines des exploités ? Et en même temps qu'il
s'excuse de ne pas avoir *décembrisé* Basly, un ministre de la justice est obligé, pour trouver une
majorité dans une Chambre républicaine, de s'engager à le faire lorsqu'il jugera qu'il y a lieu.

C'était fatal, je le répète ; ce qu'on appelle « les
principes » n'étant, n'ayant jamais été, et ne pouvant être que des masques, qui tombent d'eux-
mêmes dans la mêlée, lorsque commence le corps-
à-corps d'une classe arrivée contre une classe
montante, d'intérêts qui se défendent contre les
intérêts qui attaquent.

Mais, loin que la voie de compression, loin que
la période dictatoriale dans laquelle entre notre
bourgeoisie apeurée, puisse nous inquiéter, elle
nous plaît et nous *enfiérit*.

Si l'on forge contre nous des armes d'exception,
si l'ancien arsenal du droit commun ne suffit plus,

c'est que nous sommes devenus forts, plus forts que nous ne le croyions nous-mêmes ; c'est que nous sommes moins éloignés du moment psychologique ou de la Révolution que les révolutionnaires les plus *outranciers* n'osaient eux-mêmes l'espérer.

Nous nous rappelons, d'autre part, la bourgeoisie allemande, commandant il y a huit ans à son Bismarck la muselière du petit état de siège contre le socialisme ouvrier d'Outre-Vosges. Nous nous rappelons la presse socialiste supprimée, les caisses ouvrières forcées et vidées, et Liebknecht et Bebel — les Basly et les Camélinat de là-bas — passant de forteresse en forteresse pour tomber sous la surveillance de la haute police.

Et nous savons — et le grand chancelier suit — le résultat de cette politique de fer : 25 députés démocrates-socialistes au lieu de 5, et derrière eux, prêts à l'assaut, 750.000 combattants au lieu de 200.000 !

Il n'en sera pas autrement en France, dans le pays de Juin devenu le pays du Dix-huit Mars. Qu'on accumule contre nous *carcere durissimo* sur *carcere duro* ; tous les coups dont on pourra nous frapper ne feront que faire surgir du sol ouvrier, labouré et ensemencé par les événements, de nouvelles légions au communisme.

La réaction aujourd'hui, avec les cent mille têtes incoupables d'une minorité prolétarienne consciente et résolue, c'est la Révolution demain.

Vive la Réaction !

Vive la Révolution !

Quinze mois de prison !

Duc-Quercy et Roche sont condamnés chacun à quinze mois d'emprisonnement !

Voilà ce qu'il en coûte sous la République de se mettre du côté des ouvriers républicains contre une compagnie orléaniste.

Voilà ce qu'il en coûte de substituer aux explosions, qui n'emportent les Watrin qu'au profit des Blazy, la résistance organisée de travailleurs résolus — et capables — d'aller jusqu'au bout.

Voilà ce qu'il en coûte de transformer en socialistes, en champions de la Révolution, le troupeau humain qu'hier encore

la frayeur menait paître
Entre le sacristain et le garde champêtre.

On n'attend pas de nous une protestation stérile. De pareils jugements ne se jugent pas, ils s'affichent pour la honte des hommes et du régime qui les provoquent.

Pour leur honte — et, nous ajouterons pour leur perte. Car ils se tromperaient étrangement, nos gouvernants bourgeois qui ont rédigé — sur l'ordre et sous la dictée de Say-Rotschild — ce monstrueux verdict, s'ils s'imaginaient avoir fait preuve de force.

C'est de leur faiblesse, de leur peur, qu'ils viennent de nous donner une si large mesure.

Oui, ils ont peur — et non sans raison — de la facilité avec laquelle des « ouvriers à moitié paysans » peuvent au simple touché de nos « agitateurs », se retourner contre le présent ordre capitaliste.

Ils ont peur des foyers qu'allume, sur les points qui paraissaient les plus réfractaires, la parole nouvelle, l'Evangile socialiste, dès qu'ils y sont portés.

Peur des étincelles qui, jaillies de Decazeville, propagent — et propageront de plus en plus — partout l'incendie révolutionnaire.

Et plus, dans leur épouvante, ils se retranchent derrière les Bastilles ressuscitées et accrues, plus ils accusent leur déroute et notre triomphe.

Redoublez donc d'illégalités, ô moribonds !

Traînez, dans la boue des arrêts rendus en service, ce que vous appelez votre justice, après avoir piétiné sur les libertés qualifiées autrefois par vous de nécessaires !

Tirez sur nous à plein Vacquier !

Loin de crier : Grâce ! nous crierons : Bravo !

Bravo ! parce que c'est sur vous finalement que retombent tous les coups dont vous croyez nous frapper.

Bravo ! parce que le peuple est là, à qui vos infamies ouvrent les yeux, en attendant qu'elles lui ferment les poings !

Bravo ! parce que, comme en Juillet 1830, comme en Février 1848, il ramassera vos victimes pour vous les jeter entre les jambes et faire trébucher, non plus l'étiquette gouvernementale seulement, mais le sac aux iniquités capitalistes.

Bravo ! parce qu'il cassera demain vos jugements par la grande voix du suffrage universel, en allant chercher ses élus dans la geôle de Villefranche !

Bravo ! parce qu'après avoir cassé vos jugements, ce sont vos juges à la Loubers, vos généraux à la Borson, c'est vous tous qu'il cassera après demain.

Vive Duc-Quercy ! Vive Roche !

Vive la Révolution sociale !

Au pied du mur

Clientèle oblige. Et la presse radicale a dû faire chorus avec la presse socialiste contre les attentats qui s'accomplissaient dans l'Aveyron et dont les trente mois de prison de dimanche ne sont que le couronnement.

Elle a protesté — et elle proteste — contre l'enlèvement préventif de Duc-Quercy et de Roche — contre les menottes à eux infligées — contre un tribunal à la solde substitué au jury — et contre un verdict que le *Radical* qualifie de « déplorable » ;

La *Nation*, « d'inouï » ;

Le *Petit Parisien*, de « plus violent que sous l'Empire » ;

10.

La *Lanterne*, « d'odieux » ;

Et la *Justice*, de « scandale » et de « crime ».

Dont acte.

Mais les porte-plume de l'extrême-gauche ne trouveront pas mauvais que, si bien jouée qu'elle soit, toute cette belle *indignation sur le papier* ne suffise pas à la France ouvrière, pour laquelle — en la défendant — ont été frappés nos amis.

Ils ne trouveront pas mauvais qu'aux paroles — dont on nous paie depuis si longtemps, sans que nous en soyons moins pauvres — nous préférions les actes, et que ces actes, nous les exigions.

Ah ! MM. Clémenceau, Yves Guyot, Dreyfus, Maret et autres meneurs du radicalisme sont aussi révoltés que nous de « l'illégalité » des arrestations et de la « monstruosité » des condamnations ?

Eh bien ! qu'ils le prouvent !

Ils condamnent comme nous un gouvernement qui, pour les beaux yeux de la Bourse, fait litière des « idées qui sont la fierté et la force d'une République ! » Eh bien ! ce ministère « coupable » qu'ils l'exécutent !

Ils clament avec nous qu'au lieu de Duc-Quercy et de Roche, c'est Léon Say qui — en bonne justice — devrait être sous les verrous ?

Eh bien ! qu'en attendant d'y fourrer le financier assassin, ils sortent les journalistes innocents de la Bastille de province où on prétend les enterrer !

La candidature de Duc-Quercy ou de Roche est

là qui, réclamée par le comité de la grève de Decazeville, acclamée salle Favié et définitivement
posée demain par l'unanimité socialiste, va leur
permettre de prouver leur libéralisme, de châtier
des gouvernants criminels et de rendre à la liberté
les victimes.

Cette candidature — qui, si elle signifie pour
nous Émancipation du travail, signifiera pour eux
Droit et République — qu'ils l'appuient, qu'ils la
fassent leur ! Sinon, toutes les réclamations plato-
niques dont ils nous rebattent les oreilles ne les
sauveront pas d'une complicité flagrante.

Au pied du mur électoral du 2 mai, on va connaître le maçon radical. On va savoir la qualité du
mortier républicain des gâcheurs en chef de l'extrême-gauche.

A l'ordre !

Au moment où j'écris — mercredi soir six
heures — j'ignore sur lequel les deux condamnés
de Villefranche le Congrès électoral qui ne se réu-
nit qu'à neuf invitera la démocratie socialiste parisienne à s'affirmer le 2 mai prochain.

Sera-ce Duc-Quercy ? Sera-ce Roche ? C'est ce
qui importe peu — et ce qui n'importe pas davantage à notre ami Duc-Quercy qui vaillamment nous
télégraphie de sa prison : *Qu'on prenne Roche, si
son passé de travailleur manuel doit faciliter*

*l'union socialiste. Roche a beau protester ; je suis
résolu à remplir ce que je considère comme un
devoir. »*

J'ignore également le parti auquel s'arrêtera la
presse radicale devant cette candidature unique
de protestation en partie double. Protestation
contre la violation des libertés de presse, de réunion
et de grève dont l'extrême-gauche s'est toujours
réclamée, et protestation contre le sous-sol volé à
la nation et transformé en instrument de famine
ouvrière avec la complicité d'un gouvernement
dit républicain.

Ce que je sais, c'est que parmi tous les journaux radicaux il en est un qui a une situation spéciale et qui se mettrait au ban de la conscience
publique s'il n'épousait pas notre candidat, quel
qu'il soit.

Ce journal, c'est celui de MM. Marot et Sigismond Lacroix. Le *Radical* — en effet — a commis tous les délits — si délits il y a — pour lesquels Duc-Quercy et Roche, après avoir été arrachés de leurs lits par les gendarmes et traînés les
menottes aux mains en prison, viennent d'être embastillés pour quinze mois.

Duc et Roche sont condamnés pour avoir — je
cite les termes du jugement (sur commande) —
« adressé le 18 mars à leurs journaux un télégramme annonçant que le matin même Ficat père
et fils, gardes-barrages, ont été atteint par le feu
dans les galeries de la mine de Palayret. » — Et

le *Radical* du 20 contient un télégramme de Decazeville, 18 mars, 7 heures, ainsi conçu :

J'apprends qu'aujourd'hui, à la mine de Palayret, les citoyens Flicat père et fils gardes barrages, ont été retirés d'une
galerie à demi-asphyxiés et grièvement brûlés sur diverses
parties du corps.

Duc et Roche sont condamnés pour avoir « le
19 mars adressé un télégramme dans lequel on lit
qu'on a retiré du puits 13, à Bourran, un soldat
qui était affreusement brûlé par les feux ; que ce
malheureux est mort à l'hôpital de Rodez après
plusieurs heures d'affreuses souffrances. » — Et le
Radical du 21 publie un télégramme de « Decazeville, 19 mars. 7 heures, » dans lequel on lit :

Un soldat du génie, qui avait été employé par le garde des
feux, a été retiré, hier, au puits n° 13, grièvement brûlé. Le
malheureux est mort aujourd'hui des suites de ses brûlures à
l'hôpital de Rodez.

Duc et Roche sont condamnés pour avoir « affirmé l'un et l'autre, Duc dans le *Cri du Peuple* et
Roche dans l'*Intransigeant*, que la Compagnie
voulait forcer les ouvriers à accepter ses conditions sous la menace de leur rendre leurs livrets
quand ils se présenteraient à la paie ». Et le *Radical* a affirmé la même chose dans son numéro du
23, télégramme du 21, 9 heures, ainsi libellé ;

La Compagnie avait fait afficher que la paie de l'avance de
quinzaine aurait lieu aujourd'hui.
On devait profiter de cette circonstance pour essaye de

circonvenir les mineurs individuellement en les menaçant de leur rendre leur livret.

Cette manœuvre de Petitjean a piteusement échoué; aucun des grévistes ne s'est présenté pour toucher !

Duc et Roche sont condamnés pour avoir, dans le *Cri du Peuple* et l'*Intransigeant* du 5 avril « annoncé que la Compagnie a embauché des centaines d'ouvriers du Piémont qui arrivent sous la garde des soldats français. » — Et dans le *Radical* du 5 avril s'étale la dépêche qui suit :

La Compagnie prépare une cantine et des logements pour plusieurs centaines d'ouvriers piémontais.

Le bruit court qu'ils vont arriver escortés de soldats.

Duc et Roche sont condamnés pour avoir « affirmé que l'enquête confiée à M. l'inspecteur général Bochet a été une comédie ». — Et sous le titre, non pas de *comédie*, mais de *fumisterie ministérielle*, le *Radical* du 29 mars s'exprime, par télégramme, comme suit, et *en italiques*, s'il vous plaît :

Il résulte de l'entrevue des délégués mineurs avec M. Bochet que, bien que toutes les mines de l'Aveyron soient fortement compromises, le ministère s'oppose absolument à ce que la lumière se fasse, et ne veut obtenir d'autres renseignements que ceux que voudra bien lui donner la Compagnie.

En matière d'inspection-Bochet comme en matière d'importation d'ouvriers étrangers, en matière de livret comme en matière de feux, il n'est pas un seul des faits dits mensongers, pas une seule des manœuvres prétendues frauduleuses sous lesquels ont été accablés nos amis, qui n'existe également à la charge du *Radical*.

Comme nous, dans les mêmes termes que nous, le *Radical* a « entretenu les ouvriers du bassin de Decazeville dans ces espérances de déchéance de la concession », qui ont été transformées en crimes contre Duc-Quercy et Roche.

Comme Duc-Quercy et comme Roche, il aurait dû être par suite, passé au fil de l'article 414 dans la personne de son correspondant.

Et si, après être sorti indemne d'une campagne dans laquelle les autres — les socialistes — ont laissé leur liberté, il osait se mettre, par voie de contre-candidature, en travers de la libération électorale des nôtres, il n'y aurait pas, dans toute la langue française, de termes pour qualifier une pareille conduite.

Que dis-je ? Il n'y aurait pas de soupçon que cette conduite ne justifiât.

Le *Radical* feint de croire que je me suis étonné de la non-arrestation de son correspondant de Decazeville coupable des mêmes « fausses nouvelles » que Duc-Quercy et que Roche.

Le *Radical* me fait plus naïf que je ne suis. Je sais — et j'ai toujours su — que pour les radicaux il y a des grâces d'État et que la justice (voir notre *Cabochon* : l'oie piétinant le Code) est aussi indulgente pour eux qu'impitoyable aux socialistes.

Je me suis borné à exprimer l'espoir qu'ayant commis tous les méfaits pour lesquels nos amis sont embastillés et en connaissant par suite le néant, le *Radical* comprendrait le devoir qui lui incombe d'aider à la cassation, par voie de scrutin, du plus scandaleux des jugements.

Et si je me suis trompé — comme on me le notifie aujourd'hui — tant pis pour MM. Maret et Sigismond Lacroix.

Quand à l' « indépendance » d'un journal qui soutient contre Roche en prison le candidat du ministre emprisonneur, il n'y a pas que les « ministres » qui « la connaissent » ; il y a aussi la Compagnie du gaz.

Le Candidat de la Grève

Soubrié, le mineur, écarté à un double titre, parce que moins condamné — quatre mois contre quinze — et parce que déclinant la candidature, il n'y avait pour affirmer la grève de Decazeville, pour la faire triompher en la jetant en pleine Chambre, que les deux hommes qui expient dans la prison de Villefranche le crime à jamais glorieux d'avoir permis la résistance en l'organisant.

Il n'y avait que Duc-Quercy et que Roche.

Le sort ayant, au Congrès électoral socialiste d'hier, désigné Roche, Ernest Roche est et sera le candidat unique de la protestation ouvrière contre les infamies capitalistes et gouvernementales.

Voteront pour Roche tous les travailleurs qui savent — et qui le prouvent par leurs souscriptions de tous les jours — que, dans l'Aveyron, c'est le travail qui est en cause, en lutte, et qui voudront que le dernier mot reste à leur classe.

Voteront pour Roche tous les socialistes qui, dans la restitution à la société des mines, ateliers, machines, poursuivent la fin du salariat, cet esclavage moderne.

Voteront pour Roche tous les révolutionnaires qui croient — et avec raison — à la force pour l'instauration de l'ordre nouveau, d'une République véritablement républicaine.

Voteront pour Roche tous ceux qui ne traitent pas de « guitares », les Droits de l'homme proclamés à la fin du siècle dernier et qui, dans la liberté de la presse, dans la liberté de réunion et dans la liberté de la grève, voient les instruments indispensables, les charrues nécessaires au labourage et au semage cérébral qui préparent le *messidor* de l'humanité.

Il y a, en effet, dans la situation sortie de la grève de Decazeville, ceci d'admirable, d'extraordinaire, de « providentiel », aurait dit Proudhon, de « divin », dirait Renan, qu'elle fait plus que permettre, qu'elle commande la coalition de toutes les bonnes volontés, disons le mot, de toutes les honnêtetés.

Sur le terrain qui nous est mis sous les pieds, il

11

y a place pour tous, à l'exception et en opposition des exploiteurs économiques et des tripoteurs politiques.

Venez à nous, venez à Roche, qui cesse d'être un homme pour devenir un drapeau, tous ceux qui n'admettent pas qu'une propriété aussi nationale que le sous-sol soit abandonnée aux spéculations de financiers à la Say ou à la Bontoux. — Les condamnés de Villefranche ont poursuivi — et ont été frappés pour avoir poursuivi — le retour des mines à la nation.

Venez à nous, tous ceux que révolte le nouveau servage — pire que l'ancien — né de la féodalité houillère, avec les chapelles et les croix édifiées comme à Montceau sur les ruines de la liberté de conscience ouvrière ; avec les magasins dits coopératifs aggravant le « four banal » d'autrefois ; avec le mineur attaché à la sous-glèbe par le « coron » devenu une prison. — Roche, comme Duc, comme Basly, a sommé l'État d'intervenir pour interdire aux Compagnies de loger, de nourrir et d'*encapuciner* leurs ouvriers.

Venez à nous, tous ceux qui n'acceptent pas que, sous couleur de liberté du travail et des contrats, les prolétaires condamnés par la faim au plus infernal et au plus meurtrier des travaux puissent être dépouillés du produit le plus clair de leur activité souterraine et volé du soleil par des journées obligatoires de dix et onze heures. — Les grévistes pour lesquels Roche et Duc sont embastillés ont demandé par l'organe de **Basly** un *minimum* légal de salaire et une journée légale de huit heures.

Venez à nous, vous tous qui ne croyez pas que le rôle d'une armée nationale soit de jeter ses baïonnettes — en attendant ses balles — dans le plateau des fainéants millionnaires contre les producteurs à jeun. — Dans l'Aveyron, malgré les protestations de **Roche**, qui ne fait qu'un avec **Duc**, ce crime a été commis, contre lequel **Gambetta** réclama sous l'empire et contre lequel, au nom de leurs enfants transformés éventuellement en assassins, tous les pères de famille doivent réclamer aujourd'hui.

Venez à nous, vous tous qui vous glorifiez de la prise de la Bastille en 89. — Sous le titre de mandats d'amener, ce sont des *lettres de cachet* que les **Demôle** ont délivrées au **Léon Say** contre **Roche**, qui, comme **Duc**, gênait ses combinaisons d'affameur.

Venez à nous, vous tous qui vous souvenez qu'on a fait en 1830 une révolution contre les menottes des ordonnances infligées à la presse, et qui n'entendez pas plus laisser bâillonner la pensée parlée que la pensée écrite. — Contre **Roche-Duc** *emmenotté*, on a violé tous les droits inscrits dans la loi en faveur de la presse et des réunions.

Aux urnes, tous, pour le candidat de la grève, qui, pour toutes ces raisons ou pour quelques-unes seulement de ces raisons — peu importe — est et doit être votre candidat ?

Candidat unique aujourd'hui.

Candidat victorieux — élu — demain.

Candidature de ratification

Il était dit — ou écrit — que la grève de Decazeville déchirerait, depuis le haut jusqu'en bas, le
voile du temple — radical, et découvrirait, dans
toute leur complicité capitaliste et gouvernementale
les Clémenceau et les Maret, les Dreyfus et les
Pelletan.

Il ne suffisait pas aux Janus et — Janot — de l'extrême-gauche d'avoir, contre les plus *légalistes* des
grévistes, laissé le champ libre aux baïonnettes et
aux sabres que Gambetta, sous l'Empire, tentait au
moins d'arrêter au passage.

Il ne leur a pas suffi de ne rien vouloir entendre
aux réclamations des forçats de la mine, et de tout
leur refuser, depuis la déchéance de la Compagnie
affameuse jusqu'à un *minimum* de salaire.

Voici que, pour couronner cette série de défec-
tions, ils viennent de prendre à leur charge, de faire
leurs toutes les infamies par lesquelles la lâcheté
des libéraux au pouvoir a acheté à la haute-ban-
que la permission de recourir au crédit, de placer
leur emprunt.

C'est eux-mêmes qui s'époumonent à le crier
soir et matin : « La loi a été violée dans la personne
de Duc-Quercy et de Roche ; violée au profit d'une

poignée d'exploiteurs orléanistes ; violée au détriment des travailleurs républicains, qu'il s'agissait d'amener à capitulation par la terreur. Depuis les menottes dont on a chargé les deux champions de la plus régulière des grèves jusqu'au Vacquier contre eux démuselé ; depuis leur arrestation arbitraire jusqu'à leur condamnation monstrueuse, tout, dans cette page — qu'on croirait empruntée à l'Empire — est également scandaleux — et également funeste à la République. »

Et lorsqu'en appuyant la candidature de l'une des victimes, en portant Roche, — sans conditions, sur leur propre terrain — ils peuvent redresser la balance de la plus faussée des justices, venger le droit, châtier les coupables et débarbouiller l'institution républicaine des turpitudes dans lesquelles on la vautre pour sa perte, que font les grands chefs du radicalisme ?

Non seulement ils « lâchent » Roche, mais ils inventent contre lui Gaulier.

Ils vont — comme des anguilles à la vase — au collaborateur du ministre Lockroy, à l'homme du gouvernement qui a tout manigancé et tout perpétré, qui a signé les mandats d'amener, qui a autorisé la chaînette, qui a « chargé à boue » le Vacquier et qui a dicté l'odieux verdict.

A la *candidature de protestation*, ils opposent la *candidature d'acquiescement, de ratification, d'encouragement*. Car tel est — qu'on le veuille ou non — le sens ; telle est — toutes les réserves faites où à faire n'y changeront rien — la portée de la candidature Gaulier jetée en travers de la candidature Roche.

Candidat agréable et agréé contre le candidat embastillé, Gaulier représente, incarne toutes les illégalités et toutes les violences ministérielles. Il a derrière lui, dominant le morceau de papier qui peut lui servir de programme et le déchirant, Borson et ses dragonnades, Vacquier et ses réquisitoires, Léon Say et son bon plaisir, qui ne fait pas seulement loi, qui supprime la loi.

Et en le piquant en tête de leurs journaux, en le patronnant auprès de leur clientèle, les radicaux ratifient, contresignent tous les coups portés, à travers les libertés les plus nécessaires, à la forme républicaine. Ils se rangent, à la suite des Sarrien et des Demôle, à la remorque des spéculateurs bonaparto-orléanistes pour le compte desquels on a déshonoré la République. Que dis-je ? Ils délivrent de nouveaux *bons* pour de nouvelles razzias dès que le besoin capitaliste s'en fera sentir.

De même que Gaulier élu — s'il pouvait l'être — ce serait l'éponge passée, par Paris, sur les attentats de l'Aveyron ; ce serait les travailleurs de la Seine prenant contre les mineurs de là-bas la suite de la gendarmerie et de la police, de la troupe et de la magistrature, et les rattachant de leurs propres mains à la sous-glèbe.

Aussi n'avons-nous aucune inquiétude. Même avec l'appui d'un Portalis et d'un Reinach, le candidat des menottes et des arrêts sur mesure, des petits gouvernements et des grandes Compagnies, restera piteusement sur le carreau.

Et les Dreyfus et les Pelletan, les Maret et les Clémenceau en seront pour leur honte éternelle.

Aux abois !

L'Etat-major du radicalisme qui voit fondre comme cire son armée ouvrière, révoltée par le dernier coup de la candidature capitaliste et gouvernementale de Gaulier, ne sait à quelles manœuvres se vouer pour ramener une partie au moins des fuyards.

« Si, pour rendre notre candidat plus avalable, nous le « dorions » de magnanimité ? » se sont dit les uns. Et vite on fait écrire au Gaulier une lettre à « Monsieur le président du Conseil » demandant pour Roche condamné par défaut le sauf-conduit que Rochefort, condamné contradictoirement, recevait en 1869 d'un *proprio motu* impérial.

Encre perdue, les travailleurs de Paris se rendant parfaitement compte que, s'il est sincère, M. Gaulier a autre chose à faire qu'à mendier l'ouverture provisoire de la prison de Villefranche. On ne sollicite pas la mise en liberté, pour quelques jours, d'un Ernest Roche ou d'un Duc-Quercy, quand on est maître, en se retirant de la lutte, de les libérer pour toujours. On se désiste purement et simplement, Monsieur Gaulier !

D'autres ont imaginé une démarche solennelle de MM. Clémenceau, Maret, Lacroix et Dreyfus — les quatre pousseurs de verrou à la cellule de Roche — à l'effet d'obtenir de M. de Freycinet l'élargissement immédiate du prisonnier-candidat. Autre malice cousue du même câble. On n'implore pas les geôliers, messieurs, quand on a en main la clé du suffrage universel qui ouvre les portes les plus cadenassées. C'est vous qui détenez Roche aujourd'hui avec la contre-candidature que vous lui avez jetée dans les jambes. Cessez de vous opposer à son élection — et il est libre !

J'arrive maintenant à un sous-ordre, M. Lucipia, qui n'osant pas plus que ses patrons défendre Gaulier, combat Roche — on ne devinerait jamais au nom de qui ? au nom de Duc-Quercy — « sacrifié par le tirage au sort ».

Oui, le même *Radical*, qui fait campagne contre la *candidature de protestation*, en voudrait deux aujourd'hui. Le reproche qu'il nous adresse, c'est de ne pas avoir porté « simultanément les deux condamnés de Villefranche. » Il lui faudrait à la fois Roche et Duc-Quercy — de façon à diviser les voix et à faire passer, entre les candidats de la grève, le candidat de M. Léon Say, n'est-ce pas, ô le plus jobard des roublards !

M. Pelletan, enfin, dans la *Justice*, prend la chose de plus haut. Pour se justifier — et pour justifier ses amis et complices — auprès du prolétariat parisien, il invoque, non pas en faveur de Gaulier — définitivement indéfendable, — mais contre Roche et sa candidature on peut dire impersonnelle, une série de « points » sur lesquels il demande qu'on s'explique et sur lesquels je vais m'expliquer.

Si les radicaux-socialistes à la Clémenceau ne soutiennent pas et ne peuvent pas soutenir Roche, s'ils se croisent et doivent se croiser contre lui, c'est, dit « Pelletan-la-raison », parce que « cette candidature représente la politique qui veut faire appel aux moyens de force », qui est « pour l'emploi des moyens auxquels nous avons dû une première semaine de Mai », et parce que les « hommes étant peu de chose et les idées étant tout, l'élection de Roche faite sans programme ne serait même pas républicaine ».

Ainsi, pour le rédacteur en chef de la *Justice*, c'est Paris, ce n'est pas Versailles ; ce sont les fédérés, ce ne sont pas ceux qu'on appelait les ruraux qui sont responsables de la Semaine sanglante ? Ce n'est pas M. Thiers qui, sous la poussée d'une réaction furieuse, a, en usant et en abusant de la force, en jetant Vinoy et ses Lecomte sur l'héroïque population du siège, obligé cette dernière à repousser le fusil par le fusil ? Vous entendez, citoyen Longuet, ancien membre de la Commune, dans le journal duquel on peut écrire ainsi l'his-

11.

toire et transformer les provoqués en provocateurs, les massacrés en massacreurs !

Rien d'étonnant qu'après avoir de la sorte falsifié une révolution qui, comme celle du Dix-Huit
Mars, a sauvé la forme républicaine, si elle n'a
pu, parce que vaincue, fonder la vraie République ; rien d'étonnant que le Loriquet bourgeois
dénature la « politique » des condamnés de Villefranche et de ceux qui ont pris — faute de pouvoir les prendre tous les deux — le nom de Roche
pour drapeau électoral le 2 mai. Mais puisque
M. Pelletan « attend une réponse », je lui répondrai, sans le faire attendre, que notre politique, la
politique de Roche et de Duc-Quercy, la *politique
socialiste n'est pas une politique de moyens*, violents ou non (les moyens n'ayant jamais constitué
une politique), mais une *politique de but*.

Or, le *but* que représentent Roche et sa candidature, c'est la fin des Compagnies doublement
exploitrices, exploitrices de l'ouvrier mineur et exploitrices de l'industrie dont la houille est le pain ;
c'est le retour des mines — et du reste — à la
nation. Quant aux moyens d'opérer cette restitution d'intérêt général, ils ne dépendent pas de
nous, mais des détenteurs de cette propriété nationale et du gouvernement qui la leur a livrée. Ce
que je répondrai encore, c'est que les moyens —
dans ce but — employés par Roche et Duc-Quercy
ont été et n'ont été que la parole et la plume. Par
quels moyens « violents » il a été riposté à ces

« moyens pacifiques et légaux », tout le monde le sait, y compris M. Pelletan. Et ce n'est pas à Roche, ce n'est pas à nous, qu'il faudra, par suite, s'en prendre, si les voies régulières, légales, nous étant ainsi coupées, contre la force nous avons à notre tour recours à la force.

L'absence de programme — et de mandat, en conséquence — dont argue M. Pelletan est encore moins fondée, si possible, le Congrès électoral socialiste qui a acclamé Roche, comme il aurait acclamé Duc-Quercy, n'ayant pas eu à « préciser » et à « faire signer » quoi que ce soit, *tout simplement parce que les agissements de nos amis à Decazeville, transformés contre eux en délits, constituent le plus précis des programmes, le plus signé des mandats* — signé de leur liberté, comme ils l'auraient à l'occasion signé de leur vie.

C'est pour avoir pris la défense des exploités des houillères que Duc-Quercy et Roche ont été condamnés. C'est pour avoir protesté contre l'armée mise au service des exploiteurs. C'est pour avoir poursuivi la déchéance de la Compagnie et l'exploitation, par le personnel extracteur, du sous-sol *nationalisé*.

La candidature Roche signifie donc — comme aurait signifié la candidature Duc-Quercy — en outre de la liberté individuelle, des droits de presse, de réunion et de grève à venger, *émancipation du travail, fin de l'intervention gouvernementale au profit du capital contre le travail, et reprise par la société de ces moyens de production que sont les mines.*

Les radicaux bourgeois le savent comme nous, en sont aussi convaincus que nous. C'est même pourquoi, parce qu'elle ne prête à aucune « équivoque », ils se sont attelés au *déboulonnage* de cette candidature, sans s'apercevoir — ou en s'apercevant trop tard — que les seuls *déboulonnés* ce sera eux.

Chands d'programmes !

Si, comme le veut le proverbe, on ne doit pas parler de corde dans la maison d'un pendu — ou d'un duc d'Aumale — à plus forte raison devrait-il être interdit de parler de programme dans la boutique radicale. Non pas que depuis Gambetta — leur tête — jusqu'à M. Clémenceau — leur queue — les bourgeois qui ont fait — et qui font encore — dans le radicalisme n'en aient signé des programmes, et de bons.

Mais qu'est-il advenu de ces *billets à l'ordre du peuple électeur*? Qu'on m'en cite un seul qui ait été payé, je ne dis pas à l'échéance, mais après une série de renouvellement plus gratuits et plus obligatoires les uns que les autres !

Le dernier, en date d'octobre 1885 — véritable dividende de faillite — était signé du sur-Gaulier Lockroy et des Pelletan et des Maret qui patronnent aujourd'hui le sous-Lockroy Gaulier contre Roche. Et il portait à titre de paiement ou d'exécution « immédiate » :

La fin des aventures coloniales ;

La séparation des Eglises et de l'Etat ;

La souveraineté du suffrage universel débarrassée d'un Sénat-obstacle ;

La refonte de l'impôt dans le sens démocratique ;

Enfin et surtout des *lois protectrices et émancipatrices du travail.*

Comment cette traite *minima* a été réglée, on le sait. Depuis sept mois que nous nous présentons à la caisse, on nous répond par des tonkinades et les madagascarades maintenues *ad æternum* ; par le renvoi, pour études, aux calendes grecques de la suppression du budget des cultes ; par l'aplatissement de la Chambre devant le Sénat en matière même de finances ; par un emprunt d'un milliard en attendant la nouvelle taxe sur l'alcool, et par le travail — à Decazeville comme à Roubaix, à Saint-Quentin comme à Reims — placé sous la surveillance des baïonnettes.

Quand des signatures coûtent si peu, quand on les laisse protester avec cette désinvolture, rien d'étonnant qu'on n'en soit pas avare et que non seulement on les offre, mais qu'on se les fasse imposer.

Nouveaux frères Davemport, les banqueroutiers du radicalisme réclament avec d'autant plus de

tapage qu'on les lie avec des « mandats étroits »,
avant de les déposer dans l'urne qui leur sert
d'armoire, qu'ils savent la manière de se débarrasser en un tour de main — ou de vote — des
cordes du programme le plus précis.

Mais ils ne trouveront pas extraordinaire non
plus que les masses qui ont appris à leurs dépens
le secret de ces exercices ne se laissent plus prendre aux fameux « contrats écrits ».

Ils ne trouveront pas extraordinaire qu'aux
bouts de papiers les plus paraphés, dans lesquels
se..... mouchent les *parapheurs*, nous préférions
comme garantie des actes.

Je crois aux témoins qui sont morts, disait je
ne sais plus quel agitateur chrétien d'il y a quinze
ou seize siècles.

Le peuple de Paris, les travailleurs de la
Seine, ne sont pas d'un autre avis. Ils croient à
ceux qui payent de leur personne; à ceux qui,
comme Roche et Duc Quercy, ont été là-bas mettre leur poitrine entre les plus désarmés des mineurs et les fusils les plus provocateurs.

La campagne à fond de Roche contre la Société
des houillères et forges de l'Aveyron et contre un
gouvernement complice, son arrestation préventive, les menottes qu'il a subies, et la prison dans
laquelle le plus fangeux des Vacquier l'a fait mu-
rer pour quinze mois, paraissent aux prolétaires
parisiens une caution supérieure à tous les enga-

gements imprimés des Gaulier, même avec l'aval de l'ancien jérômiste Portalis.

Et j ajouterai que les théoriciens comme nous de la Révolution sociale partagent cette manière de voir et pratiquent cette manière de faire. L'œuvre socialiste et l'œuvre révolutionnaire que les condamnés de Villefranche ont faite au pays noir suffisent à ce qu'on a appelé notre « sectarisme », sans que nous songions même à leur demander, pour les considérer comme nôtres et pour voter pour eux, une déclaration quelconque.

On ne demande pas de reconnaître comme un fait et d'affirmer comme une nécessité la lutte de classe à ceux qui l'*ont luttée* et qui sont frappés pour l'avoir luttée.

On ne demande pas ce qu'ils pensent de l'expropriation capitaliste à ceux qui ont poursuivi cette expropriation libératrice sous le nom et sous la forme de la déchéance de Léon Say, Cibiel et consorts.

On ne demande pas s'ils sont pour la socialisation des moyens de production à ceux qui ont fait mieux que de prêcher cette expropriation, qui l'ont tentée, en poussant de toutes leurs forces, au prix de leur liberté, à la reprise de la mine par la nation.

A moins de s'appeler Brid'oison ou de faire commerce de programmes.

Imbécile et malhonnête

M. Maret tient absolument à ce que les collectivistes ou les communistes (qui ne font qu'un)
« le traitent d'imbécile ». Et si peu de raisons que
j'aie de lui être agréable, me voici prêt, non seulement à lui donner ce qualificatif — qui manque
à son bonheur — mais à lui prouver qu'il le mérite deux fois pour une.

M. Maret est un « imbécile lorsqu'il écrit » :
J'ai toujours combattu la lutte de classe parce
que je ne reconnais pas de classe ; je ne sais pas
ce que c'est que des classes, je ne connais que
des citoyens égaux. »

Autant dire : je combats la vaccine, parce que
je ne reconnais pas de variole, je ne sais pas ce
que c'est que la variole, je ne connais que des
citoyens également non variolés.

Encore la négation de la variole, qui n'est qu'un
accident, témoignerait-elle de moins d'imbécilité
que la négation des classes qui constituent un fait
universel, la loi même de l'ordre actuel.

Nier *sincèrement* les classes devant les quelques-uns qui sans agir, avant même d'être capables d'action, trouvent aujourd'hui dans leur berceau les moyens d'être tout, d'arriver à tout, alors
que pour l'immense majorité ce même berceau ne
contient qu'un lait tari — ou volé — l'ignorance
la plus absolue ou la dérision de l'instruction pri-

maire, les travaux de l'usine ou de la mine dès l'âge de dix ans et l'éternelle misère du salariat, ce n'est plus de l'imbécillité, c'est de l'idiotisme.

De même qu'il faut être idiot — si l'on est sincère — pour ne pas reconnaître que, de la lutte seule, entre les travailleurs sans propriété et les propriétaires sans travail, pourra sortir, par le triomphe des premiers, une société réunissant dans les mêmes mains le travail et la propriété ou le capital.

« La paix », entre citoyens aussi inégaux, entre les salariés de la mine, par exemple, et les salariants à la Léon Say ou à la d'Audiffret-Pasquier, c'est la perpétuation de l'inégalité ou de l'exploitation des uns par les autres, comme la paix entre esclaves et maîtres, entre serfs et seigneurs — si elle avait été possible — eût été le maintien du servage et de l'esclavage.

M. Maret est encore et de plus en plus un « imbécile », lorsqu'il se déclare « plus ennemi que qui que ce soit de la féodalité financière ou de la grande propriété » et qu'il repousse ensuite comme « une pure utopie et comme devant faire reculer la civilisation de je ne sais combien de siècles » l'appropriation nationale ou sociale des moyens de production.

Dans le domaine industriel comme dans le domaine commercial, comme dans le domaine terrien ou agricole, nous assistons à une concentration qui crève les yeux et que rien ne saurait arrêter.

Au petit atelier qui est mort, tué par l'usine, la petite boutique fait suite, mourant tous les jours du grand commerce représenté par un *Bon Marché*, un *Louvre*, un *Printemps*, en même temps que la petite culture paysanne non seulement se meurt sous les coups de la grande agriculture scientifique et mécanique, mais est en train de tuer la France.

Et les pires utopistes, ce sont ceux qui; comme le rédacteur en chef du *Radical*, se refusant à l'évidence, ne comprennent pas que cette concentration fatale, née hier de la machine et de la vapeur, accélérée demain par l'électricité, ne peut cesser d'être féodale — concentration aux mains et au bénéfice de quelques-uns — qu'en devenant sociale ou nationale — concentration aux mains et au bénéfice de tous.

On « n'émiette » pas la propriété des chemins de fer — pas plus qu'on n'émiette postes et télégraphes. Pour les *déféodaliser*, pour les arracher aux Compagnies qui, de ces instruments de transport, ont fait des instruments d'asservissement et de vol : asservissement de deux cent mille travailleurs y employés et vol des consommateurs, industriels, commerçants et voyageurs, il n'existe qu'un moyen : les *nationaliser* ou les *socialiser*.

On « n'émiette » pas davantage mines, canaux, hauts-fourneaux, raffineries, verreries, et autres organes de la production moderne, qui sont condamnés à rester propriété féodale de quelques-uns ou à revêtir, par leur appropriation collective ou commune, la forme de services publics.

Et lorsque M. Maret parle d'en finir avec le régime féodal — qui est pour lui, comme pour nous, l'ennemi — sans vouloir entrer dans le régime nationaliste, dans l'ordre collectiviste, il recule les bornes de l'imbécillité permise même à un *gens-de-lettres*.

Cette imbécillité, d'ailleurs, dans laquelle le rédacteur en chef du *Radical* se réfugie comme le rat de la fable dans son fromage, n'exclut pas la responsabilité. Au contraire ! Quand on ne sait pas, on se tait ; on n'accepte pas surtout le rôle de conducteur de peuple, de directeur d'opinion, à raison de 10.000 fr. comme député et de 30.000 fr. comme journaliste.

Rendez l'argent, M. Maret, si vous voulez cumuler : Rester imbécile et honnête homme.

Sans concurrent

M. Gaulier n'aurait pas écrit plusieurs années au *Temps* ; il n'aurait pas, « du mois d'août 1878 jusqu'au 15 janvier 1880 » collaboré à la *République française* où il se montra plus gambettiste que Gambetta ; il ne serait pas, au *Rappel* même, l'homme de tous les cabinets Freycinet, passés, présents et futurs, que sa candidature, improvisée en dehors de tous les comités radicaux par une

demi-douzaine de Clémenceau et de sous-Clémen-
ceau, n'en serait pas moins jugée et condamnée
par le fait suivant :

Monsieur Gaulier, candidat « radical-socialiste »
— sur les murailles — n'a pas et n'aura pas de
concurrent, pas plus de concurrent monarchiste
que de concurrent opportuniste.

Devant lui, pour faire pièce à Roche, au militant
de Decazeville, au condamné de Villefranche, tous
les partis politiques bourgeois s'effacent, lui passant la main et votant et faisant voter pour lui.

Malgré le petit — tout petit — caillou jeté, par
sa déclaration, dans le jardin de la « politique
d'atermoiement », il est jugé suffisamment *ater-
moyeur* par les Ranc, les Charles Laurent et les
Reinach qui en font leur « vase d'élection ».

Malgré le coup de pied, tout ce qu'il y a de plus
ouaté — décoché par la même déclaration « aux
régimes déchus », Orléans et Bonaparte le trouvent suffisamment bonapartiste et orléaniste pour
lui ouvrir toute grande la route du Palais Bourbon.

Du moment qu'il combat Roche, qu'il « proteste »
contre Roche et les intérêts et la classe que représente Roche, Gaulier, le *candidat anti-Roche*, est
le meilleur des candidats ; il est et restera le candidat unique.

C'est ainsi qu'en 1871, contre Paris debout, armé
pour la défense de la République et l'affranchissement du travail, la majorité ultra-monarchiste de
Bordeaux, transportée à Versailles, se dissimulait

derrière le républicanisme de commande et de situation de Thiers ; pendant que le Thiers lui-même se faisait couvrir par le radicalisme, que dis-je ? par le socialisme de Louis Blanc.

Avant tout, il fallait écraser la Commune ; comme aujourd'hui avant tout il faut écraser ,dans et avec Roche, les revendications d'un prolétariat qui ne veut plus attendre.

Les radicaux de 1871 se sont prêtés à ce jeu ; ils ont consenti — pour tromper la France départementale — à servir de pavillon à la marchandise rurale.

Les radicaux de 1886 ne sont pas moins complaisants. C'est sous leurs couleurs que la classe capitaliste coalisée va livrer dimanche bataille à la classe ouvrière, de violentée transformée en violente, de terrorisée en terroriste.

Loin de nous d'ailleurs toute inquiétude sur l'issue de ce combat. Malgré l'uniforme radical, malgré la capote socialiste prêtée à l'ennemi par la trahison des Pelletan et des Dreyfus, des Maret et des Pichon, le peuple parisien est aujourd'hui sur ses gardes. Il saura reconnaître les siens.

Derrière Gaulier il voit Léon Say, les Compagnies affameuses, toute l'exploitation patronale l'accompagnant de leurs vœux, le comblant de leurs bulletins, et s'apprêtant à triompher de son triomphe.

De même que derrière Roche il voit les mineurs

de là-bas, les torturés de dessous-terre, criant vers lui, lui demandant secours et justice.

Et il votera en conséquence.

Langage des Faits

Libre aux radicaux de chanter — ou plus exactement, de pleurer — victoire.

Au lieu de porter leur Gaulier à la Chambre sur un air presque aussi folâtre que le « Malborough porté en terre » de la chanson, ils réussiraient, en se cotisant, à se composer pour leurs lecteurs — et ce qui leur reste d'électeurs — un visage de triomphateurs, que ce masque ne tromperait personne et ne tiendrait pas devant les faits et leur témoignage.

Ce que disent les faits, contre lesquels ne saurait prévaloir aucune phrase, si bien tournée soit-elle, c'est d'abord ceci :

Pour faire de leur candidat — qui était en même temps celui du ministère — un *représentant au quart* de Paris, il a fallu à nos extrêmes gauchers le secours de 50.000 voix opportunistes.

Réduits à leurs seules forces, malgré la presse vendue et la finance complice, ils arrivaient mauvais derniers, battus de quelques milliers de suffrages par « le candidat de la violence », par l'échappé — de la veille — de la prison de Villefranche.

Ce que disent encore les faits, c'est que les Ranc

et les Reinach auraient eu beau faire le trottoir et raccrocher pour le compte du candidat Clémenceau-Freycinet, il suffisait que les monarchistes posassent une candidature pour que, ne réunissant pas la moitié des votants, le Gaulier fut ballotté — c'est-à-dire noyé.

Ce qu'ils disent enfin et surtout, c'est que tous les galonnés du radicalisme, les *chefs de rayon* de la grande boutique bourgeoise *Extrême-Gauche et* Cie sont restés piteusement sur le carreau de leurs anciens collèges.

Le XXe arrondissement qui, jusqu'au 4 octobre était représenté par Lacroix et Révillon, ne donne que 7.225 voix au candidat des deux rédacteurs du *Radical*, contre 8.341 à Roche et 1.100 à Soubrié. C'est-à-dire que, dans leurs propres circonscriptions, les deux collaborateurs de Maret, en dépit de l'appoint opportuniste, sont en minorité de deux mille voix sur les socialistes.

M. Dreyfus, de la *Nation*, n'est pas plus heureux dans le XVe, où son candidat, l'opportunisme aidant, groupe à peine 5.305 suffrages contre 5.295 à Roche et 24 à Soubrié. Soit, pour les socialistes, une majorité de 14 suffrages.

Pour conserver encore, grâce à l'appoint gambetto-ferryste, une majorité d'un millier de voix dans le XVIIIe, sa place forte, j'allais dire son bourg-pourri, M. Clémenceau, directeur de la *Justice*, n'en voit pas moins ses électeurs tomber de 21.000 à 10.022, contre 8.139 à Roche et 917 à

Soubrié. Défalquez les voix dues à la charité du *XIXe siècle*, du *Voltaire*, de la *République française* et du *Paris*, et là encore la majorité est passée au socialisme.

Il n'est pas jusqu'au XIXe, dont l'Allain-Targé, de la *Lanterne*, était, avant le scrutin de liste, le député depuis deux législatures, qui ne mette en minorité de plus de 500 voix le candidat de la *Lanterne* (5.303 à Gaulier contre 5,151 à Roche et 712 à Soubrié) ; en même temps que dans la banlieue, dans l'arrondissement d'un autre *lanternier* Delattre, six communes, Saint-Denis, Courbevoie, Pantin, les Pré-St-Gervais, Puteaux, St Ouen, secouent le joug radical pour venir à nous avec armes et bagages.

Un parti qui se « décolle » de la sorte, qui voit ses meilleurs régiments, sa vieille-garde lui fondre ainsi dans la main et se retourner contre lui, — et ce après avoir une semaine entière joué du spectre rouge retiré du magasin aux accessoires de l'Empire et montré la fameuse hydre de l'anarchie cousue à la jaquette de Roche et sortant avec lui de l'urne ; un parti qui s'est réduit à prendre ses candidats dans les bureaux de placement ministériels et n'arrive à les faire passer à la minorité de faveur qu'avec la permission et le concours de ses rivaux de l'opportunisme et par suite de l'abstention de ses adversaires monarchistes ; ce parti-là est mort et bien mort, quelque tapage qu'il puisse mener pour faire croire à ses créanciers, non seulement à son existence, mais à son succès.

Les Charles Laurent me font rire qui invitent sérieusement M. Clémenceau à « couper sa queue. » Comme si, pour se soumettre à l'ablation de cet appendice, la première des conditions n'était pas que l'appendice existât. Or, depuis dimanche, M. Clémenceau n'en a plus.

Etat-major sans armée, les radicaux pourront encore — en se faisant aider par tous les partis réactionnaires proprement dits — prendre la suite des Vacquier et réintégrer dans leur prison les candidats socialistes.

Oui, ces messieurs sont encore capables de cette besogne. Roche en saura quelque chose jeudi, aussitôt le scrutin officiellement proclamé. Mais c'est là tout.

Qu'ils illuminent donc pour un pareil résultat, — s'ils l'osent !

Notre minorité

Les radicaux — c'est la *Justice* qui nous l'annonce par l'organe de son rédacteur en chef — ont renoncé à « chercher un triomphe dans l'élection actuelle ».

Ce qui est de la bonne économie : ne pas chercher ce qu'on est sûr de ne pas trouver.

12

Mais, dans l'impossibilité, finalement avouée, de monter au Capitole pour le *quart de député* qu'ils n'ont pu faire qu'avec la collaboration opportuniste et l'abstention monarchique, ils se retournent avec d'autant plus de rage contre nous, s'inscrivant en faux contre la qualité et la quantité de notre armée, traitée de « fantôme ».

« Le langage des feuilles révolutionnaires qui enregistrent le résultat du vote en portant à leur actif les cent mille voix de M. Roche est une simple puérilité », — écrit l'enfant de chœur du radicalisme, *puer*-Pichon qui sert la messe Clémenceau.

Et le barbu et chevelu Maret, un patriarche, j'allais dire un évêque (ô Sura !) de reprendre en basse profonde :

« On se souvient des voix obtenues par le parti révolutionnaire aux dernières élections. Ce parti ne s'est pas accru. »

« Pas accru, » le parti socialiste, alors que, de l'aveu du même Maret, « la candidature Roche qui a réuni plus de cent mille suffrages représentait la lutte de classe et le socialisme d'Etat, autrement dit le communisme » ! (*Radical* du 29 avril.)

Pas à nous, les électeurs de Roche, alors que, du double aveu du Pichon et du Pelletan, le condamné de Villefranche incarnait « la politique des moyens violents, de l'appel à la force » ! (*Justice* des 24 et 25 avril.)

Relisez-vous donc, messeigneurs, et relisez encore sur les murs, d'où elles n'ont pas disparu, les cent mille affiches de votre candidat, de protestation, lui aussi, mais de « PROTESTATION CONTRE LES THÉORIES DE VIOLENCE, CONTRE LA POLITIQUE RÉVOLUTIONNAIRE », que Paris était invité à condamner.

Ou vous étiez des calomniateurs au premier chef, lorsqu'avant l'ouverture du scrutin vous déclariez que, se réclamant de la Révolution, Roche n'était acceptable, éligible que par des révolutionnaires ; ou vous êtes « les blagueurs » dont parlait Proudhon, lorsqu'après le vote, effrayés de notre formidable minorité, vous niez entre deux calembredaines le révolutionnarisme des *Rochistes*.

Non pas que des radicaux par milliers n'aient mêlé leurs suffrages aux nôtres. C'est même parce que l'état-major bourgeois du radicalisme a été abandonné par un grand nombre de ses soldats — presque en totalité ouvriers — que le Parti socialiste a pu s'accroître. Mais cette armée, qui était vôtre encore au 4 octobre, lorsque les événements de Decazeville n'avaient pas ouvert les yeux populaires sur la trahison radicale, et qui est devenue nôtre le 2 mai, saluez-la, et bien bas, tous tant que vous êtes, les Clémenceau et les Dreyfus, les Lacroix et les Pelletan, vous ne la reverrez plus — que contre vous.

Vous en êtes vous-mêmes tellement persuadés, au fond, que votre littérateur terrible, le de plus en plus *je-m'en-foutiste* Maret, s'est laissé entraîner à lire sur la veste électorale de votre Gaulier : « Le peuple est très patient, mais il est las de patience. Il n'a pas le désir de barricade (et nous donc ?), mais il ira plutôt vers la barricade que de rester dans le marais où vous le faites patauger depuis si longtemps ».

Après la valeur révolutionnaire, c'est l'importance numérique de nos militants à coups de bulletins que le radicalisme bourgeois s'est mis en tête de contester.

Oui, aujourd'hui même, M. Sigismond Lacroix qui, avec son frère siamois Revillon, a été mis en si belle minorité dans son ex-XX⁰ arrondissement, plaisante sur nos cent mille électeurs.

« Cent mille voix, keckeékçà ? Un peu moins du cinquième des inscrits ! Est-ce qu'il y a lieu de s'arrêter à une pareille minorité ?

De la part des gens qui *boockmakant* le scrutin, transformant les urnes en *turf*, et escomptant notre manque d'argent, pariaient — et croyaient parier à coup sûr — que nous n'arriverions pas à cinquante mille voix, ce dédain de surface rappelle celui de certain renard pour certains raisins trop verts.

De la part de radicaux qui — n'étaient les Grouchy de l'opportunisme marchant au canon par instinct de classe — seraient restés sur le pré avec moins de quatre-vingt mille fidèles, il nous fait hausser les épaules. *Compte-toi toi-même, ô radicalisme !*

Mais laissant de côté ces considérations toutes subjectives ou d'ordre historique, ne voulant voir que l'avenir et un avenir très prochain, nous répondrons aux contempteurs de notre minorité socialiste :

Le jour où « las de patience », emportés à la barricade obligatoire par l'avortement légal, nos « cent mille hommes à peine » entreront en ligne, si vous n'avez pour vous couvrir que votre majorité Gaulier, m'est avis que vous agirez sagement en faisant vos malles — en les oubliant même au besoin.

Rien ou tout !

Ainsi, rien !

La République bi-bourgeoise, à face opportuniste et à pile radicale, n'a rien fait et ne fera rien pour les grévistes — à leur estomac défendant — de Decazeville !

Comme les travailleurs parisiens de 1848, les mineurs républicains de l'Aveyron auront inutilement mis trois mois de misère au service des républicains bourgeois de 1886.

Si engagés qu'ils fussent par la parole de leur préfet, ni les Baïhaut-Ferry ni les Granet-Clémenceau n'ont su ou voulu, pendant ces trois mois, dénouer ou trancher localement le nœud gordien du siècle.

Dans le pays noir cependant la question sociale se posait dans des termes très simplifiés, puisque

12.

des prolétaires, ne demandant qu'à vivre en travaillant, avaient devant eux, contre eux, non pas la propriété ordinaire, absolue, mais une propriété spéciale, créée par la loi, concédée.

Et malgré les droits qu'il tenait de l'acte même de la concession, bien qu'il fût armé par sa propre légalité, un gouvernement qui s'intitule républicain a refusé d'intervenir ou n'est intervenu que contre le travail, au profit du plus orléaniste des capitalistes.

En vain, introduit dans le conflit par une élection législative complémentaire, Paris — la grande ville sans laquelle et contre laquelle on ne gouverne pas — a jeté ses cent mille suffrages du côté des watrinés contre le Watrin et ses successeurs.

En vain, talonnés par la faim — que la solidarité de la classe affamée n'a pu conjurer que dans une certaine mesure et pour un certain temps — les mineurs ont successivement réduit leurs exigences, d'ordre purement défensif, se contentant des anciens prix, de l'éloignement du Blazy et de la reprise sans distinction de tous les bras.

Ni cette reddition — sauf le drapeau ou l'honneur — après un siège pour lequel ils ont fourni à la finance assiégeante soldats, police, magistrature, condamnations ; ni le grand cri de pitié et de justice de Paris, n'ont eu prise sur nos gouvernants de toutes les gauches qui laissent froidement les bloqués du travail « cuire dans leur jus » et attendent, en tripotant leur emprunt avec le Léon

Say, que, la dernière bouchée de pain digérée, ils capitulent à merci.

C'est, en même temps que le dernier mot de la complicité, la faillite déclarée du républicanisme bourgeois.

Ah ! ils peuvent maintenant dans des affiches sang de bœuf — ou sang d'âne — promettre « la revision des contrats ayant aliéné la propriété publique », parler de « lois de protection et d'émancipation du travail » et, comme le Gaulier, s'inscrire parmi ceux qui poursuivent « l'affranchissement complet du prolétariat ». On les renverra — avec un coup de pied dans leur urne électorale — à Decazeville.

A Decazeville, où ils n'ont revisé que la loi sur la presse et les réunions contre l'action ouvrière et l'idée socialiste, remises illégalement sous le joug de l'article 414 du Code pénal.

A Decazeville, où pouvant d'un trait de plume, par la déchéance d'une Compagnie prévaricatrice, racheter, libérer les captifs par milliers de la piraterie capitaliste, ils n'ont affranchi que les pirates à la Léon Say des obligations à eux imposées par les lois et par l'intérêt national.

A Decazeville, où ils refusent, je ne dis plus d'émanciper, mais de protéger le travail à bout de pommes de terre, épuisé, contre les représailles homicides du capital vainqueur et décidé à abuser de sa victoire.

La preuve est faite et irrévocablement faite pour ceux qui, malgré les leçons du passé, s'obstinaient à espérer quelque chose de l'évolution régulière et pacifique de l'institution républicaine aux mains de la classe possédante.

Ce quelque chose, qui n'est pas venu, ne viendra jamais pour la classe dépossédée ou en voie de dépossession, laquelle est enfermée dans le dilemme de : tout ou rien.

Rien, si elle continue à s'en remettre à la charité ou à l'aumône d'une fraction quelconque, fût-ce la plus radicale, de la bourgeoisie.

Tout, si elle ne compte plus que sur elle-même et si elle s'organise et agit pour la reprise, fatalement révolutionnaire, de ce qui lui a été volé.

Ce *tout ou rien*, ce *rien ou tout*, que le *clownisme* littéraire d'un Maret impute à crime au communisme, ce n'est pas nous qui, comme le sphinx antique, le posons à l'état de question de vie ou de mort au prolétariat moderne.

C'est le radicalisme lui-même qui, après son frère aîné, ennemi et finalement réconcilié, l'opportunisme, vient de donner, sur le dos, hélas ! de nos pauvres camarades de l'Aveyron, la mesure de son impuissance complice.

Bien Brait !

Balaam et son âne — qui n'était entre parenthèse qu'une ânesse — ont fait des petits.

C'est la grève de Decazeville qui a opéré ce miracle.

Devant « la fin pacifique de cette crise », voici que la vieille mule de retour monarchique qui répond au nom de *Gazette de France*, au lieu de « se frotter ce qui lui sert de mains et de se féliciter » dénonce « les optimistes qui paraissent convaincus de l'avortement misérable du parti socialiste sur ce point. »

« C'est là, clame-t-elle, une erreur des plus graves. »

Quand bien même les ouvriers reprendraient le travail sans avoir, ainsi qu'ils l'espéraient, contraint la Compagnie de se soumettre à leurs conditions, ce serait une illusion de prétendre que la grève de Decazeville a échoué. Loin de là ; elle marquera, au contraire, une phase des plus graves dans le mouvement anarchiste.....

Il ne s'agit pas, en effet, d'une grève comme il s'en est tant produit depuis vingt ans, il ne s'agit pas davantage d'une explosion violente, comme ce que nous avons vu à Liège et dans une partie de la Belgique. Ce qui caractérise l'affaire de Decazeville, c'est que la grève a été conduite avec ordre, avec discipline et qu'elle est, pour la première fois, la mise en application d'une organisation générale des forces socialistes.

Les efforts des citoyens Basly, Camélinat et autres qui sont allés prendre la direction de la grève n'ont pas eu seulement pour but de pousser les ouvriers à une résistance acharnée, mais surtout de discipliner cette résistance, de la modérer dans une certaine mesure et d'éviter des violences qui auraient eu pour résultat de provoquer un conflit sanglant et d'amener la fin de la grève.

L'objectif des chefs socialistes n'est pas, comme les ouvriers ont pu le supposer, d'obtenir des modifications de détail à la situation présente des travailleurs, une augmentation de salaire, une diminution des heures de travail, etc..., mais d'amener la substitution des ouvriers eux-mêmes au patronat, de préparer la révolution sociale.

Le résultat obtenu par eux, à Decazeville, en déterminant les ouvriers à une résistance aussi aiguë que celle dont ils ont donné l'exemple et en les soumettant à la forte discipline dont on a eu le spectacle, ne peut que stimuler leurs espérances.

Sauf la qualification « d'anarchiste » idiotement accolée au plus organique des mouvements, et le dédain qu'on nous prête — et contre lequel proteste tout notre programme — pour les salaires accrus et la journée de travail réduite, tout est parfait, prophétique dans ce morceau.

Bien brait, *Gazette !*

C'est l'esprit nouveau qui souffle à travers ton reste de mâchoire ; c'est notre Dieu qui, en t'ouvrant les yeux, parle dans ton bruit.

Oui, quelle que doive être l'issue immédiate de la grève, l'œuvre est accomplie, la victoire est à nous. Ni les mineurs n'auront tenu et souffert en vain; ni la France ouvrière ne se sera inutilement retiré, en pleine famine, le pain de la bouche pour l'envoyer au pays noir. Une grande étape a été franchie dans la voie de l'émancipation du travail conquise de haute lutte.

Oui, la situation, sortie de cette bataille de trois mois, est « autrement sérieuse, autrement révolutionnaire que ne le supposent » les réformistes à la guimauve qui s'appellent Lockroy après s'être appelés Waldeck-Rousseau.

Là où, avant de se heurter, salariés contre salariants, il n'y avait que de la poussière ouvrière,
il y a aujourd'hui et il y aura demain une organisation, des cadres, une armée prolétarienne.

Là où l'exploitation poussée au delà de toute limite n'avait fait que des mécontents, des encolérés,
la campagne de dévouement et de propagande
menée par les Basly et les Camélinat, les Duc-
Quercy et les Roche, laissera derrière elle des socialistes par milliers, c'est-à-dire des travailleurs
poursuivant, comme unique fin à leur misère et à
leur servitude, la rentrée à la collectivité des mines
et autres moyens de production.

Là, où contre l'orléanisme d'une compagnie il y
avait, pas plus tard que janvier dernier, des con-
fiants dans la République bourgeoise, dans la légalité républicaine, il n'y a plus aujourd'hui que
des croyants dans la révolution, dans la nécessité
de la force ouvrière mise au service du droit ouvrier.

Mais si, à la grande joie du Balaam de la *Gazette*
et de la *Gazette* du Balaam, « l'impuissance des
républicains » bourgeois en matière d'évolution et
de révolution prolétarienne éclate, plus claire que
le soleil, dans l'Aveyron, les Bourgeois monarchistes et cléricaux auraient tort, grand tort, de
compter sur leur trône et leur autel, même réédifiés
en Bastille, pour sauver la plus insauvable des
sociétés.

Relisez votre Bible, messieurs du Nouveau-Testament si ingrats pour l'Ancien, et vous vous convaincrez de ceci : C'est que les Aliborons — voire les Aliboronnes — peuvent, sous la rossée providentielle des événements, prévoir et prédire « les catastrophes » mais ; les conjurer, non pas.

Heureusement !

A Mardi

A ma rentrée à Paris, je trouve la lettre suivante, en date du 16 mai :

Monsieur le Rédacteur du *Cri du Peuple*,

Les mineurs en grève de l'Aveyron que l'on nous donnait comme menés, pour ne pas dire violentés par M. Basly, ont été loyalement consultés par ce dernier et mis en mesure de se prononcer au vote secret par oui ou par non :

1º Sur les « concessions » accordées à M. Remès par la Compagnie et qu'ils ont repoussées comme illusoires, à l'unanimité moins deux voix ;

2º Sur l'arbitrage sans condition de M. Laur, qu'ils ont au contraire accepté et qui, au grand scandale de presque toute la presse, vient d'être enterré par un refus formel des administrateurs de la Compagnie.

Pourquoi les actionnaires de la Société nouvelle des Houillères et des Fonderies de l'Aveyron ne seraient-ils pas à leur tour consultés, avec la même loyauté, par leur conseil d'administration qui, jusqu'à présent, a eu seul la parole ?

Pourquoi ne seraient ils pas appelés en assemblée générale à voter à bulletins fermés sur les réclamations des ouvriers du fond et, en cas de refus, sur l'arbitrage Laur ?

Pourquoi enfin, à défaut du conseil d'administration se dérobant à cette convocation, le gouvernement n'en prendrait-il pas l'initiative ?

Qui sait si, de cette mise en contact directe des intéressés des deux camps, ne sortirait pas la conciliation si désirable ?

J'ai l'honneur de vous saluer.

Signé : *Un de vos lecteurs qui n'est pas un de vos partisans.*

Que mon correspondant soit socialiste ou non, peu importe ! Sa proposition est d'un honnête homme et cela me suffit pour lui donner la publicité nécessaire.

Oui, dans cet appel aux actionnaires, à tous, aux petits surtout, peut-être trouverait-on, sinon la solution, au moins une base de transaction, les porteurs d'un ou de deux titres n'étant pas gens à hésiter entre la perte de leurs quelques sous et la révocation du Blazy, par exemple.

Mais c'est précisément pourquoi, ami — ou ennemi — lecteur, ni les Say, ni les Deseilligny, ni les Cibiel ne se prêteront à la consultation que vous leur demandez. La plèbe actionnaire leur tient aussi peu à cœur que la plèbe ouvrière. Ils n'ont pas plus de scrupule, ils ont autant d'intérêts à ruiner celle-là qu'à affamer celle-ci.

Financiers avant tout, c'est-à-dire pêcheurs en eau trouble, ils savent que rien ne rapporte comme certaine faillite. Témoin la faillite de la première Société des mêmes mines aveyronnaises qui n'a pas appauvri M. Cibiel, qui en était — au contraire !

Il se garderont donc bien d'imiter Basly et de

fournir à leurs *gogos*, en les interrogeant, l'occasion et le moyen de se sauver eux-mêmes.

Quant à nos gouvernants, si réellement la dernière canaillerie du Petitjean et du gros Léon leur avait ouvert les yeux, ils auraient mieux à faire qu'à se pourvoir, contre le *non volumus* d'un conseil d'administration ne cherchant que plaies et bosses, devant les administrés réunis extraordinairement et saisis par eux du conflit.

L'interpellation Planteau-Michelin — la troisième — va leur permettre dans quelques jours d'en finir d'un coup avec les résistances homicides d'une poignée de forbans. Ils n'ont pour cela qu'à accepter un ordre du jour les invitant à user contre des concessionnaires non-exploitants des armes que leur fournit la plus monarchique des législations et qui vont — personne n'en ignore et M. Barhaut moins que personne — jusqu'à la déchéance.

A défaut du retrait de la concession, si motivé soit-il, mais qui bouleverse leurs sentiments propriétaires, qu'ils se rallient seulement à la proposition subsidiaire qui ne manquera pas d'être déposée et qui tendra à l'ouverture d'un crédit de 500.000 francs au profit des victimes de la plus forcée des cessations de travail ; et avant même qu'un centime soit sorti des caisses publiques, rien qu'à l'annonce du pain ainsi assuré aux assiégés de là-bas, les assiégeants à la Léon Say, qui ne comptent que sur la faim pour avoir raison de leurs nègres blancs, auront mis les pouces.

Mais cette indemnité qui s'impose — et qui se vote sans phrase et à l'unanimité lorsqu'il s'agit de propriétaires incendiés à la Guadeloupe ou inondés aux Indes — la laisseront-ils passer, lorsqu'il s'agit de prolétaires dévastés, en pleine France, jusque dans leur estomac, par le cyclone capitaliste?

C'est ce que nous saurons mardi prochain.

Pauvre Compagnie !

Nous a-t-on depuis trois mois assez apitoyé sur la Société des houillères et fonderies de l'Aveyron? La meilleure des Compagnies, qui n'aurait pas demandé mieux que de mettre un peu de beurre sur le pain sec, très sec, de ses ouvriers, mais qui était elle-même aux abois, joignant à peine les deux bouts, quand elle n'exploitait pas à perte !

Ce qu'il y a au fond de cette misère — que les ministres de notre République bourgeoise ont tenu à secourir sur l'heure au moyen de nouveaux marchés pour dix ans arrachés à l'Orléans — on le sait aujourd'hui.

C'est M. Laur, ingénieur civil et député opportuniste, qui a découvert le pot aux roses.

Loin d'être menacée dans son présent, la Compagnie de Decazeville a devant elle l'avenir le plus doré ; si elle n'a distribué que 4 0/0 en moyenne à ses actionnaires, c'est qu'elle a consacré pendant des années jusqu'à 800.000 francs par an à des travaux neufs, installant un nouveau procédé de criblage, une fabrique d'agglomérés, des fours perfectionnés pour sa métallurgie et « achetant enfin la surface de ses mines, ce qu'aucune autre concession minière n'a pu faire et ce qui dégrève son prix de revient d'environ 1 franc par tonne ».

Elle a, d'autre part, devant elle l'énorme quantité de 22 millions de tonnes de charbon, soit, en tablant sur le bénéfice actuel de 1 fr. à 2 fr. la tonne, un produit net de 20 à 40 millions de francs, pour ne rien dire des millions de tonnes de fer que lui assure le gîte presque inépuisable de Mondalazac et qui l'appelle à devenir l'usine par excellence de tout le sud-ouest de la France.

Enfin, alors que le prix de la main-d'œuvre est par tonne de 4 francs dans la Loire, de 4 francs à 4 fr. 25 dans le Nord, de 4 fr. 50 dans le Gard et de 5 fr. 41 à Carmaux, il atteint à peine dans l'Aveyron 2 fr. 56 à la Vaysse, 2 fr. 46 au Bourron. Et les 10 centimes par benne de gros que réclamaient les grévistes n'auraient même pas renchéri de 5 centimes une main-d'œuvre inférieure de plus de 50 0/0 à celle de toutes les autres Compagnies.

Qu'on ne croit pas cependant que toutes ces révélations foudroyantes — suivant et aggravant le refus de se laisser arbitrer — aient retourné contre les Léon Say et consorts le gouvernement ou la Chambre.

L'interpellation Michelin-Planteau a été enterrée avec moins de forme encore que l'interpellation Camélinat en mars et l'interpellation Basly en février.

Basly revenu exprès de Decazeville, considérant que, selon l'expression de M. Ranc, c'étaient « les exigences intolérables » de la Compagnie qui, seules, empêchaient la reprise du travail, voulait que les grévistes, malgré eux, que les *sans salaire* par milliers, fussent mis sur le même pied que les propriétaires incendiés de la Guadeloupe ou inondés des Indes françaises et de l'Algérie, et qu'un crédit de 500.000 francs fût ouvert à titre de « secours » aux victimes du sous-sol aliéné.

Cet appel à l'assistance sociale n'a pas rencontré le moindre écho, même sur les bancs de l'extrême-gauche, et pour écarter ce pain national de la bouche des malheureux mineurs, nos gouvernants n'ont eu besoin ni d'un mot, ni d'un geste. On dépensera et l'on dépense depuis trois mois 3.000 francs par jour en baïonnettes mises aux ordres des Petitjean affameurs, mais sortir un centime du Trésor public au profit des affamés ? jamais !

M. Michelin, qui n'a jamais eu faim, se serait contenté, lui, d'un ordre du jour motivé exprimant le regret que « tous les moyens n'aient pas été employés qui pouvaient amener la cessation de la grève, et que l'arbitrage notamment n'ait pas été imposé ».

Même ce regret — ultra-platonique — n'a pas paru acceptable à M. Baïhaut, qui, au nom du gouvernement, a réclamé l'ordre du jour pur et simple — et l'a obtenu.

Pauvres mineurs! est-on tout d'abord tenté de s'écrier, devant un abandon aussi absolu. Mais bientôt, malgré soi, certaines paroles du même M. Laur vous reviennent en mémoire : « Si un arrangement n'intervient pas, nous aurons des coups de dynamite.....

« Si vous aviez été comme moi à Decazeville, si vous aviez été témoin de l'exaspération qui existe, vous comprendriez que cet état ne peut cesser par la capitulation des ouvriers.

« Quelques-uns redescendront dans les mines, c'est certain. Mais savez-vous quelle est la situation de la mine du Bourran ? Elle est à la merci de huit hommes déterminés à sacrifier leur vie. »

Et l'exclamation change d'objet ; et l'on se surprend à s'écrier : « pauvre Compagnie ! »

Le radicalisme affameur

. La presse radicale aura beau crier avec nous : « A l'assassin ! en désignant du doigt — ou de la plume — un gouvernement qui, pour la quatrième fois, a passé samedi la main — ou le couteau — à la plus homicide des Compagnies minières. Elle ne réussira pas, quoiqu'elle fasse, à donner le change à la France ouvrière et à dégager la responsabilité des Clémenceau, Maret, Dreyfus et autres du crime qui s'achève dans l'Aveyron.

Sans doute, nos ministres, ou, plus exactement, les leurs, les Granet et les Sarrien, les Lockroy et les Bathaut ont accumulé depuis trois mois contre les plus républicains et les plus *en droit* des travailleurs plus d'attentats qu'un évêque à la Freppel n'en bénirait.

Leur intervention policière, militaire et judiciaire au profit du Léon Say a, dans l'échelle de la complicité patronale, mis la République qu'ils représentent plus bas que l'Empire de M. Bonaparte.

Et lorsque devant « l'éclatante lumière » faite par M. Laur, en présence des fours à zinc de Viviers éteints faute de charbon — du charbon de Decazeville — le cabinet a persisté à nier qu'il y eût lieu et moyen d'appliquer l'article 49 de la loi de 1810 (portant retrait de la concession quand, par suite de l'exploitation suspendue, les consommateurs se trouvent lésés), il a reculé les bornes de « la mauvaise plaisanterie. »

Mais « les mauvais plaisants » ne sont pas limités au banc gouvernemental; ils s'étagent sur tous les gradins de la gauche la plus extrême qui, en se cotisant, en additionnant ses sympathies pour l'ouvrier », n'avait abouti qu'à un ordre du jour de regret.

Oui, un premier regret que le ministre n'ait pas usé des moyens que la loi met à sa disposition pour faire cesser la grève ; et un deuxième regret que l'arbitrage n'ait pas été imposé à la Compagnie et aux mineurs, voilà tout ce que le radicalisme avait imaginé de mettre au service des sans-pain du pays noir.

On affame depuis des mois des milliers de femmes et d'enfants et à ces ventres creux, à ces bouches ouvertes par la faim et criant désespérément vers la République, la fleur du panier républicain bourgeois se préparait à envoyer — et aurait envoyé, n'étaient la droite et son vote ministériel — une provision... de soupirs.

Pas un parmi eux qui ait appuyé Basly disant : « On ne vit pas de regrets, mais de pain », et invitant les pouvoirs publics à ouvrir sur l'heure à la famine ouvrière ces crédits extraordinaires dont on est si prodigue en faveur de la propriété incendiée, inondée ou simplement lézardée par des tremblements de terre.

Pas un qui soit intervenu, je ne dis même pas de sa parole, mais de son geste, de ses applaudissements, à l'appui des 500.000 francs réclamés à titre de secours et dont le vote seul, avant et sans qu'ils aient pris la route de Decazeville, aurait entraîné l'arrangement que la Compagnie ne refuse qu'à l'épuisement des ressources ouvrières.

Messieurs les radicaux veulent bien quand, par dessus leur tête, un conseil municipal ou général vient en aide aux victimes d'une cessation forcée de travail, blâmer le pouvoir central qui arrête ces subsides au passage, on menace de les arrêter. Autonomisme et popularité obligent.

Mais entrer eux-mêmes dans cette voie, mais pratiquer même exceptionnellement le grand devoir d'assistance sociale dont les bourgeois révolutionnaires de 89 avaient fait un droit pour les pauvres ; mais seulement entrebailler au profit d'une fraction quelconque du prolétariat le guichet de ce trésor public que le produit du travail prolétarien est cependant seul à alimenter? jamais ! au grand jamais !

Les mineurs de l'Aveyron ont le droit pour eux. Il n'y a qu'une voix sur ce point non seulement dans le camp radical, mais dans le camp opportuniste. Mais l'argent, les subsistances leur manquent pour le faire valoir. « Qu'ils *crèvent !* » concluent républicainement et humainement les radicaux.

Soit ! ils « crèveront », avec ou sans les rouges funérailles que M. Laur a tracées comme un nouveau *mané, thécel, pharès* sur les murs du Palais-Bourbon.

Mais ils sauront à qui s'en prendre de leur supplice. Ils sauront qu'au bourreau-Compagnie et au bourreau-gouvernement, s'est ajouté le bourreau-extrême-gauche. Et comme tout se paie, un jour

13.

ou l'autre, il ne fera pas toujours bon être dans la peau des Clémenceau et consorts.

Le coup de Bourse

Elles en disent long et constituent le plus éloquent appel aux souscriptions ouvrières les dernières dépêches échangées entre M. Laur et la Société des houillères et fonderies de l'Aveyron.

M. Laur, député, à M. Petitjean à Decazeville.

3 juin, reçue à 10 h. 50 m.

Au nom de notre camaraderie, vous conjure accorder 5 centimes par benne gros ; arriverai demain et ferai tout pour apaisement. Faites efforts, télégraphiez réponse.

Les Président et vice-président de la Société des houillères de l'Aveyron, à M. Laur, député.

3 juin 1886, 3 h.

Monsieur le Député,

Nous avons reçu communication de votre télégramme en date de ce jour, 3 juin, adressé à M. Petitjean, à Decazeville. Vous demandez par cette dépêche à la Compagnie d'accorder 5 centimes par benne de gros, et vous annoncez votre arrivée à Decazeville pour demain, 4 juin, dans un but d'apaisement.

Votre intervention antérieure et la production que vous avez faite à la tribune de chiffres absolument inexacts sur les conditions de nos exploitations nous font considérer une nouvelle intervention de votre part contraire aux intérêts des ouvriers et de la Compagnie, et comme de nature à amener toute autre chose que l'apaisement.

Nous vous en laissons, en conséquence, toute la responsabilité et vous prions de recevoir, etc.

Voilà donc le plus ministériel des députés rendu comme Basly responsable de la grève, et, comme le « cabaretier Basly », Laur, l'ingénieur, passé « fauteur de désordre » !

M. Léon Say, à qui, en sa qualité d'orléaniste, nos républicains bourgeois n'ont rien à refuser, veut bien pour l'instant ne pas exiger son arrestation. Mais qu'il prenne garde ! Demain, qui sait si les menottes qui après avoir servi à Duc et à Roche, s'étaient allongées du côté de Goullé, ne seront pas appelées à faire connaissance avec ses poignets « d'honorable » ?

Ah ! c'est qu'en abattant sur la table de l'opinion publique les cartes des administrateurs de Decazeville, et en obligeant la myopie la plus volontaire à lire dans leur jeu comme dans un livre ouvert, M. Laur a commis un de ces forfaits qu'aucune peine ne serait suffisante à expier.

Il a — quoique bien tardivement — *déjoué le coup de Bourse* échafaudé sur un conflit créé de toutes pièces et entretenu avec passion par des exploiteurs d'ouvriers qui sont en même temps des détrousseurs d'actionnaires. Il existe, en effet, dans la meilleure des sociétés... pour les hommes de proie, deux genres de Compagnies : les unes — *d'exploitation* — qui se bornent à gagner, c'est-à-dire à voler, sur les travailleurs qu'elles emploient. Les autres — *de spéculation* — qui opèrent à la fois sur le produit du travail de leurs salariés et sur le capital-action à elles confié. Or ce

qu'a établi M. Laur — plus clair que ses bilans
encore à venir — c'est que la Compagnie de Décaze-
ville, présidée par M. Léon Say et vice-présidée
par M. Deseiligny, appartient à cette dernière catégorie, à ces voleurs à la *deuxième puissance*,
prenant de la main droite dans la poche des serfs
qu'elle affame, et de la main gauche dans la poche
des gogos qu'elle administre.

La Compagnie de Decazeville est riche, très
riche. Elle a devant elle, cubés par les ingénieurs
de l'Etat, plus de **20** millions de tonnes de houille
représentant un bénéfice minimum de vingt à quarante millions. Elle a devant elle une autre source
de profits, plus considérable encore, représentée
par le gite de fer « presque inépuisable » de Mon-
tanasac. Elle a pu, comme l'a pleurniché M. Baïhaut, ne distribuer à ses actionnaires qu'une
moyenne de 4 fr. 55 pour cent. Mais pourquoi?
parce que le surplus était consacré à des travaux
neufs, se chiffrant pour trois années seulement —
et années de crise, s'il vous plait — à **2** millions
400 mille francs. Parce qu'elle acquérait — ce qui
n'a été possible à aucune autre concession minière
— une grande partie de sa surface, dégrevant
ainsi son prix de revient d'un franc par tonne.

La main-d'œuvre, d'autre part, qui varie par
tonne de **4** fr. à 5 fr. 41 partout ailleurs, atteint à
peine **2** fr. **40** dans l'Aveyron, soit une économie de
plus de **50** 0/0. Et si, plutôt que d'accorder à ses
malheureux mineurs les **10** centimes par benne de

gros qu'ils réclamaient au début et qui n'auraient augmenté le prix de revient de la tonne que de 2 à 3 centimes, elle a non seulement accepté la grève d'un cœur léger, mais tout fait pour la prolonger pendant des mois, c'est parce que cette cessation de travail rentrait dans les calculs des Say, Desciligny, Cibiel, Duval et autres écumeurs de crise.

C'est que, *les dividendes forcément suspendus, les actions, les titres allaient baisser, qu'on pourrait racheter à vil prix.*

C'est que réduits à vendre, les petits actionnaires, soigneusement tenus dans l'ignorance de la fortune qui les attend, allaient permettre aux gros d'accaparer la poule aux œufs d'or. Telle est l'honnête opération au succès de laquelle Ministère et Chambre se sont généreusement prêtés, en mettant au service des opérateurs gendarmerie, armée, justice et jusqu'à la violation de la loi.

Tel est le sac que, dans son dépit d'avoir été joué comme arbitre, M. Laur a fini par vider sur la tête des forbans qui s'apprêtaient à le remplir.

Ce qui le fait traiter de « pelé » de « galeux » de Basly numéro deux, par nos voleurs volés, aux applaudissements des braves républicains du *Temps* qui écrivent :

« C'est très sévère, mais ce n'est pas tout à fait immérité. »

Pas de liberté !

Duc-Quercy et Roche resteront sous clé.

Le 97e anniversaire de la prise de la Bastille féodale les trouvera embastillés par la République des grandes Compagnies.

Ainsi l'a décidé M. de Freycinet qui a repoussé comme « prématurée » la libération réclamée par le bureau de l'extrême-gauche.

Le 14 juillet venait trop tard pour certain falsificateur de sucre qui, condamné à plusieurs années de prison, s'est vu, après quelques jours, rendre à ses chères, très chères fraudes — pour le fisc.

Il viendra à temps pour des centaines de locataires des Centrales qu'un *motu proprio* présidentiel ne manquera pas, suivant l'usage, d'associer à la fête nationale.

Mais c'eût été trop tôt pour des socialistes coupables d'avoir dénoncé la « mine qui brûle » — et qui brûlait si bien que deux des *rentrés de la grève* ont depuis été flambés à mort à Firmy.

Il est toujours trop tôt pour qui a osé se mettre en travers du banditisme capitaliste et faire échec aux spéculations patronales et financières.

L'extrême gauche, d'ailleurs, a sa part de responsabilité dans le verrou ainsi poussé sur nos deux amis.

Si elle avait eu réellement à cœur le succès de sa démarche, elle ne se fût pas reposée sur des sous-ordres, les Barodet et les Desmons, les Cantagrel et les Labordère.

C'est M. Clémenceau qui eût parlé, M. Clémenceau que — le ministère a payé pour le savoir — on n'éconduit pas impunément.

Mais M. Clémenceau est resté sous sa tente. Lui aussi, pour ne pas dire lui surtout, trouvait « prématurée » cette ouverture de la plus arbitraire et la plus monstrueuse des prisons. La blessure était trop fraîche, qu'avaient faite à son ambition de grand électeur les 100.000 voix parisiennes données aux condamnés de Villefranche.

Dans le vide !

Le combat légendaire de Don Quichotte contre les moulins à vent, est remplacé depuis quelques temps par le combat, tout ce qu'il y a de plus historique, de Sancho Pança contre le vent sans moulins.

Sancho Pança, c'est notre presse bourgeoise qui se fait grasse et ventrue à l'office de la finance ; et le vent, ou le vide, contre lequel elle est partie en guerre, payant en coups de plume ses coups de fourchette, c'est la mine au mineurs. J'ai déjà eu l'occasion de m'expliquer sur cette mine aux mineurs et d'établir que, pas plus que la terre aux paysans et l'outil à l'ouvrier, elle ne constituait une solution socialiste.

Seuls, l'individualisme d'un Proudhon et le coopératisme d'un Waldeck-Rousseau ont pu conclure ou induire à un pareil aboutissant que repoussent, de toutes leurs forces, les communistes et qu'ils ont toujours repoussé.

Mais puisque malgré nos protestations -- malgré que le socialisme déclare n'avoir rien à faire avec le partage des divers moyens de production entre les diverses catégories de producteurs, et être et n'être que la concentration entre les mains de la société ou la socialisation de tout l'instrument et de toute la matière de travail — les souteneurs, à tant la ligne, de l'ordre actuel persistent à nous prêter leurs propres âneries, je reviendrai sur la question, à propos d'une lettre parue aujourd'hui même dans le *Soleil*.

Le correspondant de tous les Hervé qui signe E. M. D. O, est ingénieur, paraît-il. Et contre la mine aux mineurs, il ne produit qu'un seul argument : « les frais considérables de premier établissement ».

Tel puits, du Nord, a coûté pour le fonçage et le revêtement un million soixante et onze mille cent quatre-vingt-douze francs (1.071.192 fr.) ; tel autre, de la Moselle, 2.400.000 ; tel autre encore, 3.700.000 fr. Un pareil capital à « dépenser — sans profit immédiat — où veut-on, demande-t-il triomphalement, que les ouvriers, qui ne le possèdent

pas, le prennent ? Chez le banquier ! Mais alors
c'est rétablir l'état actuel des choses, substituant
le mot Banque au mot Compagnie ».

Eh ! sans doute, monsieur l'enfant terrible, les
travailleurs qui, par suite de la plus voleuse des
sociétés, sont jetés dans la vie non seulement sans
ressources, mais avec des dettes et des charges, —
la dette dite publique ; — sans doute ces travailleurs
réduits à l'état de non-propriétaires ou de prolétaires par l'oisiveté de quelques-uns prenant, acca-
parant tout, richesse nationale et richesse produite, ne sauraient fournir aux sacrifices nécessités
par la mise en train de la mine et par leur propre
substance pendant cette mise en train. Sans doute
encore, s'il leur faut emprunter aux voleurs de la
finance le capital qu'ils ne possèdent pas parce
qu'ils en ont été volés, ils ne feront que changer
d'exploiteurs, et leur servage, d'industriel devenu
financier, persistera, égal à lui-même.

Mais alors se dresse, c'est vous-même qui la
dressez, la terrible et fatale question : Pourquoi,
issus du même ovule, fécondé par le même sper-
matozoïde, au sortir de la matrice maternelle, les
uns naissent-ils capitalistes, pendant que les autres — ce sont les plus nombreux — naissent prolétaires ? La nature ne fait ni riches, ni pauvres,
ni possédants, ni non-possédants. C'est la société
qui artificiellement divise ses membres en prêteurs facultatifs et en emprunteurs obligés. Et la
réponse à votre objection est par suite toute trou-

vée : Puisque c'est la société qui a mis les mineurs
— dépouillés avant de naître — dans l'impossibilité d'entreprendre l'exploitation du sous-sol,
qu'elle répare ses torts, qu'elle restitue, en crédi-
tant gratuitement ses victimes, tant pour les avances en travaux que pour la nourriture, le vête-
ment, la satisfaction en un mot des besoins organiques des travailleurs.

Si la *mine aux mineurs* n'avait contre elle que
l'argumentation du *Soleil* et de son ingénieur,
elle serait donc non seulement possible, mais
nécessaire.

Les raisons qui l'excluent sont tout autres, d'un
ordre que ne soupçonnent même pas les tenants
et admirateurs de l'anarchie actuelle.

Le premier, c'est l'impossibilité — sans suicide
— de laisser à l'intérêt ou à la spéculation individuelle une exploitation d'intérêt aussi essentiellement public que la houille. Comme les Compagnies capitalistes, les Sociétés ouvrières ne
verraient, ne pourraient voir dans l'extraction à
elles abandonnée, que les profits — et non le
charbon — à extraire. Le bénéfice — et non le
besoin de ce « pain de toute industrie » — serait
leur seul guide, leur loi exclusive.

Une autre raison, c'est la concurrence qui subsisterait entre les diverses mines possédées par
leurs divers mineurs avec son corollaire fatal de
l'écrasement des uns par les autres. Au lieu d'actionnaires ruinés aujourd'hui par d'autres action-

naires — ce qui nous importe peu — nous aurions des travailleurs ruinés demain par d'autres travailleurs, à travail égal, par suite de l'inégale productivité des couches carbonifères. Ce que nous ne saurions accepter, même en idée.

Lorsqu'une grève éclate comme celle de Decazeville, provoquée par des exactions sans nombre et sans nom, nous pouvons et nous devons, comme nous l'avons fait, proposer la reprise de la concession minière aux banquiers ou banquistes qui l'ont convertie en un double instrument d'exploitation : exploitation des ouvriers y employés ou y enterrés, et exploitation des *gogos* épargnistes auxquels on a soutiré un capital dont le produit et les dividendes vont ailleurs, plus haut.

Nous pouvons et nous devons, comme nous l'avons encore fait, réclamer la mise en valeur de la mine par les mineurs eux-mêmes ou une *régie ouvrière*, les watrinés de là-bas étant au moins aussi capables que les boursiers académiciens à la Léon Say de choisir leurs directeurs, ingénieurs et conducteurs des travaux, et l'Etat, qui a pu assurer aux charbons capitalistes le débouché du chemin de fer d'Orléans, pouvant placer aussi avantageusement les charbons ouvriers.

Mais nous n'avons jamais vu là qu'un *provisoire*, le moyen, pour les martyrisés des Blazy et des Petitjean, d'attendre, avec un *minimum* de souffrance, l'heure où, les classes disparues dans une société communiste et réellement humaine, les mines, toutes les mines, deviendront ce qu'elles doivent être, un grand service public, national d'abord, international ensuite, parce qu'ainsi seulement cette partie — et non la moins importante — du patrimoine de l'humanité pourra être régie, entretenue et exploitée, conservée et cultivée au bénéfice de l'espèce entière.

La *mine aux mineurs*, que s'acharnent à pourfendre — à côté — les plumitifs conservateurs, n'a jamais, comme la *terre aux paysans* et l'*outil à l'ouvrier*, existé que dans le cerveau comateux du propriétarisme bourgeois. Outil, terre et mine doivent être et seront — les socialistes révolutionnaires s'en chargent — propriété collective et indivise de la nation demain, de l'*internation* après-demain.

A d'autres !

Il n'y a pire sourd que celui qui ne veut pas entendre. M. Francis Laur est de ces sourds-là. En vain, lorsqu'il s'est présenté à Decazeville pour offrir son « ours » d'un bout de mine perdue à octroyer aux mineurs, l'a-t-on éconduit de la belle façon en lui représentant avec trois points sur chaque *i* qu'il ne s'agissait pas de la substitution partielle de Syndicats ouvriers à des Compagnies capitalistes, mais de la reprise par la société de tout le sous-sol à exploiter socialement. Notre

opportuniste a fait l'oreille de marchand. Et,
pliant ses tréteaux, il a transporté de l'Aveyron
dans la Loire, son pays électoral, le cours de ses
exercices.

Justement il y avait, à Rive-de-Gier, des puits au
rebut, dont l'extraction ne couvrait plus les frais.
C'était son affaire. Ces concessions qu'au risque de
la déchéance la Société des houillères avait dû
laisser en friche, sous l'eau, il les a demandées, le
chapeau à la main : — Un petit sou, s'il vous
plaît, mes braves messieurs, pour mes pauvres
ouvriers mineurs ! — Et naturellement il les a
obtenues.

Et il triomphe, le bon apôtre. Le monde entier
a été par lui avisé, à grand orchestre, que «c'était
fait », que douze mines abandonnées et en partie
inondées, qu'il dénomme et dont il lui convient
d'évaluer le rendement à treize cent mille tonnes,
étaient « dès aujourd'hui '» à la disposition d'un
syndicat à constituer qui aurait à les faire valoir
« sans capitaux ».

Et qui triomphe avec M. Laur et plus haut que
M. Laur? C'est toute la galerie bourgeoise, sans
distinction d'opportunistes et de radicaux, qui
n'est pas sans savoir à quoi s'en tenir sur ce
qu'elle appelle « une grande expérience », « la
mise à l'essai de la doctrine socialiste ».

Pût-elle, par extraordinaire, réussir, que l'é-
preuve en chambre à laquelle se trouvent conviés
un certain nombre de travailleurs ne prouverait

rien..... qui ne soit déjà prouvé depuis longtemps
et en grand. Elle établirait que les actionnaïres
ne sont pas indispensables à la production minière. Mais qui donc a jamais pu croire à l'action
personnelle, à l'utilité de ces propriétaires de papier qui s'appellent X et Y aujourd'hui pour s'appeler demain V et Z, et qui, vivant aujourd'hui
de la vie de Paris, vivront dans huit jours de la
vie de New-York ou de Constantinople, ne faisant
acte de présence qu'au guichet d'une banque
quelconque chargée d'encaisser leurs coupons?

La tentative échouée, au contraire, — et elle
échouera — quelle arme pour la mauvaise foi de
nos adversaires? N'entendez-vous pas d'ici le
chœur des employeurs et des valets de plume
des employeurs : « Ah ! vous croyiez pouvoir,
messieurs les ouvriers, et vous avez voulu vous
passer de notre direction? A quoi bon les capitalistes? disiez-vous. Nous seuls, et c'est assez.
Eh bien! on vous a laissé faire. Vous avez eu le
champ libre; et qu'en avez-vous tiré en vous
épuisant? Pas même le salaire d'autrefois. Reconnaissez donc votre irrémédiable incapacité, illus-
trée par le fait, et remerciez ces intelligents et
généreux patrons qui consentent à vous faire
vivre, à vous employer de temps à autre, lorsque
les affaires vont et qu'ils ne peuvent pas remplacer
vos bras par des machines. » Ce serait le triomphe, l'apothéose de l'ordre bourgeois, démontré
à la fois le meilleur et le seul viable.

Le malheur pour M. Laur, qui, en bon conservateur, s'est dévoué à mettre un pareil atout dans le jeu de sa classe, c'est qu'il a compté sans son hôte, sans le socialisme, dont il se réclame inutilement, et qui n'entend avoir rien de commun avec le joujou du nouvel an, « la tranquillité des patrons, l'amusement des ouvriers », que le député de la Loire ne vend même pas quinze centimes, trois sous, qu'il donne.

Le socialisme n'a rien à voir dans les « douze mines aux mineurs » de Rive-de-Gier, qu'il répudie de toutes ses forces, parce que le socialisme n'a jamais affiché cette prétention idiote « qu'on pût produire sans capitaux ». Si le travail, Monsieur Laur, pouvait suffire, il y a longtemps que les travailleurs seraient affranchis, au lieu que — nous nous tuons à le répéter — leur affranchissement est suspendu à la reprise de tout le capital existant et à sa réunion, entre les mains de la nation ou de la société, au facteur-travail également socialisé.

Le socialisme n'a pas davantage entendu — il laisse cette nouvelle ineptie à M. Laur — que les travailleurs plus particulièrement musculaires ou manuels puissent se passer des travailleurs plus particulièrement intellectuels. En régime communiste, comme en régime capitaliste, nous aurons besoin d'ingénieurs, de chimistes, de physiciens, d'administrateurs, etc.; et c'est parce que ces agents indispensables de la production sont actuellement

des salariés, que la classe des salariés, totalisant
toutes les capacités, de l'ordre intellectuel comme
de l'ordre musculaire, est mûre pour sa révolution,
pour prendre et conserver la direction de l'ensemble des forces productives.

Le socialisme, enfin et surtout, ne poursuit pas le
partage des mines entre les mineurs localement
syndiqués, la concurrence entre ouvriers, leur
lutte sur et pour le marché devant entraîner les
mêmes inégalités et les mêmes désordres que
l'antagonisme entre capitalistes. Ce que nous voulons, c'est qu'enlevées à la spéculation privée,
exploitées unitairement pour le produit et non
plus pour le profit, les houillères deviennent propriété et industrie nationale ou sociale.

Et ce ne sont pas les pst! pst! du *pierreux* Laur,
faisant le trottoir pour un semblant de propriété
corporative et nous invitant, non pas à monter,
mais à descendre dans les plus épuisées des fosses,
qui nous feront lâcher la proie pour l'ombre!

A d'autres, ma fille!

Casse-Cou !

Le socialisme dégagé de la fameuse « expérience » de Rive-de-Gier, il nous reste à mettre en
garde les pauvres, pauvres mineurs contre le traquenard qui leur est tendu.

Pour cela, il nous suffira de leur faire remarquer de quel côté partent les applaudissements qui ont accueilli le projet Laur.

Le député de la Loire a pour lui, le félicitant et l'encourageant, les pires ennemis de la classe ouvrière, toute la meute des journaux qui pendant la grève de Decazeville ont poussé au massacre des grévistes.

J'ai nommé *Paris*, le *National*, le *Temps*, le *Gaulois*, etc. Et dans quels termes ces feuilles de sang expriment-elles leur adhésion ?

Le *Temps* « souhaite le succès », mais après avoir pris soin d'expliquer que les « objections » — c'est-à-dire les certitudes d'échec — « apparaissent par douzaines. »

Même calcul du *National*, qui « n'est pas fâché » — je te crois — qu'il se trouve des « ouvriers de bonne volonté pour mettre à l'essai la doctrine de M. Laur », parce qu'ils auront à « s'en mordre les doigts, ce qui en guérira d'autres ».

« Les sympathies » de *Paris* ne sont pas d'un autre ordre. « Aux prises avec de très grosses difficultés », « sans capitaux et par conséquent sans crédit », les dupes de M. Laur ne tarderont pas à devenir ses victimes.

Quant au *Gaulois*, il voit « avant la fin de l'année les mineurs libres réduits à l'anarchie et à la famine » et « redemandant leurs patrons »... Et il chante clair, tout frétillant à l'idée de ces affamés

14

se ramenant eux-mêmes en mendiants aux carrières capitalistes.

Puissent les travailleurs ainsi avertis y regarder
à deux fois avant de s'abandonner à Satan-Laur, à
son absence de « pompes » d'épuisement et à ses
œuvres ou manœuvres bourgeoises ?

Leurre et Traquenard

Notre refus de prendre le Pyrée pour un homme
et *la concession de certaines mines à des ouvriers*
pour la *restitution de toutes les mines à la nation*,
nous fait traiter de « gens difficiles à contenter »
par les frères et amis de M. Laur.

Pour dénoncer ainsi notre ingratitude, les Paul
Foucher et autres anonymes du *Télégraphe* sont
obligés de représenter les socialistes comme
« n'ayant pas cessé de réclamer la mine aux mineurs », alors que depuis sept grandes années,
dans l'*Egalité* comme dans le *Citoyen*, dans le
Cri du Peuple comme dans le *Socialiste*, nous n'a-
vons pas cessé de protester contre toute appropriation privée du sous-sol, à socialiser dans son indi-
visibilité et son inaliénabilité productive.

Mais un mensonge de plus ou de moins, cela ne
compte pas pour des *tant-la-ligne*, qui ne peuvent
vivre de leur « tombage » du socialisme qu'en le
dénaturant à plume-que-veux-tu.

Mentez donc, messieurs de la presse bourgeoise,

puisque c'est votre moyen d'existence ; mais ne
pourriez-vous au moins, dans votre intérêt, mentir
intelligemment, avec quelque vraisemblance ?

Si le don gracieux de quelques puits à un certain nombre de mineurs était et pouvait être du socialisme, mais on marcherait sur le socialisme
depuis des siècles, de tout temps des patrons s'é-
tant rencontrés — industriels ou commerçants —
pour céder leur fond ou leur atelier à un ouvrier
qu'ils avaient « remarqué, distingué » et dont ils
faisaient, avec leur gendre, leur successeur !

Il n'y aurait plus, par suite, et depuis longtemps,
de question sociale.

A moins pourtant que le socialisme de l'expérience de Rive-de-Gier ne réside dans cette parti-
cularité que le tréfonds généreusement abandonné
à des travailleurs du *dessous* est épuisé et ne vaut
même pas les pompes à entretenir.

Ces cessions — de plus en plus rares d'ailleurs
avec le régime sociétaire ou actionnaire — d'une
boutique ou d'une usine à des prolétaires y employés, peuvent être une « bonne œuvre » lorsque
l'entreprise est bonne. Mais voilà tout. C'est de la
charité ; — rien de plus.

Et dans le cas qui nous occupe, lorsque l'on ne
fait cadeau à ceux qu'on a exploités des années
que d'un instrument de production hors d'usage,
ce genre de charité devient une simple mystification.

Ah ! si au lieu de gisements désespérés, plus

eau que charbon, c'était une mine en pleine prospérité qu'une Compagnie philanthropique, concourant pour le prix Montyon, avait octroyée à ses
mineurs ; si avec les puits et l'outillage elle leur
avait assuré le capital circulant, nécessaire dans la
société à monnaie d'aujourd'hui ; bien que, je le
répète, le socialisme fût tout aussi étranger à cette
aubaine qu'un gros lot de 100.000 francs décroché
par un groupe ouvrier de Marseille lors de la loterie des Arts décoratifs, nous n'aurions pas fait les
dégoûtés, monsieur Foucher! Nous aurions vu,
dans cette restitution aussi extraordinaire que partielle, ce qu'il y avait, c'est-à-dire le bien-être pour
quelques centaines de meurt-de-faim ; et comme,
quoi qu'en disent nos adversaires, ce n'est pas sur
la misère ouvrière que nous bâtissons la prochaine
révolution, nous aurions applaudi quand même.
Nous aurions même crié : bis !

Mais une population est là, manquant de tout.
Pour avoir du pain, il lui faut du travail, et, pour
cela, la remise en activité des fosses dans lesquelles
elle a laissé la vie ou les membres de je ne sais
combien des siens, en en extrayant, par tonnes, de
l'or pour des concessionnaires oisifs. Elle s'adresse
au gouvernement qui a aliéné cette richesse nationale pour qu'il rappelle au cahier des charges les
privilégiés qui ont bénéficié de cette richesse. C'est
la Compagnie qui lui répond en lui jetant —
comme aumône — *un petit sou de mine.*

Et *ce petit sou est faux*. Il n'a pas cours, ne peut se convertir en aliments.

Et l'on voudrait que nous battions des mains, en disant : merci ? Oh ! mais, non !

Après nous avoir envoyé chez « le marchand de vin », les habitués de l'*office* Christophe ou Lebaudy nous expédieraient à la Nouvelle, qu'ils ne nous empêcheraient pas de dénoncer et de stigmatiser cette odieuse comédie.

Il n'y avait qu'un moyen de redonner une valeur — pas d'échange, mais de vie — à la fausse monnaie dont le député-charlatan de la Loire paie ses électeurs ouvriers, c'était que l'État intervienne, qu'il fournisse au syndicat des mineurs, s'il se constitue, les capitaux en dehors desquels il n'y a pas d'exploitation possible.

Or voilà que, prenant les devants, on nous enlève cette dernière espérance, en nous signifiant impérieusement que les pauvres diables endoctrinés par M. Laur n'auront droit à « aucun appui budgétaire. » « Jamais — écrit le *Siècle* — les contribuables ne seront leurs commanditaires. »

Les contribuables peuvent commanditer les Rothschild, sous la forme de garantie d'intérêt pour leurs chemins de fer, garantie qui, pour cette année seulement, coûtera au budget près de cent millions.

Ils peuvent commanditer les Compagnies maritimes, dont une seule reçoit annuellement du Trésor, à titre de subvention, plus de trente-cinq millions.

Mais quelques centaines de mille francs à des travailleurs sans travail, embarrassés d'une propriété qu'ils n'ont pas demandée et qui, même avec des capitaux, était insuffisamment productive, jamais l'Etat — un Etat républicain — ne les avancera.

Quand je vous disais que, d'un bout à l'autre, cette fameuse épreuve de Rive-de-Gier n'était qu'un leurre doublé d'un traquenard !

Un accès de franchise !

Quelle mouche de franchise a piqué le *Temps*? En un seul article, deux aveux. Et quels aveux !

Il reconnaît d'abord — et enfin — que le socialisme n'est ni le pillage de la mine ni même son transfert à des ouvriers devenant propriétaires ou concessionnaires ; mais le retour de tout le sous-sol houiller à la nation qui l'exploiterait directement. Ce qui ne peut manquer de mettre à l'envers la cervelle des pauvres lecteurs auxquels le *Temps* m'a toujours présenté comme un « orateur anarchiste », rien n'étant plus antianarchique que la concentration sociale des mines et du reste.

Quant à la façon dont nos théories centralisatrices pourront se réaliser, que le *Temps* cesse de s'en préoccuper.

Lorsqu'il m'explique par le menu que le rachat laisserait les employés à l'extraction avec les mêmes charges qu'aujourd'hui, ou avec des charges aggravées, il prêche un converti. L'expérience des Charentes et autres chemins de fer de l'Ouest rachetés par l'Etat au prix d'un demi-million puisé dans nos poches, sans que les serfs de cette voie ferrée aient vu diminuer d'une minute ou d'un sou leur servage, aurait suffi à guérir les socialistes de toute idée d'expropriation avec indemnité, si jamais nous avions pu songer à autre chose qu'à l'*expropriation pure et simple*. Les mines, comme les chemins de fer, comme les usines, appartiennent à la société en dehors de laquelle elles n'auraient jamais pu exister, et en les reprenant « gratuitement » elle ne fera que rentrer dans son bien quoique puissent dire et faire messieurs les actionnaires traités pour la circonstance comme le clergé propriétaire en 89.

Le *Temps* reconnaît ensuite que « l'essai qui semble devoir se faire à Rive-de-Gier » et qu'il accompagne de ses « sympathies » n'est « rien moins que socialiste ». Il va plus loin et, emporté par son accès de sincérité, il nous le donne pour ce qu'il est, c'est-à-dire comme dirigé contre le socialisme. En ce sens « que, s'ils venaient à réussir », les ouvriers convaincus de la possibilité de devenir capitalistes sans toucher aux capitaux existants « couleraient leur énergie dans le moule de la société ancienne » au lieu, comme actuellement. de se coaliser pour le briser. En ce sens encore et surtout que, l'épreuve échouant, il en sortira une « leçon » pour les travailleurs, convertis à la nécessité des porteurs de deniers ou d'actions, puisque, les d'Audiffret-Pasquier, les Chagot, les Léon Say et autres « concessionnaires parasites » mis de côté, non seulement le bien-être mais l'existence ouvrière est devenu impossible.

Telle est en effet, vidé par une main peu suspecte, le fond du sac à malice de M. Laur. Mais comment alors s'étonner que, le piège ainsi avoué — après que nous l'avons eu découvert — les socialistes refusent de s'y laisser prendre ?

Il est si vrai que le semblant d'exploitation ouvrière auquel s'est résolu notre monde bourgeois n'a qu'un but, démontrer, par le fait, l'indispensabilité de l'exploitation capitaliste, que le *Temps* après le *Siècle*, s'oppose à ce que l'État crédite dans quelque mesure que ce soit les mineurs en souffrance.

Ce serait, écrit-il sans rire, « fausser » l'expérience, en lui assurant quelques chances de succès. Et à l'appui de ce véritable « comble », le voilà qui entonne le grand air de bravoure contre l'intervention gouvernementale que roulent depuis un siècle tous les orgues de barbarie de l'économie politique : « la collectivité n'a ni à subventionner, ni à garantir les entreprises particulières ; — on ne peut demander de sacrifices aux contribuables en vue d'un intérêt privé ; — il n'est dû d'impôts que

pour les services publics ; — autrement où en serait le budget ? »

Pardon ô *Temps !* mais avant de nous conter ces
antiques sornettes, regardez donc du côté de l'entreprise essentiellement privée des chemins de fer:
votre Etat, qui ne doit rien à personne, lui « a fait
cadeau -- je cite la *République française* du 9 octobre 1881 — de plus d'un milliard en espèces et en
travaux, il lui a prêté un autre demi-milliard qu'elle
doit toujours. » Regardez donc du côté des Compagnies maritimes, Freycinet, Pereire et autres: c'est
par millions chaque année que l'on fait mieux que
demander, que l'on impose aux contribuables des
sacrifices en faveur des concessionnaires. Regardez donc du côté des fabricants de sucre : l'impôt
a été à leur profit élevé de 10 fr. par quintal, cet
impôt que vous prétendez n'être « dû que pour
des services publics. » Regardez-donc du côté de
la marine marchande, primée de je ne sais combien
de millions, qui se multiplient chaque année.

Et devant le Trésor public ainsi saigné aux quatre veines dans les mains et les poches tendues
des plus insatiables des capitalistes, rengainez,
croyez-moi, votre *anti-interventionisme* de circonstance, non pas même pour continuer à être
franc, mais pour ne pas devenir ridicule.

Avec — et sans — capitaux!

J'avais écrit que « sans capitaux il n'est pas d'exploitation possible dans la société à monnaie d'aujourd'hui ».

Et le *Temps*, qui ne sort d'une bêtise que pour entrer dans une autre, de s'emparer de ce qu'il appelle un « curieux aveu » et de s'écrier :

« Ne voilà-t-il pas le capital réhabilité par le *Cri du Peuple* ? »

Le *Cri du Peuple*, ô *Temps*, n'a pas eu à réhabiliter le capital, par l'excellente raison qu'il ne l'a jamais condamné. C'est Stuart Mill qui disait : « Le capital est nécessaire à la production, mais pas le capitaliste. » Telle a toujours été la conclusion des socialistes, qui loin de traiter le capital en ennemi, lui ont voué un véritable culte. Divin il est, et à lui vont tous nos efforts comme au pôle l'aimant. Nous n'avons qu'une idée, qu'un but : le reprendre à ceux qui le détiennent, non seulement contre tout droit, mais contre tout intérêt social, pour le restituer à l'ensemble des travailleurs dont il est la chair et le sang, formé qu'il est de la différence accumulée entre leur salaire et leur produit.

Supprimer les capitalistes, et encore pas en tant qu'hommes, simplement comme appropriateurs du bien d'autrui, nous n'avons pas, pour l'instant, d'autre ambition. Ce qui ne veut pas dire qu'outil-

lage et matière première, une fois socialisés, ne perdront pas leur caractère de capital dans le sens
employé par Karl Marx, et que, dans l'ordre communiste, le capital proprement dit ne disparaîtra pas avec l'échange.

Ce que le cerveau bourgeois du *Temps*, prisonn-
nier de ce qu'il voit et incapable de s'élever
au-dessus du moment présent de l'humanité, est
réduit à traiter de « rêves », pour ne pas dire de
« folie », la production sans capitaux ou sans monnaie a été la loi de notre espèce pendant de ssiè-
cles, alors que la tribu produisait pour les besoins
de ses membres et les satisfaisait directement.

Sans remonter dans le passé universel, que les
travaux de Morgan, entre autres, ont éclairé tout
récemment d'un nouveau jour, est-ce que, même
dans le « triste temps présent », on ne pourrait pas
découvrir quelque phénomème du même genre ?

Est-ce que, par exemple, la Société de Com-
mentry-Fourchambault ne produit pas elle-même
les houilles qu'elle consomme dans ses ateliers
métallurgiques, sans avoir à se les acheter ? Est-ce
qu'elle ne fabrique pas dans ses fonderies et forges, sans avoir davantage à se les vendre à elle-
même, les machines dont elle peut avoir besoin
pour ses mines ?

Eh bien ! ô *Temps*, faites un effort intellectuel,
si pénible puisse-t-il vous être ; supposez qu'au
lieu de la petite Société ci-dessus, ce soit la grande
société française, la nation, qui possède et exploite

en même temps non seulement les mines et les hauts-fournaux, mais le sol et les moyens mécaniques de transformer ces produits en nourriture, en vêtements, en chaussures, etc., et demandez-vous ce que, dans un pareil état de choses, viendrait faire ce capital qui vous hante et vous aveugle ?

Les mineurs de Rive-de-Gier qui n'ont que leurs bras et ne sauraient, même en les mangeant, aujourd'hui, attendre que la houille extraite, puis vendue, leur ait fourni des moyens d'achat ou de consommation, peuvent alors se mettre bravement à l'ouvrage. Le pain social est là et la viande et le vin, et le reste ; les machines aussi, si les machines sont nécessaires, dont ils usent gratuitement, de même que leurs collaborateurs agricoles et industriels useront gratuitement de la houille — « sociale » — à l'extraction de laquelle ils sont employés.

Qu'une pareille société, dont tous les membres, répartis dans les diverses branches du travail, produiraient sciemment tout ce qui est réclamé par la satisfaction de leurs besoins mutuels, sans aucun de ces rapports de voleurs à volés que représente la division des hommes en employés et employeurs, en vendeurs et acheteurs ; que cette société ne soit pas du goût de nos capitalistes, je ne fais aucune difficulté pour l'admettre. Ces messieurs préfèrent l'ordre anthropophagique d'aujour-

d'hui, parce que c'est eux qui mangent et que ce
sont les autres, les prolétaires, qui sont les mangés.

Mais leurs préférences n'empêchent pas que notre hypothèse ne soit réalisable, pas plus que leur
résistance n'empêchera qu'elle devienne une belle
et bonne réalité, — le temps aux intéressés, aux
salariés de savoir et de vouloir.

———

Le *XIX*ᵉ *Siècle* me rend ce témoignage que j'ai
exposé en quelques lignes assez claires, bien qu'un
peu concises, dans quel sens devrait être réglée la
question des mines au point de vue du socialisme
ouvrier. Ce n'est pas qu'il se rallie à ce qu'il appelle « mon système » et qui n'est que l'aboutissant fatal de l'évolution économique et social. Non,
« il n'y voit — affaire de myopie ou de lunettes
mal essuyées — qu'obstacles de toutes parts »,
mais il admet « qu'il mérite examen et discussion. »
Et il ajoute :

« Tout peut être matière à débat instructif dans
cet ordre d'idée, et je ne serais pas fâché que chacun de nous prit l'habitude, en présence d'une
théorie qu'il juge suspecte, de se demander d'a-
bord : « pourquoi pas ? » au lieu de hausser les
épaules.

« Que les socialistes de l'école de M. Guesde
et les révolutionnaires des autres écoles se livrent
au prosélytisme de leurs doctrines, c'est leur rôle

tout naturel, et chacun en fait autant dans son parti. Mais ce qui ne sert de rien, c'est l'intolérance. »

C'est parler d'or, mais cette tolérance que prêche le *XIXᵉ Siècle*, ce n'est pas à nous qu'il faut la prêcher, à nous qui pouvons mettre — et qui mettons — au service de nos idées tous les emportements de la passion, mais ne disposons d'aucun baillon contre nos contradicteurs.

C'est aux bourgeois républicains que ce discours doit s'adresser et qui ont pris contre nous la suite des bourgeois bonapartistes et orléanistes. Pour avoir soutenu à Commentry et à Montluçon cette thèse de la nationalisation des mines, on nous a, Lafargue et moi, « bouclé » six mois à Pélagie, il n'y a pas trois ans, après nous avoir fait empoigner à domicile par des agents de la sûreté. Pour avoir soutenu la même thèse en matière de Rothschild et de finance, nous sommes encore, Lafargue et moi, sous le coup d'une autre condamnation à six mois — par défaut, il est vrai.

Voilà « l'intolérance », monsieur Portalis : les gendarmes remplaçant les moines de Pascal, comme arguments. Débarrassez-nous en, et nous nous abonnons aux « haussements d'épaules » qui ne nous ont jamais préoccupé, ne prouvant qu'une chose : la souplesse d'échine de ceux qui s'y livrent.

Vive Paris !

C'était vrai !

Duc-Quercy et Ernest Roche ont été mis en liberté hier, 16 septembre, à cinq heures du soir.

Leur arrestation — avec menottes — ayant été opérée le 4 avril à 6 heures du matin, c'est donc cinq mois et treize jours que nos amis auront passé dans les geôles — les plus variées — de la République, pour avoir pris contre une Compagnie orléaniste la défense des plus républicains et des plus volés des mineurs.

En vain, révolté de cette violence, terminée en quinze mois d'emprisonnement, le peuple de Paris avait, de ses cent mille voix, cassé, au 2 mai, le monstrueux jugement, en attendant de pouvoir casser les juges.

Roche, provisoirement relâché, avait dû réintégrer la cellule de Duc-Quercy et connaître avec lui la solitude mortelle de Clairvaux après les sentines de Montpellier.

Pour mettre fin à un embastillement innommable, il a fallu une nouvelle intervention du prolétariat parisien. Il a fallu la candidature de Duc-Quercy posée dans le Xe arrondissement et le soufflet qui était, pour ses geôliers, au bout de son entrée triomphale à l'Hôtel-de-Ville.

Ce n'est ni à la volonté populaire, ni à un sentiment de justice, qu'ont obéi nos gouvernants en lâchant leur proie C'est à la peur.

Le décret de libération peut être signé : Grévy, et contre-signé : Freycinet. Son véritable et unique auteur, c'est Paris, le Paris socialiste, le Paris révolutionnaire, qui vient de vider Clairvaux comme il vidait la Bastille en Juillet 89.

Honneur et merci à Paris !

(*Septembre 1886*).

III

LEURS REMÈDES

A qui la faute ?

Il paraît que si « notre commerce et notre industrie subissent depuis plusieurs années une crise qui va chaque jour s'aggravant », c'est la faute — non pas à Voltaire — mais à notre classe ouvrière qui ne craint pas de sacrifier le pays « qui la voit naître » — et surtout mourir, — à son appétit immodéré de truffes et de champagne.

C'est — naturellement — la classe patronale qui a opéré cette magnifique découverte, appelée à éclipser celle de l'Amérique, et qui se hâte de la faire trompeter par un monsieur R. Laplacette, de l'Union nationale des Chambres syndicales (hôtel de la rue de Lancry).

Dans une espèce de manifeste à la Jérôme Bonaparte, que la presse la plus républicaine a accueilli à colonnes ouvertes, ce porte-plume des Hiélard et Compagnie écrit en toutes lettres :

« La principale cause de notre déchéance commerciale et industrielle est la cherté de la main-d'œuvre.... L'ouvrier français, entre les mains duquel on a mis cet instrument redoutable : la grève, en use un peu à tort et à travers.... Son salaire lui paraissant insuffisant, il en réclame l'augmentation ; si on la lui refuse, il se met en grève, sans réfléchir aux conséquences de cette déclaration de guerre ».

De là à réclamer le rappel de la loi Emile Ollivier sur les coalitions et la fixation, comme au Moyen-Age, d'un *maximum* légal des salaires, il n'y a qu'un pas — qu'est tout disposé d'ailleurs à faire le Laplacette en question, à la recherche d'une « médicamentation prompte et énergique ». Mais cette tendance de la classe capitaliste à se servir de l'Etat — républicain ou monarchiste — comme d'un gendarme pour réduire à merci ses machines humaines est trop invétérée et trop fatale pour qu'il y ait lieu de s'y arrêter.

Ce qu'il me convient seulement de faire ressortir, c'est l'imbécillité — une fois de plus établie par eux-mêmes — de nos bourgeois français en matière de production et d'échange.

Pour crier « haro » sur les grèves et pour rejeter « tout le mal » sur « l'augmentation de la main-d'œuvre », il faut reculer les bornes de l'ignorance permise — même à la fainéantise capitaliste. Il faut oublier, par exemple, que le pays qui tient la tête du mouvement industriel et commercial, celui qui domine le marché du monde, est l'Angleterre : c'est-à-dire le pays où les grèves sont devenues la monnaie courante entre le travail et le capital et où, de guerre en guerre, les *employés* ont arraché aux *employeurs*, non-seulement les salaires les plus élevés, mais aussi la journée de travail la plus courte (56 heures par semaine).

Loin d'être une « source » de ruine, les exigences ouvrières sont un des facteurs les plus importants et les plus indispensables du progrès économique, parce que, dans nombre de cas, elles peuvent seules avoir raison de la négligence intéressée des fabricants et les obliger à transformer, à *moderniser* un outillage vieilli et démodé.

Si la France des Chambres syndicales patronales se fait battre de plus en plus sur le terrain de la concurrence, non seulement extérieure, mais intérieure ; si elle est en train de doubler d'un Sedan industriel le Sedan militaire d'il y a treize ans, c'est précisément parce que « le coup de fouet » des revendications prolétariennes lui a manqué. Uniquement préoccupée du *produit net* ou du *profit*, elle a pu — *par suite du bas prix de la chair ouvrière* — en rester, dans l'ordre mécanique, au fusil à piston, sinon au fusil à pierre.

Pour me borner à une de nos industries qui a le plus souffert — aux rubans, dont l'exportation est tombée de 100 millions, en 1857, à 15 millions, en 1881 — sait-on combien, sur les 17.000 métiers de Saint-Etienne, marchent encore à la main ? 15.500, ou les onze douzièmes. Alors qu'à Bâle seulement, sur 8.000 métiers, près de la moitié (3.500) sont à vapeur. Et comme les métiers à vapeur sont plus larges, comme on y tisse en même temps un plus grand nombre de rubans parallèles, jusqu'à 20 et 32 à la fois, il en résulte — de l'aveu du *Temps* — « que le matériel de Bâle, avec un effectif beaucoup moindre que celui de Saint-Étienne, possède une puissance de production presque égale. »

Les autres branches de la fabrication française ne présentent pas un spectacle différent. Partout, se reposant sur la longue journée de travail qu'ils peuvent extraire à vil prix de leurs ouvriers, comme ils se reposaient avant 1860 sur les tarifs protecteurs, les patrons se sont endormis sur de vieux engins hors d'usage, alors qu'autour de nous « la machinerie » nouvelle se généralisait pour notre écrasement.

Et tant qu'il leur sera possible de suppléer à la qualité de leurs machines de fer et de bois par la *quantité* de travail et le *bon marché* de leurs machines de chair et d'os, leur patriotisme fera l'économie du matériel perfectionné en dehors duquel il n'y a cependant pas de salut.

C'est-à-dire qu'au lieu de s'attacher à « rendre les grèves impossibles », pour « remédier à notre malaise commercial et industriel » il faudrait tout faire pour les multiplier, la crue des salaires étant seule capable d'emporter le renouvellement du plus antique et du plus défectueux des outillages industriels,

Sans compter qu'en augmentant la puissance de

consommation ou d'achat de millions de travailleurs, les hauts salaires, si sottement attaqués,
assureraient, sans frais, à nos produits les fameux
débouchés que nos gouvernements — toujours
comme remède à la crise — sont réduits à chercher au bout du monde, au prix de centaines de
millions et de milliers de vies humaines.

C'est parce que nos ouvriers ne sont payés que
« 7 et 8 francs par jour », alors qu'ils produisent le
double ou le triple, que, pour l'écoulement de ces
excédents toujours croissants de la production sur
la consommation nationale, la France doit s'épuiser d'hommes et d'argent en Tunisie, au Tonkin,
à Madagascar et au Congo, s'aliénant l'Angleterre
après s'être mis à dos l'Italie, et se jetant dans le
guêpier d'une guerre avec la Chine.

Le jour où, au lieu de « réclamer » cette « moitié du produit brut » qui fait divaguer la gent
patronale, ils seront en mesure de prendre les
deux moitiés ou le tout, c'en sera fait des guerres
commerciales de toutes les latitudes, parce que
c'en sera fait des crises pléthoriques ou de surproduction qui les engendrent.

Il est vrai que c'en sera fait également des
R. Laplacette — ce qui explique l'opposition de
ces derniers à une solution, qui est cependant la
seule.

(*Décembre 1885*).

15.

Homœopathie conservatrice

Ferry lui-même ne saurait plus contester l'utilité de l'enquête réclamée par M. Clémenceau ! Grâce à la lumière jetée sur la situation économique par la commission des Quarante-quatre, on sait aujourd'hui qu'il n'y a pas de crise ouvrière — même à Paris. Une crise patronale, tout au plus. Et motivée par quoi ? Par le coût trop élevé de la marchandise-travail.

Aussi faut-il voir comme, pour soulager ces pauvres patrons, le *Temps* s'ingénie à réduire les frais d'entretien de l'ouvrier parisien ! Hier, il lui retranchait les 277 litres de vin et les 73 kilogrammes de viande qu'une statistique belge lui fait consommer en moyenne par an, 62 centilitres de vin par jour et 200 et quelques grammes de viande constituant évidemment le dernier terme de « l'excès » — alors surtout que, d'après les études physiologiques les plus sérieuses, « pour donner son rendement maximum, l'organisme humain a besoin d'une quantité et d'une qualité d'aliments correspondant à 1,500 grammes de pain et à un kilogramme de viande, avec les accessoires obligés en boissons ».

Mais voilà qui est entendu. Pour permettre à nos fabricants de produire à aussi bas prix que leurs concurrents étrangers, on mettra nos travailleurs nationaux au régime de l'eau claire et de la *polenta*, qui est celui du *contadino* lombard ! La chose n'est plus à faire ; elle est faite. Et après ?

Après, c'est la ruine, la faim pour les trente mille marchands de vin qui ont dû mettre la clef sous la porte. C'est la ruine, la faim pour les milliers de bouchers qui n'ont plus ni raison — ni moyens — d'être. Ce sont nos éleveurs, nos vignerons, tout un monde de paysans déjà aux abois, que la suppression du marché parisien — un marché de deux millions d'hommes — affame à leur tour !

Mais cette première hécatombe ne suffit pas à nos homœpathes du *Temps*. Dans leur rage de guérir les semblables par les semblables, une crise locale par une crise générale, les voilà qui aujourd'hui cherchent une autre réduction de la main-d'œuvre parisienne dans la réduction du prix du pain, demandée à des sociétés coopératives comme celle de Roubaix.

Il paraît qu'au prix où la Société de Roubaix a pu livrer l'année dernière le pain de ménage à ses sociétaires — et en évaluant à 188 kilogrammes la consommation annuelle — ç'aurait été par ménage ouvrier 101 francs par an d'économie — soit une cinquantaine de millions pour les consommateurs parisiens.

De mieux en mieux ! mais, dans cette coopérative aussi gigantesque qu'économique, que deviennent — ô le plus conservateur des journaux — les boulangers parisiens ? Quoi ! eux aussi supprimés, jetés sur le pavé, comme et après bouchers et *troquets* !

Temps, mon ami, vous devenez décidément trop révolutionnaire.

Le Parti ouvrier entend bien, lorsqu'il aura mis la main sur le pouvoir politique, exproprier toute cette petite bourgeoisie qui tient boutique sur rue. Mais à ces expropriés, pour cause de services publics à créer, il fournira toute espèce de compensation, pendant que vous, vous les détroussez purement et simplement, comme au coin d'un bois, et cela au seul bénéfice de nos industries d'exportation.

Quelle leçon, en tous cas, pour cette légion de boutiquiers, qui votent encore contre nous, s'ils pouvaient lire le *Temps* — et s'ils savaient le lire !

Les Réformards

Fondée en 1757, au capital nominal de quelques centaines de mille francs, la Régie d'Anzin est l'expression la plus complète du *vol* — légal.

Aux richesses souterraines, que leur formation naturelle, géologique, étrangère et antérieure à l'homme, constitue nécessairement en fonds commun de l'espèce, en patrimoine de tous, et qu'elle s'est appropriées exclusivement, se sont ajoutées diverses subventions, de 12.500 livres d'abord, de 35.000 ensuite, prélevées, elles, sur l'impôt, c'est-à-dire sur le produit du travail national. Et, grâce à cette double spoliation du domaine et du trésor publics, elle a pu, depuis plus d'un siècle, opérer à l'aide du salariat sur des milliers d'*ouvriers du fonds* une troisième spoliation qui, sous la forme de dividende, a atteint par année jusqu'à *onze millions et demi.*

Mais loin d'invoquer la dynamite contre ces voleurs à la troisième puissance, je serais plutôt disposé à leur donner quittance — pour le passé, bien entendu — en reconnaissance du service qu'ils viennent de rendre à la cause ouvrière.

En faisant plus que menacer, en frappant la semaine dernière tous ceux de leurs serfs convaincus ou soupçonnés d'appartenir à une chambre syndicale, les Régisseurs d'Anzin, en effet, en ont fini pour toujours avec la mystification du socialisme pacifique ou légal. Ils ont confirmé — et au delà — tout ce que disent et écrivent les socialistes révolutionnaires touchant l'impuissance des réformes législatives dans le milieu capitaliste actuel.

Du régime de la tolérance, les syndicats ouvriers sont passés au régime du droit, depuis le vote concordant de ces deux moitiés du parlementarisme bourgeois qui sont le Palais-Bourbon et le Luxembourg.

A-t-on même fait sonner assez haut le progrès ainsi accompli ! « Les groupements corporatifs reconnus, légalisés, c'était le prolétariat complètement et définitivement outillé pour la défense de ses intérêts. Que parlait-on encore de la conquête du pouvoir politique par les salariés constitués en parti de classe? Inutile, un 89 ouvrier. Inutile, la reprise des moyens de production et leur socialisation! Avec la nouvelle organisation ouvrière, il n'y avait pour les prolétaires qu'à s'entendre entre eux pour s'émanciper graduellement et pacifiquement. La question sociale était résolue. »

Ainsi s'exprimaient « les véritables amis du peuple », ceux qui savent trop ce que les barricades, mises les unes sur les autres, ont rapporté au Tiers-Etat, pour ne pas s'efforcer de briser une pareille arme — dirigée contre eux — entre les mains du Quatrième et dernier Etat.

Or, que répondent les faits, par l'organe des Perier, Audiffret-Pasquier, de Broglie et autres « porteurs de deniers » — transformés malgré eux en instructeurs de l'humanité? C'est que, comme la jument de Roland, les chambres syndicales, pour quelques qualités qu'elles puissent avoir, ont un défaut qui les annule toutes : c'est d'être mortes, de ne pas être viables, de ne pouvoir exister que dans la limite où il plaira de le permettre à la classe contre laquelle elles sont dirigées.

La loi — dont la République est le règne, assure-t-on — a beau reconnaître aux exploités le droit au groupement. Pour abroger ce droit, pour n'en rien laisser subsister dans la pratique, il suffit aux exploiteurs de reprendre pour leur compte l'interdiction prononcée par la Révolution bourgeoise de 89 contre toute réunion ou association

ouvrière en vue de la défense de « prétendus intérêts communs », et de dire « non », là où le Parlement a dit « oui ».

« Syndiquez-vous » crient à leurs anciens compagnons de travail et de misère les Tolain et les
Nadaud, tout fiers d'avoir enfin eu l'air de faire
quelque chose pour leurs électeurs de l'atelier ou
de la mine. Et les Compagnies, dominant du haut
des moyens de production qu'elles monopolisent
le Pouvoir législatif, répliquent : « On ne se syn-
diquera pas ! Sinon, pas de travail, c'est-à-dire pas
de pain, c'est-à-dire la mort ! »

Est-ce assez concluant ? Et comment les *réfor-
mards*, qui nous accusent de chercher midi à quatorze heures et de demander à la force une solution contenue dans les urnes, vont-ils s'arranger
du démenti qui leur est infligé par une expérience
de cet éclat ?

Car il n'y a pas à ergoter. Ce qu'il a plu hier de
faire à la Régie d'Anzin, non seulement toutes les
Compagnies houillères, mais tous les patrons, collectifs ou individuels, de toutes les industries,
peuvent le faire demain.

Le *veto* par lequel on arrête, dans le Nord,
pour quelques milliers de mineurs, la volonté nationale en matière de syndicat, peut être — et
dans toutes les matières — quand le voudront les
autres *employeurs*, étendu à toute la France.

Et dans ce cas, que restera-t-il, non seulement
de la liberté nouvelle, mais de toutes les libertés

dont pourrait être dotée sur le papier la classe des déshérités, et qui se transforment, s'ils veulent en user, en une seule liberté : celle de mourir de faim ?

En régime capitaliste, c'est-à-dire aussi long-temps que les moyens de production et d'existence seront la propriété exclusive de quelques-uns — qui travaillent de moins en moins — tous les droits que les Constitutions ou les Codes peuvent attribuer aux autres — à ceux qui concentrent de plus en plus tout le travail musculaire et tout le travail cérébral — demeureront toujours et fatale-ment lettre morte. En multipliant les réformes, on ne fera que multiplier les trompe-l'œil.

Je me trompe : on précipitera la Révolution que l'on prétendait conjurer, en faisant toucher du doigt aux plus aveugles que la liberté ouvrière n'est pas affaire de législation, mais affaire d'ex-propriation capitaliste et d'appropriation sociale.

Plus de patrons, et, pour cela, une classe ou-vrière consciente, s'emparant du gouvernement pour socialiser, contre leurs détenteurs indivi-duels, les moyens de production et d'échange! Là est le salut — et il n'est que là.

Et en entraînant les plus réfractaires à cette conclusion indispensable, les *féodaux* affameurs d'Anzin ont, je le répète, bien mérité du Parti ou-vrier dont ils se sont faits, sans le vouloir, les meilleurs propagandistes.

Efforts perdus !

Notre presse républicaine s'est prise, depuis quelque temps, d'une belle passion pour « l'organisation des *Trade's Unions* d'Angleterre », qu'elle oppose à tous propos — et même hors de propos — à notre prolétariat de Juin 48 et de Mars 71, resté révolutionnaire et devenu collectiviste ou communiste.

Cet enthousiasme de fraîche date pour les sociétés corporatives de résistance s'explique par le rôle qu'ont joué à Paris, en octobre-novembre dernier, les Bradlaugh, Shipton et autres meneurs *unionistes* d'Outre-Manche. A moins d'avoir des yeux pour ne pas voir et des oreilles pour ne pas entendre, l'expérience de la dernière Conférence internationale devait, en effet, convertir la fraction intelligente de notre bourgeoisie à l'utilité d'une classe ouvrière organisée, centralisée entre les mains de quelques hommes que l'on « modère, comme de simples Andrieux, en les satisfaisant » par des honneurs ou de l'argent.

La corruption de quelques-uns peut alors remplacer — et avantageusement — la compression de tous. Cela fait mieux d'abord dans le paysage... d'un gouvernement qui se réclame de la liberté. Cela coûte moins cher ensuite.

Mais avant de faire partager à notre prolétariat leur admiration pour « une organisation semblable à celle des *Trades'Unions* », le *Temps* et ses compères auront à résoudre certaines objections, — celle-ci, entre autres, qui jaillit naturellement de la crise actuelle :

En quoi, les chômages homicides d'aujourd'hui, qui tiennent à une réduction du travail humain nécessaire à la production, seraient-ils, je ne dis pas supprimés, mais atténués par l'organisation corporative ou professionnelle de la masse, qui ne peut vivre que de l'emploi ou de la vente de sa force-travail ?

Les ouvriers des filatures et des tissages du Nord et du Nord-Est du Lancashire sont tout ce qu'il a de plus *trade's unionisés*, et cependant les voilà depuis quelques semaines, par suite d'un excédent considérable de la production cotonnière sur la demande ou les besoins du marché, acculés à une situation aussi grosse de faim que celle de nos ouvriers non *trade's unionisés* de Paris.

Ou — comme le veulent les fabricants — les salaires seront abaissés, et le pain ouvrier ainsi rogné, loin de remédier au mal, l'aggravera, le bas prix de la main-d'œuvre ne pouvant que stimuler la fabrication déjà exagérée, en même temps que la diminution de la puissance de consommation ou d'achat de la population laborieuse réduira encore la demande.

Ou — comme le voudraient les ouvriers — la fabrication sera arrêtée en partie. On ne travaillera plus que les deux tiers de la journée, ou deux

tiers des bras seulement seront occupés — et ce
sera un tiers de famine pour tous, ou la famine
complète pour un travailleur sur trois, sans même
que ce surcroît de souffrances, limité à quelques-
uns ou réparti sur tous, sauvegarde l'avenir, parce
que, comme le fait justement observer le *Times* —
ce *Temps* d'au-delà du détroit — le marché, à peine
dégorgé à un pareil prix, ne tardera à s'engorger
de nouveau et pour la même raison : l'impossibilité, avec la production concurrencielle et anarchi-
que moderne, de ne pas excéder la demande.

Sans se laisser arrêter par ces considérations,
malgré le travail de Pénélope auquel ils s'attèlent,
fileurs et tisseurs du Lancashire, forts de leur organisation de résistance, ont décidé de se mettre
en grève : 15.000 d'entre eux avaient quitté les
ateliers la semaine dernière, 3.000 autres ont, depuis, pris le même chemin et seront, d'après toutes
les probabilités, imités par leurs 60 et 80 mille camarades. Et après ?

Le seul résultat de cette grande grève ne sera-
t-il pas l'écoulement à plus haut prix du stock patronal ? Alors que, du côté du travail, on épuisera
une épargne collective de plusieurs années et
qu'on se serrera le ventre, du côté du capital, on
réalisera.

Le *trade's unionisme* n'aura servi, une fois de
plus, qu'à tirer d'affaire les fabricants aux frais des
fabriqués.

Et il n'en saurait être autrement — le *Temps*, et

autres organes du patronat français sont les premiers à le savoir — parce que l'ordre économique actuel, basé sur la division du capital — détenu par les uns — et du travail — fourni par les autres — est soumis à des lois aussi fixes que le mouvement de rotation de la terre autour du soleil.

Tous les efforts de la classe qui représente le travail pour modifier sa situation, sans toucher à la classe qui incarne le capital, sont condamnés à échouer, comme les efforts d'un quiconque pour faire voler une pomme.

Seule, la création d'un ordre nouveau réunissant, sous la forme collective, les deux facteurs de la production, le capital et le travail, dans les mêmes mains, peut empêcher, « par l'organisation de la production sociale sur un plan déterminé », les crises de surproduction, et faire disparaître cette absurdité de la misère, poussée jusqu'à la mort, surgissant d'un excédent de richesse, ou, selon l'expression d'Engels, de « producteurs n'ayant plus rien à consommer parce qu'il y a manque de consommateurs ».

C'est ce qu'ont appris, à l'école de leurs congrès nationaux de Marseille, du Havre et de Roanne, les militants de notre prolétariat; et c'est pourquoi ils haussent — et hausseront de plus en plus — les épaules, lorsqu'on leur parlera de troquer leur socialisme révolutionnaire contre un *trade's-unionisme* dupe ou complice.

Une nouvelle loi Chapelier

L'action politique s'impose à la classe ouvrière comme la condition indispensable de son affranchissement économique. C'est pourquoi elle est expressément interdite aux syndicats ouvriers, dont le Sénat, après la Chambre, a daigné samedi reconnaître l'existence.

Pourvu qu'ils dénoncent à la police de la commune ou de l'Etat, en même temps que le texte de leurs statuts, le nom de leurs administrateurs ou directeurs ; qu'ils ne se fassent administrer ou diriger que par des Français jouissant de leurs droits civils et qu'ils ne se concertent — ou ne s'unissent — entre eux que dans la mesure où en aura été avisée une des deux polices susnommées, les syndicats — sous la menace de 16 à 500 francs d'amende — auront désormais toute liberté pour s'occuper de leurs intérêts industriels, commerciaux ou agricoles.

Mais qu'ils ne fassent pas de politique, s'ils ne veulent pas se voir dissoudre comme de simples cercles d'études sociales !

Pour cette mort sans phrases des chambres syndicales qui « tondraient de ce pré défendu la largeur de la langue » du plus muet de nos soi-disant représentants, il n'y a eu qu'une voix. Ni droite, ni gauche ! Tous bourgeois !

C'était à prévoir.

Quatre-vingt-treize ans de règne n'ont pas rendu notre classe possédante plus libérale qu'elle ne l'était à la fin du dernier siècle, lorsqu'en pleine bataille contre la noblesse elle imaginait, contre le prolétariat en voie de formation, la fameuse loi Chapelier. Et si elle se décide à rayer de son arsenal cette loi qui interdisait « toute association — ou réunion — professionnelle pour la défense de prétendus intérêts communs », c'est que, par suite des conditions industrielles modernes, une pareille précaution est devenue inutile.

Tant que la petite industrie a multiplié les patrons, l'organisation corporative eût permis aux ouvriers de lutter avantageusement contre leurs employeurs. La machine existait à peine ; la vapeur était encore à créer ; et les détenteurs du capital avaient tout à redouter de la coalition de ceux qui disposaient de la seule force travail existante : les bras humains. De là la confiscation de la liberté professionnelle des travailleurs.

Rien de semblable aujourd'hui avec la grande production mécanique concentrée entre un petit nombre de mains individuelles ou collectives. Contre un patronat ainsi outillé, toutes les combinaisons d'efforts ouvriers, dans le domaine économique, sont fatalement impuissante. Les *Trade's-Unions* d'Angleterre — invoquées dans le même sens par M. le comte de Paris et par M. Tolain — le démontrent tous les jours davantage par la série de défaites dont se doublent leurs victoires d'autrefois. Aussi peut-on impunément restituer, sur le papier, aux travailleurs, une liberté que les faits suffiront à annuler.

Mais notre bourgeoisie ne désarme pas. Au contraire. Elle ne fait que déplacer ses barrières protectrices et les transporter là où elles peuvent être efficaces : sur le terrain politique.

Ce n'est pas, en réalité, l'abrogation de la loi Chapelier ; c'est sa *modernisation*, son adaptation aux nouvelles nécessités capitalistes.

Sous couleur d'autoriser l'organisation professionnelle de notre classe ouvrière, la nouvelle loi n'a qu'un but : empêcher son organisation politique.

Heureusement que cet empêchement vient trop tard.

Le Parti ouvrier est aujourd'hui trop fort ; il a jeté trop de racines — et trop profondes — dans tous les centres industriels pour que, ni les diversions, ni les persécutions gouvernementales puissent, je ne dis pas seulement mordre sur lui, mais enrayer son développement.

La République Grévy empruntât-elle à l'empire des Hohenzollern son petit état de siège contre notre prolétariat, formé en parti de classe pour la conquête de l'Etat et l'expropriation de la classe capitaliste, que cette campagne à la Bismarck n'aurait pas d'autres résultats en deçà des Vosges qu'au delà.

Lorsqu'en 1878 l'homme de fer entreprit de décembriser la démocratie-socialiste, « nos amis les ennemis » de la bourgeoisie allemande étaient au nombre de quatre cent cinquante mille environ. Ils l'emportaient dans neuf collèges.

Aujourd'hui, après six années de mise hors de la loi, ils ont au Reichstag quatorze représentants et, à leur dernière revue électorale, ils mettaient en ligne près de sept cent mille hommes.

De trois cent mille que nous pouvons être à l'heure présente, nous ne tarderions pas à devenir un demi-million, si jamais — ce que je ne lui souhaite pas — Ferry ou Waldeck s'avisait de se chauffer de ce bois-là.

Ribotte

Il paraît qu'au banquet annuel de la Société d'économie politique de Lyon, M. Ribot « s'est expliqué sur la question sociale ».

M. Ribot est partisan de la loi sur les syndicats professionnels que « le Parlement a bien fait de voter », mais à une condition : c'est que « les ouvriers auxquels on vient d'accorder la liberté » n'en usent pas ; c'est qu'ils « s'éloignent du terrain politique sur lequel on veut les entraîner ».

Qu'ils s'enferment dans leur cellule corporative pour y faire ce que bon leur semble — à la bonne heure ! Ils auront pour eux, non seulement M. Ribot et la Société d'économie politique de Lyon, mais toute la classe bourgeoise qui sait que, comme salariés, dans le champs clos professionnel, quoi qu'ils tentent, les travailleurs sont battus d'avance et nécessairement.

Mais, qu'ils ne s'avisent pas de transformer en organisation politique leur organisation corporative. Comme cette action politique orientée sur l'État à conquérir par et pour leur classe peut seule les affranchir, « n'en faut pas ».

Police, gendarmerie, magistrature, — et armée au besoin — toutes les forces de la bourgeoisie sont là, prêtes à leur démontrer le « danger » d'une pareille campagne.

C'était prévu, et m'est avis que s'il n'avait pas parlé au dessert, c'est-à-dire après boire — le Ribot — sans ribotte — se serait épargné ce *speech* au moins inutile.

Ce n'est pas dans une ville comme Lyon, où le Parti ouvrier s'est affirmé par 2.000 voix dans la première circonscription et par 1.800 dans la troisième, que toutes les *Ribotades* du monde ont chance de détourner les travailleurs de la voie politique au bout de laquelle est le salut.

Plus la classe patronale et ses valets de plume de l'économie politique manœuvreront pour écarter du pouvoir la classe *patronée*, et plus celle-ci, éclairée, se rendra compte de la nécessité de mettre la main sur le pouvoir ainsi défendu.

A l'expropriation gouvernementale de la bourgeoisie, en effet, est subordonnée son expropria-

16

tion économique, autrement dit la libération ouvrière.

Le droit capitaliste

Il s'affirme, ce droit, depuis quelque temps, au
Nord et au Midi, dans l'ordre économique et dans
l'ordre politique, avec une brutalité qui ne laisse
pas que d'embarrasser ses plus ardents souteneurs.

Au Nord, c'est la Compagnie — ou Régie —
d'Anzin qui — sous prétexte qu'après avoir rapporté, par année, jusqu'à *quarante fois sa valeur
d'émission*, le *denier* (de 1.000 francs à l'origine)
ne rend plus annuellement que 14 ou 15.000 francs
— renvoie, du jour au lendemain, les vieux ouvriers employés à l'entretien des voies souterraines
et reporte ce « raccommodage » sur le personnel
d'abattage ou d'extraction.

Cette double mesure aboutit pour les uns — pour
les valides — à une aggravation de travail avec la
réduction d'un salaire déjà insuffisant. Pour les
autres — pour les vieillards et les infirmes qui ont
laissé leurs forces et leurs membres dans les fosses
d'où ils sortaient des milliards pour leurs employeurs — c'est la suppression de tout travail, de
tout salaire et de toute vie.

Mais, comme le remarque la *Liberté*, en faisant
abattre par la faim leurs mineurs hors d'usage, les
Perier, de Witt, d'Audiffret-Pasquier et autres

Chabaud-Latour « usent simplement de leur droit ».

Comme ils « usaient simplement de leur droit », lorsqu'il y a deux mois ils mettaient hors des chantiers tous les adhérents des chambres syndicales. Et comme ils « en usent encore simplement » en refusant — selon l'expression du *Temps* — « d'amnistier les grévistes », dont six cents viennent de recevoir d'un seul coup leurs livrets.

Au Midi, c'est le directeur de l'établissement métallurgique de Pamiers qui, en plaçant deux conseillers municipaux ouvriers entre leur sortie volontaire du conseil ou leur sortie forcée de l'usine, les oblige à démissionner.

Et ce haut baron du fer — qui répond au nom de Fabre — en atteignant à travers deux de ses élus le suffrage universel lui-même, n'a fait lui aussi, « qu'user de son droit », le droit capitaliste.

Dans une société comme la nôtre, basée sur l'appropriation individuelle des moyens de production, les individus propriétaires ont tous les droits sur et contre ceux de leurs semblables, de par la nature, et leurs égaux, de par la loi, qui ne possèdent que leurs bras et ne peuvent vivre qu'autant que ces bras sont occupés.

Les droits que donne la possession d'une part quelconque de capital laissent bien loin derrière eux les fameux droits féodaux attachés, sous l'ancien régime, à la propriété d'un morceau du sol.

Comme le seigneur d'autrefois, le capitaliste

d'aujourd'hui a le droit de basse justice. Il peut condamner à l'amende — de son autorité privée — les prolétaires reconnues par lui coupables d'avoir transgressé ses règlements d'atelier.

Il a également le droit de haute justice, accrochant au chômage prolongé et systématique, comme à une potence, jusqu'à ce que mort s'en suive, tous ceux de ses employés qui ont pu faire échec à sa toute-puissance patronale.

Il n'est pas jusqu'au droit de jambage — cette condition du mariage des serves dans certains cas et dans certains lieux — qui ne subsiste, universalisé, comme condition de l'entrée des ouvrières dans l'usine ou la manufacture.

Et quant au four banal, il a été avantageusement remplacé par les magasins dits coopératifs des Compagnies, par lesquels doivent passer les travailleurs, s'ils ne veulent pas être mis dans l'impossibilité de vivre en travaillant.

Mais alors que le droit féodal était, d'une part, borné par le pouvoir royal, et doublé, d'autre part, par les us et coutumes, de certains devoirs que le dernier Code prussien définissait ainsi :

> Le seigneur doit procurer les moyens de vivre à ceux de ses vasseaux qui n'ont point de terre et venir au secours de ceux d'entre eux qui tombent dans l'indigence,

le droit capitaliste ne connaît pas de limite et n'est subordonné à aucune obligation d'aucune sorte.

A la volonté nationale — ou à la loi — disant : « les chambres syndicales ouvrières sont autorisées, » les capitalistes peuvent répondre, comme ils l'ont fait à Anzin : « les syndicats ouvriers demeurent interdits ». Et voilà supprimée la liberté d'association corporative.

A la loi déclarant tous les citoyens électeurs et éligibles, les capitalistes peuvent opposer, non seulement la *non-éligibilité* de leurs ouvriers, comme à Pamiers, mais le *non-vote* de ces mêmes ouvriers appelés à choisir entre l'urne à remplir ou l'atelier à vider, entre la mort politique ou la mort physiologique.

Pendant qu'aucune loi — que dis-je ? aucune « philanthropie » d'après l'aveu du *Temps* — ne peut empêcher les mêmes capitalistes, pour accroître leurs bénéfices, soit de mettre au rancart comme un outillage usé leur personnel vieilli, soit de remplacer leurs machines humaines par des machines de fer et de bois qui produisent plus, plus vite et à meilleur marché.

Et ce *droit à l'homicide en vue du profit*, comme tous les autres droits capitalistes, ne saurait disparaître qu'avec le capitaliste dont il est inséparable.

Car c'est se moquer outrageusement de ses lecteurs que de chercher, comme la *République française*, la fin d'hécatombes ouvrières, comme celle d'Anzin, dans une « forte organisation prolétarienne » et dans une « union de syndicats sérieux ».

En quoi, si « sérieusement » qu'elle soit « unie » et si « fortement » qu'elle puisse être « organisée »,

16.

la masse de ceux qui n'ont pour vivre que leur puissance de travail pourra-t-elle se protéger contre le mur de la faim aiguë auquel la colle de plus en plus ce qu'on appelle le progrès industriel, — ce progrès qui tend à réduire tous les jours davantage la somme de travail humain nécessaire ?

Tout l'armement corporatif ou professionnel de la classe-machine — l'expérience des *Trade's Unions* est là pour le prouver — ne saurait en rien désarmer la classe capitaliste, que le développement du machinisme et la concurrence qui sévit entre ses membres condamne à aller de tueries ouvrières en tueries ouvrières — jusqu'à ce qu'elle ait été supprimée par la socialisation des moyens de production.

Le Droit au Travail

M. de Bismarck peut jouer au croquemitaine avec le libéralisme allemand et épouvanter réellement les Richter et autres Yves Guyot des bords de la Sprée lorsque, comme nos bourgeois révolutionnaires de 89, il proclame « le droit au travail ».

Quant aux socialistes à la Liebknecht, c'est le sourire aux lèvres qu'ils assistent à cette nouvelle tentative de détournement de la classe ouvrière, qui n'appartient pas même au « grand chancelier ».

Avant M. de Bismarck, notre Gambetta donnait, en 1878, après boire, au Salon des Tilleuls, comme devise économique à son impériale république : « pour l'homme mûr, le travail ».

Et, comme le Gambetta allemand, le Bismarck français en était pour son coup... de gueule dans le vide.

Il y a beau temps, en effet, que le « droit au travail », pour lequel les travailleurs parisiens se faisaient saigner en Juin 48, a cessé d'être l'objectif, le *desideratum* du prolétariat des Deux-Mondes.

Aujourd'hui, après la grande école de l'*Internationale*, après la constitution sur la base du collectivisme ou du communisme scientifique des divers partis ouvriers nationaux, ce que veut le peuple des salariés, ce qu'il attend de la force demandée à son organisation politique distincte, ce n'est pas seulement que ses bras, que tous ses bras soient occupés ; *c'est qu'ils soient occupés à son profit.* Ce qu'il lui faut, c'est le fruit intégral de son travail, c'est la totalité des valeurs qui sont son œuvre.

Il n'entend plus, en d'autres termes, être l'abeille qui fait son miel pour autrui, le bœuf ou le cheval qui tire la charrue pour le maître, le mouton qui porte la laine pour le tondeur, mais jouir de sa laine, de sa moisson et de son miel.

Assez longtemps il a joué, dans ce qui n'était pas une fable, hélas ! le rôle de membres en mouvement, peinant, suant, pour remplir un estomac étranger ; il prétend être, enfin, son propre estomac, consommer lui-même ses produits.

Et, Empire ou République, un état de choses qui
se bornerait à lui assurer du travail, du travail dans
les conditions présentes, c'est-à-dire enrichissant
les non-travailleurs aux dépens des travailleurs
réduits à ce qui leur est strictement indispensable
pour végéter et se reproduire, n'est et ne sera jamais le sien.

En fût-il autrement, d'ailleurs, et la classe productive bornât-elle encore son ambition à vivre
mal en « bûchant » sans intermittence, trois cent
soixante-cinq jours par année, que ce travail qu'il
s'est avisé de lui promettre, ni le bismarckisme,
ni aucun autre gouvernement conservateur du présent ordre économique ne saurait le lui tenir.

Étant donné la loi de l'offre et de la demande,
fonctionnant comme aujourd'hui entre une minorité détentrice exclusive du capital et une majorité réduite à sa seule activité musculaire, il n'est
pas de pouvoir au monde qui puisse empêcher
l'offre des bras de dépasser la demande des bras,
et les bras qui s'offrent en trop de rester inoccupés.

Tant que, par suite de la concentration entre les
mains de quelques-uns de l'instrument et de la
matière de la production, la production sera régie,
déterminée par l'intérêt de ces quelques-uns, nul ne
saurait — si « barbe grise » et si « victorieux » soit-
il — garantir les travailleurs contre les chômages
de plus en plus fréquents et de plus en plus étendus,
résultant soit d'un excès de production, soit d'une
« saute » de la mode, soit d'un perfectionnement

de l'outillage, soit de la migration de telle ou telle industrie.

En dehors de la rentrée à la collectivité de tout le capital existant, instrument de travail et matière première ; en dehors de la propriété et de la production sociales substituées à la propriété et à la production privées, le problème du chômage est aussi insoluble que le problème du paupérisme.

Que M. de Bismarck, s'il en doute, consulte son savant ordinaire, M. Schæffle. Et, en attendant, qu'il pare, s'il le peut, le coup droit que viennent de lui porter nos amis de la démocratie-socialiste en se bornant à le mettre en demeure de formuler en projet de loi son fameux « droit au travail ».

Socialisme fossile

Mis au pied du mur par Liebknecht, Bebel et les autres représentants de la démocratie-socialiste, le faux maçon qui s'appelle Bismarck s'est bien gardé — et pour cause — de produire la moindre proposition tendant à faire passer dans la pratique « le droit au travail » affirmé par lui avec tant de tapage en plein Reichstag.

En revanche, il fait soutenir par ses reptiles de la *Gazette de l'Allemagne du Nord* que ce droit, quoi qu'en disent les socialistes, est tout ce qu'il y a de plus applicable dans la présente société, « puisque, dès 1601, on le trouve formulé dans la

Loi des pauvres d'Elisabeth d'Angleterre, dont l'article 1er est ainsi conçu : Chaque pauvre doit être pourvu de travail ou assisté. »

Sans remonter aussi loin et sans passer les mers, en restant sur le plancher de ses vaches poméraniennes, le socialisme d'Etat du chancelier aurait aussi bien pu se couvrir du dernier Code féodal prussien de 1795, qui portait en toutes lettres : « le seigneur doit procurer les moyens de vivre à ceux de ses vassaux qui n'ont point de terre. »

Pour être plus voisin — et plus national — l'exemple aurait valu autant, c'est-à-dire aussi peu.

Car il faut se crever les yeux à plaisir, il ne faut tenir aucun compte des conditions nouvelles de la production et de l'échange sorties de la machine, de la vapeur et des autres découvertes et applications scientifiques, pour conclure, de la pratique du droit au travail dans l'Angleterre du dix-septième siècle ou dans la Prusse du dix-huitième, à sa *praticabilité* dans l'Europe capitaliste d'aujourd'hui.

Ah ! sans doute, sous l'ancien régime, dans ce Moyen-Age si calomnié par les prétendus historiens de la bourgeoisie, avec une production de *valeurs d'utilité* limitée et réglementée par les corporations, il y avait possibilité, pour une société basée, non pas sur le droit, mais sur le devoir propriétaire, de garantir du travail aux plus pauvres. Sous la forme hiérarchique — c'est-à-dire inégale et inférieure — il existait alors entre tous les membres de la collectivité un lien de solidarité qui ne laissait place à l'abandon de personne. C'était le beau côté de l'époque humaine, qui a été close chez nous en **1789** et qui, à cette date, se traduisait encore à Paris par *les ateliers de charité*, que le « vertueux » Bailly et le « sensible » Lafayette se hâtèrent de licencier avec du canon.

Mais nous n'en sommes plus là depuis la grrrande Révolution qui, à la dépendance mutuelle, a substitué, sous prétexte de liberté, le « chacun pour soi » et, sous couleur d'affranchissement humain, n'a affranchi que la propriété — et la classe propriétaire par suite — de toute redevance, c'est-à-dire de tout devoir.

C'est parce qu'il ne se prêtait pas à la production de *valeurs d'échange* — c'est-à-dire de marchandises à jeter en masse sur le marché national et international en vue du gain à réaliser par la vente — que le servage, même mitigé, a fait place au salariat. A l'industrie et au commerce capitalistes, régis par la concurrence, il fallait des travailleurs libres, c'est-à-dire une *classe-outil* que les employeurs fussent libres d'employer aujourd'hui et de congédier demain, selon qu'ils en avaient ou non besoin et dans la mesure de leur intérêt particulier.

Les chômages ouvriers ne sont pas seulement la caractéristique, ils sont le rouage essentiel de l'ordre économique actuel, qui ne progresse qu'en les multipliant, condamné qu'il est, pour produire de plus en plus et de meilleur en meilleur marché, à remplacer les moteurs humains par les moteurs mécaniques.

Et, en admettant que, par un miracle auprès duquel l'Immaculée-Conception deviendrait un fait scientifique, la classe des fabricants d'au-delà des Vosges se laissât obliger par Bismarck à employer constamment la totalité des bras allemands ; sait-on à quel admirable — et comique — résultat aboutirait ce socialisme fossile ?

A la ruine de l'industrie allemande qui, grevée de frais de main-d'œuvre inconnus aux industries étrangères concurrentes, exclue des bénéfices du perfectionnement ou de la simplification de l'outillage, et surchargée de produits qu'elle n'aurait pas où écouler, ne tarderait pas à s'effondrer dans le plus formidable des kracks.

Seule, une société collectiviste ou communiste, issue de la suppression des classes, sera en mesure, sans se briser sur aucun de ces écueils, de « mettre au travail » tous ses membres, parce que, le salariat disparu, surabondance de produits et développement du machinisme n'auront d'autre effet que de réduire le temps de travail de chacun.

Bismarck ne sera pas long à s'en apercevoir, si jamais il tente l'expérience. Mais, vous verrez que, malgré les rodomontades de sa presse à tout faire, il ne la tentera pas.

Et ce, au grand dommage de la Révolution sociale, que la mise de l'Allemagne de 1884 au ré-

gime de l'Angleterre de **1601** eût avancée de pas
mal d'années.

Le devoir ouvrier

Il faudrait plaindre notre France ouvrière —
sinon désespérer d'elle — si elle pouvait s'intéresser dans une mesure quelconque, je ne dis pas à
la comédie revisionniste, si mal jouée par la troupe
des Ferry, Le Royer et autres Réache, mais aux
tempêtes dans le verre d'eau parlementaire déchaînées par la Montagne législative et sénato-
riale.

Non pas que les radicaux du Sénat et de la
Chambre se soient épargnés depuis l'ouverture du
Congrès. Tudieu ! quels coups de gueule — qui
ont failli se terminer en coups de poing !

Mais en faisant ainsi un rempart, sinon de leurs
corps, au moins de leurs médailles de représentants — directs ou indirects — du peuple, à ce
qu'ils appellent la souveraineté nationale, ces messieurs étaient et sont dans leur rôle, dans le rôle
de toutes les oppositions bourgeoises.

En même temps que leur *avenir* personnel, c'est
le présent de leur classe qu'ils assuraient ou cher-
chaient à assurer.

De tout temps, la bourgeoisie politicienne française s'est divisée — pour régner — en majorité à
tout faire — y compris la culbute finale — et en

17

minorité révolutionnaire chargée, en cas d'accident, de recueillir la succession gouvernementale
et d'empêcher le pouvoir de changer de classe en
changeant de mains.

Et ce n'était pas seulement en paroles, c'était en
actes que payait — pour garder les masses à sa
suite — cette minorité qui, en 1849, allait jusqu'à
descendre dans la rue avec Ledru-Rollin ; qui, en
1851, se faisait tuer héroïquement avec Baudin, et
qui, en 1873, répondait au roulement des carros-
ses d'un sacre encore à venir, par le bruit d'un
fusil qu'on arme.

Sous ce rapport, les Clémenceau, les Périer, les
Madier et autres *insurgeants* — sur le papier — de
1884, ne sont que la menue monnaie, j'allais dire
la caricature, des véritables insurgés des gauches
d'autrefois.

Qu'ils se soient, malgré tout, montrés moins dé-
généres qu'avait pu le donner à croire leur laissez-
faire de plusieurs années, c'est ce qui n'a rien d'impossible. Il se peut, je veux bien l'admettre, qu'ils
aient tenu convenablement leur rôle. Mais c'est
leur affaire, c'est l'affaire de leur caste dont ils
constituent, qu'ils s'en rendent compte ou non, la
dernière réserve.

Quant au prolétariat, au peuple travailleur dont
l'affranchissement est conditionné à l'expropriation
politique et économique de ses maîtres — sans distinction de républicains et de monarchistes, d'in-
transigeants et d'opportunistes — il n'a pas à in-

tervenir, même de ses vœux, dans la querelle de famille qui se vide actuellement à Versailles.

Peu lui importe qui triomphe — la suppression du Sénat ou la nomination d'une Constituante pour laquelle se *croisent*, au nom du suffrage universel, les revisionnistes à la Barodet et à la Labordère devant le laisser aussi *chair-à-profit*, aussi taillable et corvéable qu'aujourd'hui avec une Chambre haute de 40.000 électeurs, ou que demain avec une Chambre haute de 80.000.

Il n'y avait pas de Sénat en mars, avril et mai 1871, ce qui n'a pas empêché le bombardement bourgeois de faire suite, contre le Paris des ateliers, au bombardement prussien et trente-cinq mille cadavres de salariés — c'est M. Pelletan qui les a comptés — de joncher en une seule semaine nos rues transformées en charniers.

On était en Constituante en Juin 1848. Et c'est cette Constituante qui a fermé à coups de canon — le canon républicain de Cavaignac — les bouches ouvrières ouvertes par le cri : *Du pain ou du plomb* ! greffant ensuite sur des centaines de fusillades sommaires des milliers de transportations sans jugement.

Cette double expérience — à défaut de la propagande socialiste directe, qui leur a ouvert les yeux sur leur enfer et les moyens d'en sortir — suffirait à dicter leur devoir aux travailleurs.

Devoir d'abstention, de surveillance et de préparation.

Qu'ils laissent s'entre-gorger avec leurs couteaux à papier les *bleus* et les *verts* du cirque constitutionnel et, qu'augmentant leurs forces et les disciplinant, ils s'apprêtent, aussitôt que les circonstances le permettront, à balayer les uns et les autres, tiers de revisionnistes ou revisionnistes complets.

C'est pour eux la seule manière de n'être ni dupes ni complices.

La question sociale et le suffrage universel

C'est au nom de la question sociale « qui est posée partout actuellement et à laquelle la France n'échappera pas » (quel étrange futur !) ; c'est comme moyen de la résoudre « légalement et pacifiquement », que M. Clémenceau, au milieu des applaudissements de l'extrême-gauche, a réclamé le suffrage universel pour l'élection du Sénat.

« Voulez-vous — a-t-il dit en propres termes — donner au mouvement qui se prépare les moyens d'aboutir utilement ? Voulez-vous préparer à l'opinion populaire des moyens d'action réglée, des organismes qui lui permettent d'obtenir par la voie légale les satisfactions légitimes ? » Alors appelez la nation toute entière à constituer votre Chambre haute !

Du moment que la fabrique à députés sera transformée en fabrique à sénateurs, c'en sera « fait des révolutions de tout ordre » désormais remplacées par l'évolution ou la réformation féconde.

Voilà où en sont les plus intelligents et les plus honnêtes du radicalisme ! Et ce, après huit années d'élections de plus en plus républicaines.

Mais, aveugles que vous êtes, ce suffrage universel, qui appliqué au Sénat, devrait, à vous entendre, en faire un outil de transformation économique, d'émancipation ouvrière, est-ce qu'il ne préside pas à la confection de votre Chambre basse depuis 1876 ? Et en quoi, s'il vous plaît, cette Chambre qu'il engendre directement s'est-elle montrée moins odieusement bourgeoise que l'autre — l'assemblée du suffrage restreint ?

Où sont les satisfactions qu'elle a données aux réclamations prolétariennes ?

La journée de dix heures — c'est-à-dire la réduction de ces travaux forcés ouvriers qui, en même temps qu'ils sont pères d'abêtissement pour les travailleurs, sont mères de chômage et de crises ? — voici des années qu'elle frappe à la porte du Palais-Bourbon sans pouvoir se faire ouvrir ! On n'a pas même su ou voulu faire respecter la journée de douze heures, arrachée par la Révolution de 48 à notre bourgeoisie apeurée.

La responsabilité des patrons en matière d'accident de travail ? — Elle a pu servir de prétexte à commission, mais elle attend encore — et elle attendra longtemps — d'être votée, même en première lecture.

Et les retraites pour les invalides de l'industrie ! Et les logements insalubres où règnent typhus et variole, en attendant le choléra ! qu'avez-vous fait, monsieur Clémenceau ? qu'ont fait vos confrères en suffrage universel de toutes ces questions — et de bien d'autres — qui étaient bien mûres cependant et que l'on pouvait cueillir sans mettre sens dessus dessous le champ des profits capitalistes ?

La vérité — et vous la connaissez mieux que quiconque — c'est qu'il n'est rien sorti, mais rien, ce qui s'appelle rien, du suffrage universel et de ses représentants, pas même du pain lorsque, chassés par la faim de leurs bouges, les travailleurs — sans travail — de Paris sont venus frapper au Palais-Bourbon.

Et c'est sur l'extension de ce suffrage impuissant, sur son introduction au Palais du Luxembourg, que vous comptez — vous l'affirmez au moins — pour faire faire au prolétariat l'économie d'un 89 ou d'un 93 !

Ce suffrage, d'ailleurs, prétendu universel, qu'en reste-t-il — et qu'en restera-t-il avant longtemps — sous les agissements de la nouvelle féodalité du capital ?

Mais regardez donc du côté d'Anzin, monsieur Clémenceau ! Regardez donc du côté du Creusot ! Et, sans aller aussi loin, voyez donc ce qui se passe sous vos yeux, à Paris même, dans les bureaux de l'Orléans et du Paris-Lyon-Méditerranée.

Défense, de par le bon plaisir des d'Audiffret-

Pasquier, des Schneider, des Mention et des No-
blemaire, aux salariés de l'usine, de la mine et des
voies ferrées, d'user de leur droit d'éligibilité ?
Ordre aux élus de démissionner, sinon jetés à la
rue !

L'urne, dont vous vous constituez le champion,
que vous élevez à l'état de Providence devant
pourvoir graduellement à l'affranchissement des
masses, — cette urne, monsieur Clémenceau, elle
s'en va tous les jours en morceaux. Et ceux qui
l'ont brisée, ce sont précisément ces hauts bourgeois auxquels vous essayez inutilement d'en faire
un rempart contre une explosion — inévitable —
des meurt-de-faim.

Blagueurs !

Les délégués sénatoriaux de la Seine sont en-
chantés de leur programme, qui est naturellement
le meilleur des programmes, puisqu'il est le fils
de leurs œuvres — ou de leur commission.

> Mes petits sont bien faits, beaux...

disait le hibou de la fable et répètent à leur tour
les bourgeois radicalisant — qui sont de l'histoire,
hélas !

Mais pourquoi, diable, au lieu de se borner à
porter aux nues les huit articles qu'ils ont couvés
vingt grands jours, leur amour-propre maternel

s'est-il avisé de démontrer par le menu les mérites de cette *poussinée*?

Ça, c'est de l'imprudence au premier chef, monsieur Dreyfus !

Lorsque, à l'appui de « la subordination absolue du pouvoir exécutif au pouvoir législatif », vous écrivez : « c'est la différence entre la fiction du régime parlementaire — régime monarchique — et la vérité du régime représentatif — régime démocratique », vous faites rire de vous jusqu'aux cailloux opportunistes, M. le conseiller radical !

Qu'on modifie tant que l'on voudra les rapports établis par la Constitution entre un cabinet à la Ferry et une Chambre à la Brisson ; qu'on intervertisse l'ordre des facteurs — comme on dit en arithmétique — et, aussi longtemps que ces facteurs seront de même nature ou de même classe, le produit restera le même.

Voyez la Convention qui, pour avoir été son propre « exécutif », n'en a pas moins édicté contre les pauvres les lois les plus impitoyables dont fasse mention l'histoire de la bourgeoisie.

Voyez la Constituante de 48, qui — maîtresse également du pouvoir, exercé par voie de délégués à la Lamartine ou à la Cavaignac — a ouvert la série des grands massacres prolétariens.

Ce n'est pas, d'autre part, parce qu'il n'en a pas le droit constitutionnel, qu'au lieu de se faire « obéir » par le ministère, le Parlement « obéit » lui-même à ce dernier. C'est qu'au fond on est

d'accord et sur la politique d'aventures coloniales
à l'extérieur et sur la politique de tripotage et de
provocation à l'intérieur. Donnez-moi une majorité qui, représentant réellement la nation ouvrière, tire en sens inverse du cousin de Bavier-
Chauffour, et sans qu'il soit besoin de toucher à la
fo-orme gouvernementale, c'est elle qui mènera
au lieu d'être menée ; c'est elle qui gouvernera
de fait.

Tandis que, si armés qu'ils soient par la lettre
du pacte fondamental, une Chambre et un Sénat
de chiens couchants s'aplatiront toujours sous le
fouet qu'ils auront eux-mêmes placé dans les mains
du plus provisoire des « commis ».

L'autre article que s'attache à justifier M. Dreyfus, après l'avoir qualifié modestement « d'admirable », est ainsi conçu : « réforme égalitaire de
notre système économique et social ». Et pour nous
prouver que cette formule « trouvée », paraît il,
par Clémenceau, est le dernier mot du socialisme,
alors qu'elle n'est que le dernier mot de la plus
creuse des phraséologies, le co-directeur de la
Nation s'écrie triomphalement :

« N'est-il pas vrai que l'impôt indirect demande trop au travail et que l'impôt direct ne demande pas assez au capital ?

« N'est-il pas vrai que de grandes propriétés nationales,
comme les chemins de fer, aient été, au détriment de tous, alié-
nées aux mains de quelques-uns ? »

Sans aucun doute. Et après ?
Quand les chemins de fer, les mines et autres

industries concédées seraient reprises par l'Etat et exercées par lui, comme les chemins de fer le sont déjà en Belgique et en Allemagne ; quand les impôts indirects seraient, je ne dis pas allégés, mais supprimés, comme ils l'ont été, en partie au moins, sous la forme d'octroi, dans la Belgique déjà nommée, en quoi les prolétaires français auraient-ils fait un pas, un seul, vers cette égalité économique, en dehors de laquelle l'égalité civile et l'égalité politique ne sont que des mensonges ?

C'est le capital — représenté par les industriels et les commerçants — qui bénéficierait exclusivement des transports et de la houille ainsi dégrevées, comme c'est lui qui bénéficierait du *bon marché de la main-d'œuvre, seul résultat de la vie ouvrière à bon marché.*

Quant au travail — dont la rétribution en régime de salariat est déterminée par les frais d'existence des travailleurs et ne saurait s'élever au-dessus de ce qui est indispensable aux salariés pour vivre et se reproduire — moins dépouillé par l'impôt, il sera moins payé par l'employeur. Voilà tout.

Ainsi le veut la *loi d'airain*, dont il est impossible qu'on n'ait pas entendu parler au Conseil municipal, ne serait-ce que par feu Guyot, et qui faisait écrire à Lassalle, dès 1863, aux ouvriers de Leipzig :

« A quiconque viendra vous parler de l'amélioration du sort de la classe ouvrière, demandez avant tout s'il reconnaît ou non la loi des salaires. Si non, vous pouvez être sûr que cet homme vous trompe ou qu'il est de la plus crasse ignorance. Si oui, demandez-lui comment il entend écarter cette loi, et s'il ne sait que répondre, tournez-lui le dos sans remords : c'est un *blagueur...* »

Oui, *blagueurs* les Dreyfus et Cie qui ne veulent pas ou ne peuvent pas comprendre que « le grand problème de la fin de ce siècle » n'est pas un problème fiscal, mais une question de propriété ; et osent parler d'une refonte sociale en dehors de l'abolition du salariat par la restitution aux travailleurs, sous la forme collective, de tous les moyens de production !

Les Bons Apôtres

Le Congrès de l'Association pour l'avancement des sciences qui, ouvert à Blois, vient de se terminer à Chenonceaux dans les vignes du Seigneur... Wilson, s'est occupé, lit-on dans le *Temps*, « des moyens de diminuer l'antagonisme entre le capital et le travail ».

Tiens ! tiens ! mais cet antagonisme n'est donc pas une invention socialiste — même pour les savants à tout faire de la bourgeoisie ? Bastiat, qui l'eut dit, alors qu'il y a quelques années à peine dans leurs livres et dans leurs chaires, ils ne juraient que par tes « Harmonies économiques » !

L'harmonisme des intérêts ouvriers et patronaux convaincu de n'avoir jamais existé que sous la plume et pour les besoins du plus soudoyé des sophistes, c'est à la participation des salariés aux bénéfices qu'on s'est unanimement arrêté comme « le meilleur moyen » de le créer de toutes pièces.

Et cette unanimité des patrons ou de leurs tenants s'explique avec la participation telle qu'elle fonctionne aujourd'hui en France dans 75 à 80 maisons, et telle qu'elle doit continuer à fonctionner d'après le Congrès :

1° C'est l'employeur, individuel ou collectif, qui fixe seul la part qu'il peut ou veut faire à ses employés. De 10 pour 100 qu'elle est chez M. Kestner, elle tombe à 5 à l'imprimerie Godchaux et à 2 à la Société des Dépôts et Comptes-Courants et à la Compagnie du canal de Suez. Elle serait réduite à 1 ou à 1/2 pour 100 que les salariés n'auraient rien à y voir. En réalité, c'est un don gracieux — pour ne pas dire une aumône — qui, comme tous les actes de ce genre, dépend exclusivement de la générosité du donateur ;

2° Les participants ou les bénéficiaires ne doivent jamais s'immiscer dans les comptes, même pour les contrôler. Sur ce point, les « apôtres » de la participation — comme ils s'appellent entre eux sans rire, et au risque de transformer leur Congrès en Concile — sont intraitables. L'ouvrier intéressé dans la proportion qui a convenu à son patron, doit fermer les yeux en tendant la main ; et si on lui permet d'ouvrir la bouche, ce n'est que pour dire : merci ! C'est ainsi que, pour enlever au travail associé jusqu'à l'idée d'établir un rapport quelconque entre sa part et la part du capital, la librairie Georges Masson et l'imprimerie Mame ne déterminent pas le *quantum* ouvrier d'après le total des bénéfices, mais d'après le chiffre des affaires.

Dans cette association toute spéciale des salariés aux salariants, ces derniers n'abandonnant rien — ou, ce qui revient au même, n'abandonnant que ce qui leur plaît — n'ont donc rien à perdre ou même à risquer.

Voici, en revanche, ce qu'ils ont — ou ce qu'ils auraient — à gagner :

1° Plus de grève — tout refus collectif du travail devant se retourner contre les travailleurs, qui ne peuvent mettre à profit la situation du marché pour vendre plus cher leurs bras sans perdre en dividendes ce qu'ils gagneraient en salaire. On l'a vu en 1878, lors de la grande grève typographique qui a passé, sans presque l'entamer, sur l'imprimerie Chaix, ainsi que ce dernier s'en est vanté à Blois ;

2° Immobilisation des travailleurs, qui, une fois pris dans l'engrenage de la participation, ne sauraient chercher un mieux-être ailleurs, se déplacer à cet effet, sans sacrifier tout ou partie de leurs primes accumulées dans « la caisse même de la maison » ;

3° Économie de matière première et d'outil, ré-

sultant de la conviction où est le salarié partici-
pant qu'il bénéficiera des frais ainsi réduits. Et
qu'on ne croie pas qu'il s'agisse là d'économie de
bouts de chandelles : M. Leclaire — de la célèbre
maison de peinture en bâtiment Leclaire, Defour-
neaux et C\ie — qui s'y connaissait, ne l'évaluait
pas à moins de 25 centimes par jour pour chacun
de ses trois cents ouvriers, soit plus de 23.000 fr.
par année.

4° Surtravail de l'ouvrier, excité à produire
d'autant plus qu'il a l'illusion de produire pour
lui-même. Quant à l'importance de cette surpro-
ductivité de leurs machines humaines, qui est « le
principal objectif » des patrons en travail de participation — ils l'ont proclamé à Blois, et le *Temps*
le répète, — on en aura une idée par les deux
exemples suivants :

Les usines de Terre-Noire, avant la participation, produisaient 13.000 tonnes en 1858 ; dix années plus tard, la production dépassait 34.000
tonnes, et leur directeur, M. Euverte, attribuait
exclusivement cette augmentation de près de 200
pour 100 au zèle stimulé de son personnel.

La grande fabrique de papier de *la participation faite homme et faite député* — j'ai nommé
défunt Laroche-Joubert — ne donnait, avant l'introduction de ce stimulant, que 25.000 kilogrammes par mois. La fameuse réforme opérée, c'est à
35.000, à 45.000 et à 50.000 kilogrammes que l'on
ne tardait pas à arriver.

Il est vrai qu'une pareille production, attachée fatalement à la participation comme l'ombre au corps, est condamnée à aboutir par l'engorgement à des chômages ouvriers de plus en plus fréquents et de plus en plus prolongés. Mais si, comme la division du travail, comme la machine, comme le libre-échange, la participation aux bénéfices doit être pour les travailleurs un instrument de servitude, de famine et de mort, elle ne peut que doubler et tripler les profits capitalistes.

Sous prétexte de partage, c'est la multiplication des bénéfices.

De là, « l'apostolat » des malins de la classe : Besselièvre, Gosselin, Charles Robert et autres Godin.

Heureusement que si, alléchés par cette perspective dorée, les bons « apôtres » se multiplient parmi les patrons, ils prêchent de plus en plus dans le désert... ouvrier, notre prolétariat n'étant plus à apprendre qu'en matière de profit ce n'est pas à une part, mais à la totalité qu'il a droit, et que la seule manière de résoudre les antagonismes économiques est de mettre — sous la forme collective ou sociale — le capital désindividualisé à la disposition du travail.

Réforme perdue !

Les Sociétés de secours mutuels, auxquelles le

Sénat, après la Chambre, s'occupe « de donner de l'air », présentent pour l'ordre actuel et ses tenants toute espèce d'avantages.

De l'aveu d'un des rapporteurs de la nouvelle loi, M. Maze (Hippolyte), « elles allègent singulièrement le budget de la charité officielle » en reportant sur les ouvriers eux-mêmes les frais de « pure bienfaisance » qu'auraient dû prendre à leur compte communes, départements et Etat.

Elles rendent le même genre de services aux patrons ou employeurs, qui ont d'autant moins à assister leurs machines humaines que celles-ci s'assistent — j'allais dirent se réparent — davantage entre elles, se chargeant de leurs malades, de leurs blessés, de leurs infirmes, de leurs vieillards — et de leurs morts.

En mettant, d'autre part, les travailleurs au régime de l'épargne — c'est-à-dire de la privation — ces Sociétés les préparent à des réductions de salaires, d'autant plus facilement subies qu'on a déjà contracté l'habitude de « se serrer le ventre ».

Enfin, au moyen du petit — oh ! très petit ! — avoir collectif qu'elles constituent et qui est le plus souvent confié aux mains de l'Etat, elles créent, parmi les dépossédés, autant d'intéressés — ou se croyant tels — au maintien de l'ordre capitaliste et gouvernemental. Elles forment, selon l'expression du susdit Maze, « de véritables forteresses pour la défense de la paix sociale ».

S'il y a lieu, par suite, de s'étonner de quelque

chose, ce n'est pas que des institutions d'un pareil
secours... pour la conservation bourgeoise aient
fini par trouver faveur auprès d'une République
Brisson Ferry. C'est qu'il se soit jamais rencontré
des gouvernants assez ignorants — ou assez in-
soucieux — des intérêts de leur classe pour gêner
l'action et entraver le développement d'associations aussi « bienfaisantes ».

Mais voilà ! l'Empire du Deux-Décembre, qui
voulait bien « sauver la so-ci-é-té », tenait avant
tout à se sauver lui-même. Et galopé par la peur
de voir ces groupements, en majeure partie ouvriers, se retourner contre lui et faire de la politique anti-dynastique, il les tenait, avec son décret dictatorial du 26 mars 1852, à peine mitigé par
les décrets des 28 novembre 1853 et 26 avril 1856,
à la double chaîne de l'autorisation préalable, que
l'on peut d'autant plus impunément briser aujour-
d'hui que l'expérience a fait éclater l'erreur du
Bonaparte : jamais les prolétaires qui enfourchent
le dada de l'épargne n'ont fait courir le moindre
danger à aucun gouvernement, trop absorbés qu'ils
sont dans leur « cagnotte » ou « tontine » particulière pour s'occuper de « la chose publique ».

Que ce soit le texte de la Chambre qui l'em-
porte ou celui du larbin des Rothschild et unique
exécuteur testamentaire de Hugo, M. Léon Say,
on va donc encourager la mutualité ouvrière, que
l'on déclare « intimement liée à l'avenir de la dé-

mocratie ». Toute Société pourra librement se
former, qui aura pour but de pourvoir aux infir-
mités, aux accidents, à la vieillesse — et à l'en-
terrement — de ses membres. Les fonds ainsi ver-
sés à la Caisse des dépôts et consignations bénéficieront du même intérêt que les placements des
Caisses d'épargne. On se « fendra » même, s'il le
faut, d'une subvention de **20 millions.**

Mais on se tromperait étrangement en haut lieu
si l'on s'imaginait faire une seule minute illusion à
la France prolétarienne à l'aide d'une semblable
réforme. A ceux qui, au Palais-Bourbon et ailleurs, comptent pêcher aux voix ouvrières avec l'a-
morce de ces « petits cadeaux » intéressés, les
nouveaux serfs du capital répondront tout d'abord :

« Vous repasserez, mes bons messieurs ! si
vous aviez réellement voulu faire quelque chose
pour nous sur ce terrain — si étroit soit-il — de
l'assistance entre meurt-de-faim, vous auriez commencé par nous faire rendre l'administration des
caisses que sont seules à remplir les retenues obligatoirement opérées sur nos salaires et dont se
sont emparées, de leur droit capitaliste — *quia nominor leo* — Compagnies de chemins de fer, de
mines, etc.

« Voici plus de cinquante ans que dans nos
congrès et dans nos programmes électoraux nous
réclamons cet argent qui est nôtre et qui nous a été
outrageusement volé. Et pas un seul d'entre vous,
ni au Palais-Bourbon, ni au Luxembourg, n'a seu-

lement repris, à titre d'amendement à la loi projetée, cette restitution élémentaire, parce qu'en
« supprimant toute immixtion des employeurs dans
la gestion de nos caisses », vous auriez enlevé à la
classe patronale — la vôtre — un de ses pires instruments de domination et de division ouvrière. »

Le secours mutuel entre prolétaires ou non-
possédant est, d'un autre côté, le dernier mot de la
duperie. Consultez plutôt vos chiffres : les 6.000
et quelques Sociétés existantes (y compris celles
des médecins et autres artistes libéraux) qui comptent près de 1.100.000 membres, possèdent combien ? 94 millions, soit 85 francs par tête. Et la
moyenne des pensions qu'elles servent diminue
d'année en année, loin d'augmenter : elle était
de 75 fr. en **1878**, de **68** fr. en **1879**, elle n'est
plus en **1880** que de **66 fr.**

Le vice irrémédiable de cette mutualité, c'est
qu'elle est d'autant moins efficace ou *secourable*
que ceux qui y ont recours sont plus pauvres et
auraient plus besoin d'être secourus.

Quant au Maze déjà nommé, qui entend « neu-
traliser l'action des idées communistes » avec une
*assistance ainsi nécessairement en raison inverse
des besoins*, il est tout simplement à empailler. Le
communisme, pauvre sire, est la grande société de
secours mutuels, la seule qui « ne donne pas à
boire dans un verre vide », parce qu'il mettra à la
disposition de l'ensemble des travailleurs, non
pas leurs misères additionnées et solidarisées, mais

toutes les richesses épargnées sur leur dos par l'oisiveté de la classe capitaliste.

Instruisez !

De toutes les promesses électorales qui courent actuellement les routes de nos quatre-vingt-sept départements, dans les valises — ou les discours — des divers partis bourgeois, une seule est destinée à ne pas rester lettre morte.

C'est celle qui vise l'instruction — cette instruction qui, avec la liberté d'association, constitue pour M Ferry toute la dette sociale, et que l'on continuera à « répandre à flot ».

On avait comblé « l'ouvrier » d'écoles primaires ; on l'accablera d'écoles professionnelles — appelées à fournir aux employeurs un outillage humain produisant plus et mieux et coûtant moins. Triple bénéfice ! Il n'est pas jusqu'aux écoles secondaires et supérieures qui ne seront mises à la portée d'une partie — de l'élite — de notre prolétariat. On « organisera — comme le voulait M. Paul Bert — un système de bourses tel que l'Etat puisse aller chercher partout, jusque dans le moindre hameau, l'enfant capable de devenir un homme de talent, pour lui ouvrir les régions supérieures de l'enseignement ».

Nous en avons pour garant l'intérêt même de la bourgeoisie — condamnée, pour résister ou subsister, au plus large recrutement possible.

C'est aux captifs chrétiens, aux giaours volés dès l'enfance et systématiquement transformés en janissaires, que l'islamisme a du les grandes victoires qui ont failli lui livrer l'Europe.

Ce n'est qu'en s'adjoignant toutes les capacités que peut recéler la classe ouvrière, en se les incorporant ou, plus exactement, en les *embourgeoisant*, qu'il est loisible à la minorité capitaliste de prolonger sa domination économique et politique.

Sans compter qu'un pareil drainage, en privant le prolétariat « qui est l'ennemi » de ses forces vives, de ses éléments supérieurs, recule nécessairement l'heure de son entrée en ligne sur le terrain révolutionnaire.

Comme il n'est cependant si bon fusil qui n'éclate, un moment viendra — et plus tôt qu'on ne le pense en haut lieu — où cette politique, qui s'impose à la caste possédante et dirigeante, se retournera contre elle.

C'est lorsque « les hommes de talent », qu'il s'agit d'aller « chercher partout, jusque dans le moindre hameau », se seront tellement multipliés que les « places » manqueront pour les satisfaire ; lorsqu'en d'autres termes, sur le marché du travail intellectuel comme sur le marché du travail musculaire, l'offre dépassera la demande.

Composée d'organismes complètement développés, cette nouvelle *armée de réserve* ne se laissera pas, comme l'autre, impunément décimer par la misère et le chômage.

Dans chacun de ces affamés de demain, *boursiers* d'hier ou d'aujourd'hui, un insurgé se dressera. Et gare alors à l'ordre bourgeois qui n'aura reculé que pour mieux sauter ou, selon l'expression de Marx, se trouvera avoir lui-même creusé sa fosse.

La République de l'Aumône

En posant l'autre soir aux *Vendanges de Bourgogne*, entre le café et le pousse-café, sa candidature dans le département de la Seine, M. Henri Brisson s'est expliqué sur « la question sociale ».

« Le gouvernement — a-t-il dit — doit l'instruction aux ignorants et l'assistance aux malheureux. Et dans ce dernier ordre d'idées tout est encore à faire. »

Voilà donc bien et dûment avertis les travailleurs parisiens, qui sont appelés à l'honneur de réélire le président du conseil.

En dehors de l'école — primaire ou professionnelle — qui augmentera leur productivité sans augmenter leur salaire, en faisant au contraire, par la multiplication des capacités, disparaître les salaires restés exceptionnels ; et en dehors de l'aumône sociale représentée par le bureau de bienfaisance, les crèches, l'hôpital, etc., ils n'ont rien à attendre de la République Brisson, qui ne se distingue pas de la République Clémenceau, M. Brisson devant figurer en tête de la liste du directeur de la *Justice*.

C'est-à-dire que, comme solution au problème de la misère née du travail, la société issue de la Révolution bourgeoise de 1789 n'a pas trouvé mieux que la *charité* chrétienne ou catholique, à laquelle elle revient sous un autre nom.

Elle entend continuer à fabriquer des « malheureux », en ne se reconnaissant d'autre devoir que de leur tendre la main

Et encore cette main du riche oisif tendue au pauvre producteur par l'intermédiaire de l'État n'est-elle qu'un futur, un projet. « Tout est à faire de ce côté », a-t-il fallu confesser sous l'empire du vin, une fois de plus la vérité.

Il se peut maintenant que la « belle tête, mais de cervelle point », qui a remplacé Ferry ne se soit pas rendu compte de « l'énormité » de son dire, et que le Brisson ait sincèrement cru séduire les masses ouvrières avec cet avenir de « classe assistée ».

Auquel cas, son illusion n'aura pas été de longue durée ; le scrutin du 4 octobre est là, qui lui apprendra, qu'à Paris comme ailleurs, les prolétaires n'en sont plus à se contenter des miettes de la table budgétaire.

Leur ambition a grandi avec leur rôle dans la société à machine et à vapeur d'aujourd'hui, et avec leur conscience de ce rôle.

Ils savent qu'étant seuls à tout produire — tous les genres de travaux étant de plus en plus accomplis par des salariés — tout doit leur appartenir.

C'est ce tout — qui est leur œuvre, leur création — qu'ils veulent ; et comme on ne paraît pas disposé à le leur restituer, ils se préparent à le prendre, ne voyant dans les élections qu'un champ de manœuvres, un moyen de s'organiser pour un prochain et décisif assaut.

L'hospitalité municipale

De la légende qui fait naître l'inventeur putatif du christianisme dans une étable — et qui a valu cette nuit de fructueuses recettes à tous les débitants ou *cuisineurs* de victuailles — il appert qu'il y a dix-huit cent quatre-vingt-cinq ans les vagabonds de la Judée trouvaient au moins la chaude litière des ânes et des bœufs pour reposer leur tête.

Aujourd'hui — et c'est là le progrès, le double progrès réalisé par le Christianisme et la Révolution française — c'est par milliers que se comptent les pauvres diables de tout sexe et de tout âge réduits à coucher — en plein Paris — sous les ponts ou dans les fossés des fortifications.

Et lorsque, se fondant sous l'insuffisance des asiles de nuit, dus à la charité — et à la spéculation — privée, il se rencontre un Cattiaux pour réclamer la création de refuges ou de dortoirs municipaux, on met d'abord un an (**30 janvier-22 décembre**) à rapporter sa proposition, que l'on réduit ensuite à l'aménagement d'*un* baraquement au bastion n° **43**, et qui, même aussi restreinte, se heurte à toute espèce de conditions et de résistances.

En vain M. Cattiaux a fait précéder son projet des considérants suivants :

Attendu que tout homme a non seulement le droit mais le devoir de vivre ;

Attendu que toute richesse, vient du travail et que l'organisation et la réglementation du travail, au lieu d'être une charge seraient une source de bien-être ;

Attendu que la société s'est emparée de la terre, de tout ce qu'elle produit et renferme et que, par conséquent, l'homme n'ayant plus le droit qu'ont tous les animaux d'en recueillir les fruits, de vivre de chasse ou de pêche, elle a, par cela même, le devoir absolu de pourvoir au besoin des membres qui la composent.

Si irréfutable qu'il soit dans le fonds, malgré ses erreurs de forme (loin de « s'emparer de la terre », la société l'a, en effet, laissé accaparer, voler par quelques-uns : de là la misère fatale des autres), cet exposé des motifs n'a fait qu'irriter davantage nos élus municipaux qui, ou n'admettent pas, comme M. Maurice Binder, qu'après avoir transformé en délit le fait d'être sans domicile, l'Etat ou la commune doive fournir ce domicile obligatoire à ceux qui ne sauraient se le procurer eux-mêmes, ou, comme M. Cattiaux lui-même, appuyé par Chabert, jugent naturel et nécessaire de mettre au prix du travail cet abri de quelques nuits ouvert aux malheureux — et quels malheureux ? « des malades sortant de l'hôpital et qui sont sans feu ni lieu ; de petits malades, c'est-à-dire ceux qui n'ont pu franchir le seuil de l'hospice (1) », etc.

(1) Aveu de M. le docteur Desprès.

Si la Ville entre dans cette voie, a dit en propres termes M. Desprès, prenez garde que « la population indigente qui croit déjà avoir droit à l'hôpital, croira de même avoir droit à l'asile de nuit. »

Et M. le préfet de la Seine : « Outre qu'il y aura chaque soir dans ces asiles une affluence énorme, vous aurez établi en fait, dans votre budget, le droit pour les malheureux d'être hébergés. »

La seule évocation de ce droit à une *paillasse de passage* ainsi reconnu indirectement, par voie budgétaire, aux parias de l'ordre capitaliste, à ceux et à celles qui produisaient hier — et qui produiront demain — pour d'autres, pour une poignée d'oisifs, hôtel, tapis, dentelles, etc., a fait passer un véritable frisson d'angoisse dans le dos du Conseil, qui ne se croyait pas aussi révolutionnaire que cela et qui n'a passé outre que sous l'empire des deux raisons suivantes — également intéressées :

1° Une raison d'économie : cette hospitalité nocturne « empêchera quantités de misérables d'aller grossir le nombre des malades de nos hôpitaux, en même temps qu'elle « évitera des arrestations et des condamnations », toujours coûteuses ;

2° Une raison de sécurité : il serait imprudent de « laisser circuler, faute d'abri, les véritables vagabonds, car ce sont eux qui pillent, qui assassinent les passants attardés. »

Du moment qu'il y allait de leur argent et de leur peau, nos bourgeois bien logés et mieux nourris de l'Hôtel de Ville ont accordé, dans la limite de 8 000 francs, le baraquement demandé sur les fortifications et où les Joseph, les Marie et les Jésus du Paris actuel pourront exercer leur « droit au logement », tant que le génie militaire n'en aura pas décidé autrement. Les braves cœurs !

Comme il se pourrait, cependant, que des scrupules soient restés à certains d'entre eux, relativement au nouveau droit qu'ils auraient, d'après M. Poubelle, proclamé, en faisant à leurs électeurs ouvriers l'aumône d'un lit de camp, je tiens, pour terminer, à les rassurer complètement.

Non, ce n'est pas sur les asiles municipaux de nuit, transformés ou non en *workhouses*, que s'établira jamais le droit au logement. Ce droit n'existera — avec sa portée subversive de la société bourgeoise — que lorsque, convaincus que tout le Paris bâti — et bâti par eux — leur appartient, les prolétaires s'installeront dans les appartements et hôtels des riches, préalablement nettoyés de leurs parasites.

Et ce jour-là les asiles de nuit auront vécu, à moins que nous ne les mettions à la disposition de MM. les conseillers et de leur classe, et ce — foi d'expropriateur — sans marchander et sans condition.

L'Arbitrage industriel

M. Lockroy est allé à Londres étudier sur place le fonctionnement des Conseils d'arbitrage dont

« ses sympathies incontestables pour la classe ouvrière » (*sic*) veulent, paraît-il, enrichir la France.

C'est au président du *Board of trade*, à M. Mún-
della, comme inventeur de ce régime dit de conciliation, que s'est adressé, pour son instruction et
pour notre bonheur, le ministre du commerce et
de l'industrie de notre République bourgeoise. Et
l'on peut dire qu'il était à bonne école.

Ami des ouvriers, M. Mundella l'a toujours été,
comme M. Lockroy de l'amnistie. Il les a même
représentés tout particulièrement à la Chambre
des communes, appuyant, quand il ne les proposait pas lui-même, les mesures législatives qui font
aujourd'hui du travailleur anglais le plus protégé,
comme sécurité, comme salaire et comme loisirs,
des travailleurs de l'ancien et du nouveau monde.

Mais voilà, de même qu'il y a trois personnes
dans le Dieu des chrétiens, il y avait deux hommes
dans le « membre pour Nottingham », selon l'expression d'Outre Manche. Il y avait l'*élu des prolétaires* et l'*employeur de prolétaires* ou le capitaliste. Et contrairement à Dieu le père, qui non seulement permet mais demande la mort de Dieu le
fils, avec la coopération du Saint-Esprit, Mundella
le fabricant n'entendait pas être sacrifié à Mundella
le député ouvrier.

Protéger le travail national ? Soit. Mais aux dépens de sa caisse ? Jamais !

Problème insoluble ! allez-vous vous écrier ?
Que vous connaissez mal notre Mundella, ou, plus
exactement, le Mundella de notre Lockroy !

Les *lois de fabrique* votées — et votées par lui et grâce à lui — qui limitaient directement le travail des femmes et des enfants et indirectement le travail des hommes ; qui interdisaient, dans nombre de cas, le travail de nuit et assuraient à l'outillage humain du Royaume-Uni un jour et demi de repos par semaine, que fit le Mundella en partie double ?

Tout simplement ceci : il dit — ou fit dire à ses capitaux — adieu à l'Angleterre et il transporta ses manufactures ou usines à l'étranger, en Saxe, là où l'exploitation de la chair à machine est à peu près illimitée, et où, par suite, la main-d'œuvre étant au plus bas, les profits sont au plus haut.

De cette façon tout le monde était — ou devait être — satisfait. Les travailleurs, ses compatriotes et ses électeurs, avaient leur législation protectrice du travail — mais pas le travail, transféré, exécuté en Allemagne. Et M. Mundella avait, lui, ses bénéfices, non seulement sauvegardés, mais accrus.

Après un pareil trait de... génie, rien d'étonnant que la Providence du prolétariat britannique, devenue l'Égérie de nos Numa républicains, ait inventé — pour les autres — cette espèce de *tribunal des conflits industriels*, destiné à prévenir les conflits ou à les résoudre, dont nous allons être appelés à jouir.

Cette importation, d'ailleurs, n'est pas pour déplaire aux socialistes les plus révolutionnaires. Les

Conseils d'arbitrage ont rendu en Angleterre des services qu'ils rendront également en France, tout en n'étant pas précisément du genre de ceux qu'en attend M. Lockroy et sa classe.

1° Pour que l'arbitrage puisse fonctionner, il faut que les éléments de la décision à intervenir soient connus, soient mis aux mains des arbitres ouvriers comme des arbitres patronaux. Et ces éléments, ce n'est pas seulement le coût de la vie ouvrière, le renchérissement des denrées ou des loyers, c'est encore et surtout l'état de l'industrie, le chiffre d'affaires de la fabrique *arbitrée*, ses frais de revient, son prix de vente, ses profits — *les livres de la maison*, pour tout dire en un mot. C'est ainsi qu'on procède au delà de la Manche, où pour se refuser à une augmentation ou pour faire accepter une réduction des salaires, les employeurs sont tenus à faire la preuve de la nécessité ici, de l'impossibilité là. C'est ainsi qu'il faudra procéder en deçà du même détroit. Et voilà du coup l'autocratie patronale atteinte, sapée dans sa base. Ce n'est plus le bon plaisir, le *sic jubeo* qui fait loi ou foi. Le libre examen est introduit dans la religion capitaliste. Révolution morale qui appelle, entraîne l'autre : c'est le contrôle ouvrier de la production, en attendant la direction ouvrière qui ne saurait tarder.

2° De quelque façon que l'on compose ces conseils, que les arbitres soient élus mi-partie par le travail et mi-partie par le capital, ou qu'entre ces

deux facteurs ennemis à concilier l'Etat intervienne
par un certain nombre de membres fonctionnaires, le prolétariat dans ses luttes, défensives ou
offensives, n'en va pas moins être doté d'un nouvel organe de classe.

Il y aura là une représentation et, par suite, une
concentration ouvrière, avec ses corollaires de
conscience ouvrière éveillée et de force ouvrière
constituée.

Allez-y donc, messieurs les arbitreurs et les
conciliateurs ! Sous prétexte de la paix sociale à
maintenir, du moment que vous reconnaissez dans
le travail et dans le capital des belligérants et que
vous les mettez en présence, non plus chaotique-
ment comme ils le sont dans la grève, mais orga-
niquement, sous la forme de plénipotentiaires,
c'est notre besogne que vous faites ; vous faites
œuvre essentiellement révolutionnaire.

Vous n'écartez les petits conflits, locaux, presque individuels, qu'au prix du grand conflit ou du
choc général des classes qui, par la discipline et la
cohésion introduite dans les deux camps, se trouvera précipité et fécondé.

Ou les fabriqués traiteront d'égal à égal avec
les fabricants et derrière les états-major aux prises
les armées mobilisées et surexcitées ne seront pas
longues à en venir aux mains.

Ou le gouvernement interviendra en tiers dé-
partageur et comme, étant donnée sa composition
bourgeoise, c'est dans le plateau patronal qu'il

jettera son épée ou ses votes, c'est contre le pouvoir politique que se tournera la colère prolétarienne organisée.

L'arbitrage industriel que notre ministre, retour
de Londres, rapporte dans ses malles a donc non
seulement du bon, mais du très bon. Nous ne nous
bornons pas à l'accepter, nous le réclamons de
toutes nos forces.

Déballez, monsieur Lockroy, déballez !

Fumisterie

Je ne sais plus quel bohême de roman, faute de
médecins et de médecines, « traitait ses maladies
par le mépris ».

C'était un homme de génie, paraît il. Sans s'en
douter, il a fait école. Le vaudevilliste, qui préside
au commerce et à l'industrie dans le cabinet proclamé le meilleur par le radicalisme des Maret et
des Pelletan, lui a emprunté sa méthode. Pas pour
son usage personnel, par exemple. Mais pour l'appliquer aux maux d'autrui, aux souffrances ouvrières.

Car M. Lockroy ne conteste pas que, sous l'empire « de la concurrence, de la surproduction et
du perfectionnement perpétuel des procédés industriels, l'existence prolétarienne soit devenue plus
instable et plus pénible » que jamais. Il avoue,
dans l'exposé des motifs de son projet d'arbitrage,

« la lutte rendue tous les jours plus aiguë entre le travail et le capital par la révolution économique qui s'est produite dans notre siècle ».

Mais contre cet état, qu'il qualifie de « guerre latente », aboutissant de plus en plus fréquemment à des « conflits mortels qui nuisent aux deux adversaires et dessèchent pendant un temps donné une des sources de la production nationale », il ne voit de remède que dans l'opinion publique, et cette opinion lui paraît un remède suffisant.

On avait beaucoup ri — au Congrès syndical de Lyon et ailleurs — de son arbitrage industriel se résumant comme suit :

Article premier. — Les ouvriers sont libres de recourir, pour le règlement de leurs différends avec les patrons, à des arbitres que les patrons sont non moins libres de ne pas accepter.

Art. 2. — Dans le cas où ils consentiront à se laisser arbitrer, les patrons seront de plus en plus libres de ne pas tenir compte de la sentence intervenue.

Tant de liberté patronale et si peu de sanction nous avait paru — à nous et à d'autres -— réduire la fameuse réforme à un petit rien entre beaucoup de grandes phrases. Mais M. Lockroy n'admet pas qu'il se soit moqué de la France ouvrière et de lui-même. Et il nous réplique triomphalement :

Vous oubliez « la sanction morale », l'opinion qui « saisie par la publicité donnée aux demandes, au refus et à l'acceptation », se prononcera en connaissance de cause contre celle des deux partes qui se sera mis dans son tort.

C'est bien, comme je l'écrivais en commençant, « le traitement par le mépris » d'un Schaunard quelconque, transporté par l'impuissance gouvernementale bourgeoise, du domaine de la fantaisie sur le terrain des plus douloureuses réalités.

Non, monsieur Edouard Lockroy, nous n'oublions pas. C'est vous qui perdez, plus que la mémoire, l'esprit, à vanter la vertu d'une pareille médicamentation sociale.

Ne dirait-on pas, ma parole, que « ce jugement de l'opinion et son poids », dont vous nous promettez merveille, vont surgir de votre projet devenu loi et n'existaient pas hier, de tout temps, sans qu'ils aient, hélas ! jamais rien prévenu, ou résolu ?

Est-ce qu'à Decazeville, il y a six mois, et à Anzin, il y a deux ans, ils n'étaient pas du côté des grévistes de la houille, comblés de toutes les sympathies publiques sous toutes les formes : souscriptions et bulletins de vote ? Ce qui n'a pas empêché — grâce à vos gendarmes, à vos soldats et à vos juges — le Léon Say méprisé d'affamer, cent huit jours durant, les malheureux mineurs, et le non moins méprisé d'Audiffret-Pasquier de rejeter dans les fosses, vaincus, les clients de « l'opinion » préalablement décimés par la correctionnelle.

Est-ce qu'à Vierzon aujourd'hui, le siège de cette « opinion » n'est pas également fait ! Est-ce qu'elle ne s'affirme pas aussi favorable aux grévistes du

matériel agricole que méprisante et indignée contre
l'Arbel et ses Monteil ? Ce qui n'empêche pas la
faim de tenailler les entrailles de ses « élus » et
les mois de prison de s'abattre sur eux dru comme
grêle.

Opinione, regina del mondo, écrivait Pascal avant
Lockroy. Mensonge ! C'EST LA FORCE QUI EST REINE ;
et tant qu'elle n'aura pas changé de camp, tant
qu'au lieu d'être au service du travail producteur
elle sera, avec l'Etat — républicain ou monarchique — aux mains et aux ordres du « capital représenté par un patron ou une société industrielle »,
les capitalistes pourront être voués à tous les « mépris publics », sans pour cela voler un sou ou tuer
un prolétaire de moins.

Il n'y aura rien de réformé, d'atténué, dans l'exploitation ouvrière. Il n'y aura qu'une fumisterie
— et qu'un fumiste de plus, M. Lockroy.

Prévoyance bourgeoise

La classe ouvrière ne pourra plus se plaindre
qu'on ne fasse rien pour elle.

Depuis quelque temps, c'est à qui du Ministère
et du Parlement, de la gauche et de la droite de
la Chambre « se fendra » d'une « loi de protection ou d'émancipation. »

On n'a pas oublié le projet rapporté de Londres
par M. Lockroy. Une merveille tout simplement !

Liberté pour les travailleurs de recourir à l'arbitrage contre les patrons, — quitte à ces derniers, également libres, de ne pas se laisser arbitrer ou d'allumer leur cigare avec la sentence arbitrale intervenue.

Les propositions Marty-Dupuis et de Mun-Freppel-Belizal, à l'effet de mettre la vieillesse ouvrière à l'abri de la faim et de secourir les prolétaires contre la maladie, le chômage, etc., sont de la même qualité — supérieure.

Il s'agit, de la part des républicains, d'inscrire tous les ans à la caisse nationale de retraite 20 francs au compte de chaque ouvrier âgé d'au moins vingt et un ans et 5 francs au compte de chaque ouvrière.

Il s'agit, du côté des clérico-monarchistes, d'assurer à l'ouvrier, après trente années de travail, un minimum de retraite égal à 30 0/0 de son dernier salaire.

Dans ce but MM. Marty, Dupuy et consorts font instituer par l'autorité compétente dans chaque canton, pour chaque branche de la production industrielle comptant au moins deux cents ouvriers ou ouvrières, des Sociétés de prévoyance corporative, gérées par cinq ouvriers et trois patrons. MM. de Mun, Freppel et Cie ont recours, eux, à des Caisses corporatives établies en dehors de toute ingérence gouvernementale, directement par les employeurs et les employés.

Mais si le mécanisme diffère — et il diffère peu

— le fond est le même. Réformateurs de gauche et réformateurs de droite sont d'accord pour prendre l'argent nécessaire à ce service prolétarien... dans les poches prolétariennes.

C'est à une retenue sur les salaires — que les républicains ne chiffrent pas (par année) à moins de 30 francs par ouvrier, 12 francs par ouvrière et 6 francs par enfant, sans compter 4 francs à la commune, 2 francs au département et 4 francs à l'Etat, — c'est à une retenue opérée d'office par le patron, transformé en percepteur, qu'est unanimement demandée l'amélioration de l'avenir ouvrier.

Avant de recevoir, commencez par donner ! c'est-à-dire par empirer votre présent, par ajouter à vos privations.et à celles, plus insupportables, de la femme et des enfants.

Donnez ! sauf à ne pas recevoir si, comme beaucoup, pour ne pas dire comme la plupart, la mort vous prend avant l'âge de passer à la caisse.

Donnez ! pour que les survivants ne soient plus comme aujourd'hui à la charge de la société et trouvent, dans l'addition de leur épargne et de l'épargne des camarades tombés en route, les moyens d'alléger le budget de la charité publique et privée.

Telle est, en effet, l'économie de la réforme en cours qui, sous prétexte de pourvoir aux besoins du prolétariat, ne vise qu'à rejeter sur ses propres épaules tout le poids de la vieillesse et de la maladie de ses membres.·

19

Prévoyance corporative ? Oh ! que non. C'est de la prévoyance bourgeoise, la classe qui possède se débarrassant sur *l'assurance mutuelle des dépossédés* des frais d'assistance qui lui incombaient jusqu'à présent et qui lui pèsent.

Il est vrai — et je ne l'ignore pas — qu'à la retenue sur les salaires ouvriers devront s'ajouter des cotisations patronales, que la proposition Marty fixe par mois à 1 franc par ouvrier, 50 centimes par ouvrière et 25 centimes par enfant. Mais qui ne comprend que ce concours de l'employeur sera purement nominal ; que, si ce sont les fabricants qui versent, ce sont les fabriqués qui fourniront aux versements, les réductions de salaire n'ayant pas été inventées pour les chiens ?

Il est vrai encore qu'il s'est rencontré un journal pour prétendre que même la contribution ouvrière ne serait pas payée par les salariés, la loi des salaires, en même temps qu'elle réduit la rétribution du travail à ce qui est indispensable au travailleur pour vivre, voulant que cette rétribution s'élève forcément dans la mesure où elle est frappée d'une retenue ou d'un impôt. Mais si des bourdes de ce calibre peuvent être impunément contées aux lecteurs de *Paris,* elles font hausser les épaules à tous ceux qui savent que la machine humaine ne reçoit ce qui lui est nécessaire pour produire qu'autant que les ouvriers n'excèdent pas les besoins de la production ; que le salaire peut descendre et descend effectivement au-dessous de tout *minimum* dès que les travailleurs, plus nombreux qu'il n'est utile à la mise en valeur des capitaux de MM. les capitalistes, peuvent être décimés par la faim sans inconvénient pour ces derniers. Ce qui est de plus en plus le cas aujourd'hui, avec la surabondance croissante des bras qui s'offrent inutilement.

Et le dernier et suprême effort de la philanthropie parlementaire aboutit bien à cet unique résultat :

Le rationnement, la famine immédiate pour la classe entière des prolétaires, dans l'espérance — qui ne se réalisera que pour quelques-uns — d'une bouchée de pain pour leurs vieux jours, lorsqu'ils n'auront plus de dents.

La Coopération

Il fut un temps — avant que les éclairs du Congrès de Marseille aient dessillé les yeux de notre prolétariat — où les « améliorateurs du sort des masses laborieuses » n'avaient qu'un mot à la bouche : celui de coopération.

Aux salariés qui opposaient leur misère croissante aux profits croissants de l'employeur, souvent oisif, on répondait gravement : « Vous vous plaignez, et non sans raison, d'être d'autant plus pauvres que vous produisez plus, parce que vous travaillez pour un patron ? Eh bien ! rien de plus simple : travaillez pour vous-mêmes ! soyez vos

propres patrons ! Constituez des sociétés coopératives de production dans lesquelles l'élément *travail* et l'élément *capital* étant fournis par les
mêmes personnes laisseront entre les mains de
ces personnes le produit tout entier sans partage,
ni prélèvement d'aucune sorte ! »

Et les pauvres diables qui n'avaient que leurs
bras et qu'on envoyait ainsi associer ces bras à un
capital absent, dont ils ne possédaient pas le premier sou, se prêtaient, sans mot dire, à cette mystification, une des plus grandes du siècle.

Aujourd'hui des plaisanteries de ce calibre ne
seraient plus de mise. A la première allusion à la
production coopérative, nos bons apôtres se verraient interrompus par les milliers de travailleurs
socialistes leur criant d'une seule voix : « Quittez
ce souci, braves gens. Nous sommes tout acquis à
ce mode de production, que nous nous employons
de toutes nos forces à réaliser; mais de la seule
façon dont il ne soit pas une utopie : en prenant —
ou en reprenant — le capital là où il est, chez les
capitalistes, pour le réunir, entre les mains de la
société et sous son contrôle, à la force-travail que
nous sommes seuls à représenter. »

Aussi est-ce fini, bien fini, des ateliers coopératifs à créer *ex nihilo*. Le dada, dont on amusait
autrefois l'ignorance prolétarienne a été, comme
dangereux pour ses inventeurs, renvoyé à l'écurie
ou à l'abattoir. Et lorsque, comme à propos du
Congrès qui va s'ouvrir, paraît-il, à Lyon, la phi-

lanthropie bourgeoise vante encore, par habitude, « les bienfaits de la coopération », c'est de la coopération soigneusement limitée à la consommation ou au commerce.

Sur ce terrain, en effet, le « principe » coopératif — tout est principe aujourd'hui — cesse d'être une chimère dans la société actuelle et peut donner lieu à des applications immédiates.

Il est certain que rien n'empêche les ouvriers, dans les différentes villes, de s'associer pour devenir leurs propres fournisseurs et pour bénéficier de l'écart entre les prix de gros et les prix de détail qu'ils paient présentement à des tiers, soit que les coopératives livrent à leurs membres les denrées au prix de revient, soit qu'elles préfèrent vendre au prix courant du marché, en portant la différence ou l'économie ainsi obtenue à l'avoir de chaque associé ou encore au fonds commun.

Mais si la chose est faisable, si même — j'accepte sans les discuter les chiffres du *Temps* — elle équivaudrait pour la boulangerie seulement à un bénéfice de 20 et 24 pour cent, il ne s'ensuit pas qu'elle soit d'un « intérêt évident » pour la classe ouvrière. Loin de là ; pour qui voit plus loin que la caisse patronale, cet « instrument de bon marché » ne représentant et ne pouvant représenter qu'un instrument de surmisère.

De l'aveu du *Temps*, par exemple, les associations coopératives de consommation « visent le commerce de détail », elles « tendent à lui enlever sa clientèle », c'est-à-dire à tuer, dans un temps donné, boulangers, bouchers, épiciers, etc.

Or ces débitants sans débit, ces boutiquiers jetés par la faillite hors de leurs boutiques — fermées — peuvent être pour les « bûcheurs » à la Scherer « des intermédiaires superflus », des « parasites », dont la ruine ne compte pas. Mais à moins qu'après leur avoir pris leurs moyens d'existence, on ne leur prenne l'existence en même temps, force leur sera, sous peine de mort, de se faire « ouvriers », de grossir l'armée du travail proprement dit. Et comme ils sont plus d'un demi-million et que déjà c'est par centaines de mille que se comptent les bras inoccupés, à quel surcroît de chômages et à quel avilissement de salaire n'aboutira pas cette nouvelle et fatale concurrence ?

Ce que les travailleurs *coopératisés* auront pu « gagner » comme consommateurs, ils le perdront — et au delà — comme producteurs, soit qu'ils se voient expulsés de l'atelier par ceux-là mêmes qu'ils auront expropriés de leur comptoir, soit qu'ils aient à subir l'abaissement du prix de la main-d'œuvre qu'emportera nécessairement avec elle cette surabondance de la marchandise-travail.

Un danger d'un autre ordre, mais qui n'est pas moindre, c'est le drainage et la confiscation des supériorités ouvrières qui résulteraient de toutes ces sociétés à gérer. A-t-on réfléchi à la dépense de temps, d'activité, d'énergie et de dévouement

que coûterait aux meilleurs des prolétaires, aux
plus intelligents et aux plus capables, une pareille
administration commerciale ? Il y aurait là, pour
le travail et sa cause, une perte blanche plus irré-
parable que la perte rouge de Mai 71. Et qui rirait
et se frotterait les mains, ce seraient les bénéficiaires et les souteneurs de l'ordre capitaliste, dé-
barrassés des plus *militants* des salariés, disparus,
avec leurs revendications, dans la cassonnade et la
moutarde coopérative.

Nul n'ignore enfin — ou n'a le droit d'ignorer
— que la rémunération du travail en régime de salariat est régie par le prix des subsistances. A la
vie chère correspondent — et ne peuvent pas ne
pas correspondre — les salaires élevés, parce
qu'autrement disparaîtrait, faute d'avoir pu se
conserver et se reproduire, la force-travail indispensable à la mise en valeur des capitaux de
MM. les capitalistes. De même que la vie à bon
marché engendre les bas salaires. Et si elles
étaient jamais généralisées, étendues de quelques
individus à toute la classe-outil, les coopératives
de consommation, en permettant la vie ouvrière
au rabais, permettraient aux employeurs et les
obligeraient, sous l'empire de la lutte entre eux
engagée pour la réduction des frais de revient, de
réduire le prix du travail.

Cela est si vrai qu'à défaut des coopératives ouvrières nous voyons surgir de plus en plus partout, à Decazeville comme à Anzin, à Vierzon

comme à Decazeville, des coopératives patronales, nourrissant au prix de revient les salariés afin de pouvoir les payer moins.

« Féconde », la coopération l'est sans doute — mais pour ces véritables « chevaliers d'industrie » que sont les patrons, individuels ou collectifs. Elle décuplerait leurs profits.

Ce qui ne veut pas dire qu'exceptionnellement, dans certaines conditions et entre certaines mains, les coopératives de consommation ne puissent rendre des services aux travailleurs. Il n'y a, pour se convaincre du contraire, qu'à voir le parti qu'a su en tirer le socialisme flamand.

C'est autour, pour ne pas dire sur la boulangerie coopérative de Gand, le *Vooruit*, que s'est formé et organisé l'admirable mouvement communiste que l'imbécillité ou la mauvaise foi de notre presse démocratique s'est avisée d'opposer à notre Parti ouvrier.

Mais comment et pourquoi ce résultat ? Parce que, sous l'influence de *marxistes* comme Anseele et Van Beveren, les fins commerciales de l'entreprise ont fait place à des fins de propagande. Le pain à meilleur marché n'a été qu'un moyen de grouper les hommes et de véhiculer les idées, tous les bénéfices réalisés servant à fonder et à soutenir un journal de combat.

Ainsi entendue et pratiquée, alors, oui, la coopération devient une véritable arme prolétarienne — qui ne blesse que l'ennemi.

Mystification

Ouvriers, mes concitoyens, à qui le patriotisme patronal vole de plus en plus leur travail pour le donner au rabais à des Belges, à des Allemands ou à des Italiens aujourd'hui, à des Chinois ou à des Tonkinois demain, et qui n'en votez pas moins pour les candidats monarchistes, opportunistes ou radicaux — de vos patrons réjouissez-vous !

Réjouissez-vous, car on va enfin vous protéger ! Ils se sont trouvés jusqu'à 44 au Palais-Bourbon pour formuler une proposition tendant à « rétablir l'égalité rompue à votre détriment », et ce au moyen d'un impôt de capitation ou d'une taxe de séjour sur les étrangers.

Et la Commission nommée hier s'est montrée presque unanimement favorable à cette mirifique idée de traiter la marchandise-travail comme la marchandise-céréale ou la marchandise-bétail : on payait tant par tête de bœuf ou de mouton importé d'Italie ou d'Autriche ; on va payer tant par tête d'ouvrier immigré d'outre-Vosges ou d'outre-Alpes.

Mais comme, si l'on veut bien, en vous assimilant — quel honneur ! — à la viande sur pied nationale, avoir l'air de faire quelque chose pour vous, on n'entend rien faire contre vos affameurs, pour ne pas priver ces derniers, qui ne font qu'un

19.

souvent avec nos législateurs « de la seule sauvegarde contre une surélévation des salaires »,, le
droit protecteur qu'il s'agit d'établir sera aussi
faible que possible. Il ne devra pas dépasser « six
francs par an ».

Oui, c'est à ce chiffre dérisoire — *moins de deux
centimes par jour* — que les Beauquier, Carret et
autres radicaux-socialistes estiment l'intervention
sociale qu'il est possible de mettre à votre service
sans « entraîner de perturbation ». C'est avec ce
centime et demi quotidien, que se partageraient
l'Etat pour deux tiers et la commune pour un,
qu'ils prétendent — sur le papier — vous assurer
le marché intérieur du travail et faire refluer une
invasion qui, si elle profite à tel ou tel employeur,
n'est pas moins néfaste à l'industrie française
qu'au prolétariat français « en livrant à la concurrence étrangère les secrets de notre fabrication » (1).

De deux choses l'une : ou, sous couleur de défendre le morceau de pain de leurs commettants
ouvriers, ces messieurs n'ont songé qu'à acheter
pour quelques parents ou amis les faveurs du
ministre des finances en lui fournissant quelques
millions inespérés, ou ce sont les derniers des mystificateurs.

---

(1) C'est ainsi — de l'aveu des signataires de ce pharami-
neux projet de loi — que l'industrie allemande de l'ameuble-
ment a recruté son personnel presque exclusivement parmi les
ouvriers allemands des fabriques du faubourg Antoine.

Pour que cette taxe de séjour, empruntée à la Suisse, ne soit pas une simple mesure fiscale ; pour qu'elle puisse avoir pour effet de rendre leur place dans les ateliers et chantiers de France aux Français qui en sont journellement chassés par la spéculation capitaliste recourant pour les bras — comme pour les machines — au bon marché étranger, il faudrait qu'elle fût non seulement égale, mais supérieure au profit retiré par l'employeur de l'emploi de la main-d'œuvre non française.

Même ainsi centuplée, d'ailleurs, cette taxe, qu'il serait toujours possible d'éluder, en transportant, comme l'Arbel, ses usines de Rive-de-Gier hors de la frontière, à Liège, ne donnerait pas satisfaction à la partie consciente et organisée de notre prolétariat, qui a trop développé le sentiment de la solidarité pour chercher son salut dans l'écrasement, à coups de tarifs de douanes, de ses frères non nationaux de travail et de misère.

Ce qu'elle demande depuis des années, ce qu'ont réclamé tous ses Congrès, y compris la dernière Conférence internationale de Paris, et tous ses programmes électoraux — mais ce que se gardent bien d'entendre les députés qui se proclament le plus haut ses défenseurs — c'est une loi, également protectrice de tous les travailleurs sans distinction de nationalité, déterminant, les chambres syndicales consultées, un minimum de salaire au-dessous duquel il serait interdit de faire travailler.

Là, dans cette limite imposée socialement à l'exploitation patronale, est la solution réellement humaine des conflits, la fin fraternelle des antagonismes créés et entretenus dans la grande famille du travail par le capitalisme en quête, non seulement de bénéfices, mais de divisions ouvrières.

C'est même pourquoi, parce que, comme la classe des employeurs à laquelle ils appartiennent et dont ils ne sont que les chargés d'affaires, nos gouvernants les plus républicains ne veulent à aucun prix de cette paix dans l'atelier, de cette entente internationale des prolétaires, c'est pour cela qu'ils ont passé et qu'ils continueront à passer à côté de notre revendication sans s'y arrêter, se refusant à voir le mal, ou n'y voulant voir qu'un moyen de battre monnaie sur le dos des meurt-de-faim étrangers.

Vive la loterie !

Inépuisables, la philanthropie et la science bourgeoises !

Nous avions déjà les bals de bienfaisance : décolletage, danse et souper au profit des meurt-de-faim et de froid.

Nous avons mieux aujourd'hui, grâce à un noble étranger. Nous avons — ou nous aurons — pour loger à bon marché et sainement les ouvriers de Paris, une grrrande loterie.

Un sieur Grunècke, correspondant de la *Gazette allemande de Vienne*, s'est imaginé d'émettre, avec l'autorisation de la Ville et de l'Etat, pour 250 millions de billets — ou d'obligations — à un franc, destinés à la construction de maisons salubres dans les prix doux, dont la Ville deviendrait propriétaire dans un délai de soixante-quinze ans.

Ces billets — ou obligations ne portant pas intérêt — seraient remboursables à **2 francs** par voie de tirage et emporteraient je ne sais combien de lots de 4 francs à **200.000**.

C'est, comme on le voit, le *à tout coup l'on gagne* de certains tourniquets de foire, avec cette amélioration notable que ceux-là mêmes qui ne jouent pas gagneront également.

La Ville de Paris — sans billet — gagnera en 1959 les 250 millions d'immeubles, plus une somme égale ou supérieure en numéraire.

Sans billet, fabricants de papier et imprimeurs gagneront les centaines de mille francs que représentent la fabrication, l'impression et le tirage des 250 millions de titres — de quoi emplir la Bibliothèque nationale de Paris ou le Britisch Museum de Londres !

Sans billet aussi, des camelots, par milliers, gagneront... leur vie tous les trois mois à crier et à vendre « la liste officielle des numéros sortis, cinq centimes, un sou ».

Et je ne parle pas du Crédit foncier qui, sans

billet toujours, ne perdra pas, oh ! non, à cette émission à lui confiée, ainsi que la garde des fonds.

Je ne parle pas non plus de M. Grunècke et de ses sept associés qui, de plus en plus sans billet, palperont 5 pour 100 d'un capital de fondation de 100.000 francs sur lequel ils n'ont versé qu'un dixième, — ce qui porte l'intérêt réel à 50 pour 100.

Aussi une pareille solution de la question des loyers a-t-elle fait littéralement fureur. Law au siècle dernier n'a pas déchaîné plus d'enthousiasme que Grunècke.

Premier rapport de MM. Michelin et Dreyfus — avant leur passage au Palais-Bourbon — concluant à l'adoption dare dare d'un projet qui « présente toutes les conditions désirables ».

Second rapport de M. Chassaing, plus favorable encore, insistant pour que « la solution soit obtenue dans le plus bref délai ».

Il est vrai que, dans sa séance de l'autre jour, le Conseil municipal a mis un peu d'eau dans le vin — avec ou sans pot — qui lui était offert et qu'avant d'y tremper ses lèvres il a tenu à avoir l'avis de la Commission du contentieux et du Comité consultatif pour être bien sûr que la Ville, dans aucun cas, ne sera civilement responsable.

Mais il n'y a là qu'un retard dans le *bon à tirer*... les billets sauveurs. La responsabilité pénale, civile et commerciale de ses membres écartée, la *loterie locative* sera votée.

Elle est dans l'esprit du siècle, d'un ordre social où tout, livré au hasard, est loterie.

Loterie, la naissance qui couche les uns dans des berceaux capitonnés et expose les autres sous les portes cochères.

Loterie, la science qui est distribuée entre les hommes, sans égard aucun pour leurs aptitudes, en raison souvent inverse des capacités.

Loterie, le bien-être qui vient en dormant à ceux-ci et que ceux-là qui produisent tout ne rencontreront jamais au bout du plus acharné des labeurs.

· Loterie, la propriété industrielle, commerciale et agricole qui se constitue et disparaît et change de main à tous les vents soufflés sur la Bourse par les événements les plus indépendants de la volonté des individus.

Venir au secours des victimes de ces diverses loteries par une loterie qui leur assure le couvert, c'est tout simplement une idée à la Jenner. C'est une application de la vaccine au corps social.

Vive donc Grunècke-Jenner !

Aussi bien nos bourgeois ne trouveront-ils jamais mieux..., pour faire éclater à tous les yeux leur irrémédiable impuissance en matière de réformes ouvrières.

La tirelire populaire

Les Caisses d'épargne — de cette épargne que

l'on prêche au peuple sur tous les tons comme un moyen, comme l'unique moyen d'affranchissement — ont toujours été la première proie de nos gouvernements bourgeois dans l'embarras. Elles étaient sous leurs mains — et ils l'ont fait voir.

C'est ainsi qu'en 1848 le premier acte du Gouvernement provisoire — fidèles, s'il en reste, de Louis Blanc et de Ledru-Rollin, saluez ! — fut de fermer le guichet au nez des « petites gens », des « pauvres gens », qui voulaient « rentrer dans leur argent.

Bien que le remboursement à vue ou à première réquisition fût la condition même de ces dépôts, force fut aux déposants de poser, de patienter des mois — et de « crever », pour ceux qui n'avaient pas les moyens d'attendre.

En revanche, non seulement messieurs les rentiers ne subirent aucun retard dans le règlement de leurs arrérages, mais ce règlement fut avancé : on paya par anticipation.

En revanche aussi, M. de Rothschild fut généreusement gratifié de plusieurs millions, non pas en dépit, mais en raison de la dureté des temps. C'est M. Courcelle-Seneuil qui le rapporte tout au long dans son *Traité des opérations de Banque.*

Le vilain juif de Francfort campé en France comme au coin d'un bois — il n'avait pas encore daigné se faire naturaliser — avait en effet soumissionné en novembre 1847 un emprunt de 250 millions en rente 3 0/0, qu'on lui cédait au prix de

72,48, bien qu'elle fût alors au cours de **76,71.** --
Un *choli* bénéfice, comme on voit.

Mais les versements de l'heureux soumissionnaire
étaient étayés de mois en mois jusqu'au 7 novembre 1849. Et lorsque survint la révolution de Février
M. de Rothschild qui devait encore **165** millions
étaient, par suite de la baisse des fonds publics, à
la veille de perdre **25** millions. La maison Rothschild, perdre **25** millions dans une tempête qui
coûterait le trône à la maison d'Orléans ? Jamais !
Et vite le Sadi Carnot d'alors, M. Goudchaux, de
transformer cette perte en *gain de* **11** *millions* en
faisant donner au seul vrai roi « **13** millions de
rente 5 0/0 au taux même auquel il avait soumissionné la rente 3 0/0. »

Ainsi se passaient les choses, il y a trente-huit ans,
sous la deuxième République bourgeoise.

Ainsi elles se passent aujourd'hui, sous la troisième.

C'est sur les Caisses d'épargne, sur cette « tirelire
populaire » que viennent de se jeter nos dirigeants
condamnés, faute d'emprunts et d'impôts nouveaux,
à chercher dans des économies l'équilibre de leur
budget de classe.

On pouvait, comme le proposait M. Fernand
Faure, trouver **42** millions dans la fin du vol auquel
donnent lieu les valeurs au porteur frauduleusement soustraites à l'impôt sur les successions.

On pouvait, comme le demande dans le *Temps*
un ancien député, M. Henri Germain, réaliser **80**

millions en faisant rentrer au Trésor les deux cinquièmes de l'impôt sur les sucres qui « sont actuellement perçus au profit de quelques fabricants pour lesquels on a rétabli les fermes-générales de l'ancien régime, abolies par la Révolution ».

On pouvait, comme le voulait M. Douville-Maillefeu, convertir le 4 1/2 et, de cette réduction du tribut des Danaïdes levé annuellement sur la France qui produit par la France fainéante, faire jaillir dans le Sahara budgétaire une autre source de millions.

On pouvait enfin et surtout, comme l'ont voté Basly, Camélinat, Boyer, Gilly et Planteau, supprimer ou suspendre pour une année le service de la plus monstrueuse des dettes publiques ; ce qui, rien que pour les rentes 3 0/0, eût économisé au pays 396 millions, 673 mille, 351 francs.

Mais non, sous toutes ces formes, c'eût été faire payer à la classe capitaliste les frais de la casse ou du déficit sorti de ses dilapidations et de son incapacité. Et si fabricants, rentiers et manieurs d'argent entendent être seuls à mordre à belles dents au budget, ils n'entendent pas le boucler à leurs dépens.

C'est aux « petites gens », aux « pauvres gens », qu'une fois de plus on a été tout droit. C'est sur eux, sur leurs économies, que gouvernants et commission, droite et gauche ont été unanimes à économiser.

Après avoir dévoré les dépôts des Caisses d'épargne jusqu'au chiffre avoué de 1,600 millions, quitte à les « consolider », c'est-à-dire à remplacer ces belles espèces sonnantes et trébuchantes par des titres ou du papier qui vaudra bien au poids 1,600 sous au premier *krach* gouvernemental, on vient d'abaisser à **3,25**, à **3** et à **2,75** l'intérêt « bonifié » à ces dépôts. Ce qui, avec des frais d'administration variant de **25** à **50** cent. pour **100**, réduit effectivement à **2** fr. **50** en moyenne l'intérêt des « épargnistes », alors que les vauriens de la rente perçoivent, eux, **4** fr. **50**.

L'État gagne du coup plus de **18** millions, que perd naturellement le *populo* dont il s'est fait le banquier.

Et maintenant, ô travailleurs, serrez-vous le ventre, privez-vous, privez la femme et les enfants, et mettez de côté, économisez et confiez surtout aux caisses privées et publiques vos économies à faire valoir.

L'épargne, voyez-vous, il n'y a encore que cela de vrai pour se libérer. Tout le reste n'est qu'utopie.

Si ce n'est pas vous qu'elle libère, eh bien ! ce sont vos maîtres, auxquels elle permet de boucher un certain nombre de trous faits à la lune de nos finances. Et vous êtes trop patriotes pour ne pas bénir la main qui vous fait l'honneur de caler les milliards du budget avec les gros sous de vos tirelires.

Paroles perdues

On n'est pas, mais pas du tout d'accord, dans la presse la plus bourgeoise sur la dernière allocution de M. Lockroy.

Pendant que la *France* se met à plat ventre devant « les vérités dogmatiques de première importance » sorties de la bouche du ministre de tous les commerces — commerce Goblet, après commerce Freycinet, — les *Débats* demandent que, puisqu'il est impossible de « changer un vaudeviliste en orateur réfléchi et judicieux », on oblige cette Excellence à se taire « dans l'intérêt de la réputation d'esprit et de bon sens des Français ». Et le *Temps*, — en vrai *romain* qu'il est et qu'il entend rester, — crie *amen* non pas à ce qu'a dit le membre du gouvernement, mais à ce qu'il « voulait dire sans doute ! »

Qu'a donc « dégoisé » — l'expression est de l'académicien Paul Leroy-Beaulieu — M. Edouard Lockroy à la distribution des récompenses aux ouvriers bien sages, pour diviser ainsi entre elle-même la presse capitaliste.?

Rien qui n'ait été « dégoisé » cent fois avant lui — par M. Waldeck-Rousseau, notamment.

M. Lockroy est d'avis que « les intérêts des patrons et des ouvriers sont solidaires »; que « le socialisme pratique consiste non pas à diviser mais à concilier le capital et le travail » et que, « pour

combler l'abîme qui, de son propre aveu, sépare
aujourd'hui les classes, la participation aux bénéfices s'impose », agrémentée d'un certain nombre
de mètres de ruban tricolore à distribuer de temps
à autre aux prolétaires demeurés de longues années au service du même employeur.

Qu'on ajoute à ces clichés usés jusqu'aux inter-
lignes, un air de bravoure sur la concurrence
étrangère qui nous regarde et nous entend et fait
un devoir patriotique à nos travailleurs de passer
par toutes les exigences de leurs patrons, et l'on
aura la harangue dans son entier, j'allais dire dans
son beau.

C'est ça, oui, c'est ça qui fait divaguer les fortes
têtes du journalisme parisien, les *Débats* n'admettant pas qu'on fasse participer le travail à des bénéfices que le capital ne trouve jamais assez gros ;
la *France* jugeant au contraire très habile d'amu-
ser un prolétariat en appétit avec cet os sans moelle
d'une participation à venir, et le *Temps* enchanté
que les rapports du capital et du travail aient été
« de question sociale transformés en question
internationale ».

C'est à se demander à quel degré de gâtisme
sont arrivés nos dirigeants pour s'imaginer un seul
instant que la France ouvrière, en vue de laquelle
ils se chamaillent de la sorte, va s'intéresser si peu
que ce soit à cette querelle de mots.

Voilà longtemps que M. Lockroy et ses *speeches*,
ses applaudisseurs et ses détracteurs, elle a tout

mis dans le même sac, coulé dans je ne sais combien de mètres de dédain.

Les faits l'ont guérie des paroles. Et ce que ces faits, qui l'écrasent, lui ont appris, c'est que les intérêts sont fatalement antagoniques dans une société basée sur la séparation — et l'incarnation en deux classes distinctes — du capital et du travail.

Plus les profits sont élevés et plus les salaires sont bas, et *vice versa*, puisque salaires et profits sont prélevés sur le même produit.

Les longues journées de travail et l'extension et le perfectionnement du machinisme sont de véritables dieux pour les employeurs qui bénéficient de la production ainsi accrue ; ils sont au contraire des fléaux pour les employés qui n'en sortent que des chômages multipliés et prolongés.

Pas une découverte, pas un progrès qui ne présente cette double face des riches devenant plus riches et des pauvres devenant plus pauvres.

Ce que la France ouvrière, au moins dans ses cerveaux pensants, sait encore et surtout, c'est que cet antagonisme, qui condamne l'ordre actuel, peut disparaître et comment il disparaîtra.

Ce sont les faits, qui, à cet égard aussi, l'ont instruite. Elle a vu, dans tous les ateliers où elle peine, les fonctions les plus hautes, les plus intellectuelles, remplies de plus en plus par des salariés ou des non propriétaires. Et elle en a conclu, comme Stuart Mill, que si le capital est nécessaire à la production, il n'en est pas de même du capitaliste, qui peut être supprimé sans inconvénient aucun, avec avantage pour tous.

Cette suppression du capitaliste oisif et la réunion du capital au travail entre les mains de la collectivité, se sont imposées dès lors à elle, comme la solution unique et inévitable du problème auquel s'entend M. Lockroy comme un âne à jouer de la flutte.

Elle a trouvé — et elle ne cherche plus, se bornant à s'organiser, c'est-à-dire à créer la force nécessaire à la révolution qui lui incombe, et que ni ministres, ni professeurs d'économie politique ne retarderont d'une minute avec leurs boniments contradictoires.

(I dcembre 1886).

IV

LA SOLUTION

Contre-temps

Le *Temps* — qui, si cela continue, devra changer de titre et s'appeler le *contre-temps* — joue depuis quelques jours toute espèce de tours, plus pendables les uns que les autres, à la classe qu'il fait profession de défendre. Pas un des lourds quartiers de roc qu'il s'essouffle à rouler sur « le socialisme contemporain » qui ne retombe de tout son poids sur l'ordre actuel et ne l'écrase.

Lundi dernier, après avoir pris le Pyrée pour un homme, ou, ce qui est pis, la fantaisie de M. Clémenceau sur « ceux qui sont trop riches et ceux qui sont trop pauvres » pour « le fonds dernier des systèmes socialistes », ne s'avisait-il pas, pour arracher les prolétaires à ce qu'il appelle « l'erreur du partage », de les renvoyer à un travail de M. Cochut sur le « chiffre total des revenus du pays » ?

D'après ledit Cochut — cher à Ferry — « la somme que la nation française a pu consacrer, en

1880 et en 1881, à ses besoins, à ses jouissances et à ses économies » n'arriverait qu'à 37 milliards, ce qui, pour 38 millions d'habitants, ne donnerait qu'un « contingent moyen de 1.000 francs par tête ».

Mille francs par tête, assurés d'ores et déjà par la production moderne malgré les millions d'oisifs dont elle est grevée (plus de deux millions de domestiques des deux sexes, un million de rentiers et d'actionnaires, etc.) ? mais *cela fait, par famille* de cinq personnes, dont trois enfants, un minimum de *cinq mille francs*, qui pourrait doubler du jour au lendemain par l'extension du travail à tous ! Et c'est sur l'évocation d'un pareil *eldorado* que table le moniteur de la bourgeoisie pour désarmer les salariés de 1884, dont le budget familial — les statistiques les plus officielles en font foi — n'atteint pas quinze cents francs en moyenne par année.

C'est à se demander ce qu'aurait pu inventer le *Temps*, s'il s'était proposé de pousser notre prolétariat à faire immédiatement main-basse sur « le riche » et « la richesse » de l'heure présente.

Aujourd'hui, pour asseoir la responsabilité de la crise actuelle sur le travailleur parisien et ses « habitudes de bonne chère », le même journal se laisse aller à l'exclamation suivante que nous voudrions, si le Parti ouvrier n'était pas si pauvre, faire tirer à des millions d'exemplaires et envoyer nominativement à chacun des prolétaires français :

Il semble, en vérité, quelquefois, que, dans la pensée des ouvriers, une industrie ne soit au monde que pour leur donner de l'ouvrage !

Evidemment ces ouvriers que Quatre-Vingt-Neuf a proclamés les égaux des rédacteurs du *Temps* devant la loi et que Quarante-Huit a fait les égaux des Hébrard et des Schérer devant le scrutin, sont des monstres d'ignorance lorsqu'ils s'imaginent que l'industrie existe pour eux, à un titre quelconque, ne serait-ce que dans la mesure d'un *minimum* de pain contre un *maximum* de travail.

Ils ne se rendent pas compte — comme l'ont exposé avec un accord plus que parfait, à la Chambre, le monarchisme de M. de Mun et le républicanisme de M. Hugot — que c'est l'ouvrier qui existe pour l'industrie, et dans la proportion seulement où l'industrie a besoin de ses bras.

C'est lui, être vivant ou paraissant tel, qui est la « marchandise », que l'on n'achète et que l'on ne consomme qu'autant qu'elle est demandée, qu'on ne peut s'en passer. Le producteur n'est qu'un *moyen* dans la production capitaliste. Le *but*, c'est le produit, ou plus exactement, le profit.

Aussi, voyez comment, dans la langue du marché ou de la Bourse — qui est le miroir des faits — les marchandises s'animent ! Ce sont elles qui sont devenues les seuls êtres vivants, que dis-je, humains ! Fers, houilles, sucres, montent, baissent, résistent, fléchissent, gagnent ou perdent tant, etc., etc.

Mais si le *Temps* — qui connaît son monde capitaliste — a lieu de s'étonner de la prétention que
nourrissent encore, non pas tous les travailleurs,
mais une trop grande partie d'entre eux, de vivre
de l'industrie — alors que c'est elle qui vit d'eux,
au contraire — comment ne s'est-il pas aperçu de
l'imprudence extrême qu'il y avait à rappeler aussi
brutalement des millions d'hommes, la classe entière des producteurs, au rôle de *chose (res)* qu'ils
jouent dans la moins humaine des sociétés ?

La vie politique, qui leur a été ouverte il y a
trente-six ans, et l'école, qu'on leur ouvre de plus
en plus, permettent de moins en moins aux prolétaires de s'accommoder d'un pareil lot. Et plus on
voudra les y enfermer, plus on les jettera dans les
bras de la Révolution et de ses « théoriciens »,
parce qu'il n'y a pour eux qu'une manière de cesser d'être les machines de chair et d'os qu'ils sont
réellement aujourd'hui, c'est de s'emparer, pour
leur classe devenue toute la société, des machines de fer et de bois, de tous les moyens non
humains de production.

Leur retour à l'état d'homme est à ce prix.

(Février 1884).

Il n'y a pas d'Atlantique

Les ouvriers parisiens délégués à l'Exposition de
Boston n'ont rien trouvé d'enviable dans le sort
de leurs frères d'au-delà de l'Océan. Sous la forme

de sociétés de résistance — déclarent-ils l'un après l'autre — la liberté d'association la plus absolue n'a pas eu d'effet pour les travailleurs ; elle s'est montrée inutile. Sous la forme de sociétés coopératives — en permettant aux salariés de vivre à meilleur marché — elle n'a servi qu'aux capitalistes ou employeurs auxquels elle a permis de réduire les salaires.

Sur quoi nos braves bourgeois d'exulter dans leurs journaux, de se frotter les mains — ou les plumes – et de se retourner fièrement vers les socialistes du Parti ouvrier en leur disant : parez donc ce coup-là !

Mais, libéraux, opportunistes et radicaux que vous êtes, c'est vous qu'atteignent en pleine poitrine les rapports *de visu* de nos *retour d'Amérique* ! C'est vous, dont ils ruinent à jamais le peu d'empire que vous aviez pu conserver sur les masses !

Parce que c'est vous qui, depuis près d'un siècle, avez successivement vécu sur le mensonge des souffrances ouvrières attribuées à telles ou telles institutions gouvernementales.

Parce que c'est vous qui, avec votre Laboulaye, avez inventé la légende des Etats-Unis et qui la rééditez avec votre Clémenceau et votre Portalis, en suspendant l'émancipation prolétarienne à « la liberté » et à « la République comme en Amérique ».

Parce que c'est vous qui, hier encore, ne craigniez

pas de présenter à vos électeurs de l'atelier votre loi sur les syndicats comme l'arme libératrice par excellence.

Les socialistes du Parti ouvrier, eux, n'ont jamais bu — et surtout fait boire — de ce vin-là. Lorsqu'ils ont transporté — par la pensée — notre classe ouvrière de l'autre côté de l'Atlantique, ce n'a été, au contraire, que pour lui faire toucher du doigt le néant des réformes politiques en matière d'affranchissement du travail.

« Là, lui faisions-nous remarquer, le suffrage universel ; là, la République ; là, toutes les libertés qu'on te promet depuis des années sans jamais les tenir ; là, pas d'armée permanente et pas de budget des cultes ; là, l'autonomie communale — et là, cependant, comme dans la moins libre et la moins républicaine des Frances, la misère au prix du surtravail, le chômage, la machinisation de la femme et de l'enfant, tout l'enfer, en un mot, du prolétariat. »

A l'école de la grande République américaine, comme à celle de la petite République suisse, ce que nous avons appris à nos travailleurs, c'est que leur servitude était indépendante des conditions gouvernementales, qu'elle avait sa source exclusive dans l'ordre économique, ou, plus exactement, dans l'appropriation individuelle des moyens de production.

Et comment aurait-il pu en être autrement, alors que dans le prétendu Eldorado, créé aux Etats-

Unis par nos politiciens pour les besoins de leur candidature, nous voyions les ouvriers, soi-disant émancipés, s'organiser comme dans l'ancien monde « en Parti du travail employant le pouvoir politique pour réaliser l'indépendance industrielle »; alors qu'au Congrès de Newarck, en décembre 1877, ils mettaient en tête de leur *platform* électorale cette affirmation collectiviste ou communiste:

« Ce que nous voulons, c'est que les ressources de la vie, les moyens de production, de transports et de communication, terres, machines, chemins de fer, télégraphes, canaux, etc., deviennent la propriété commune du peuple entier, afin d'abolir le salariat et de lui substituer la production coopérative avec une juste répartition des produits ?

Les personnages les plus officiels ne tenaient pas un autre langage. Après avoir constaté que, dans l'Etat d'Ohio, de 1860 à 1870, la population ne s'était accrue que de 14 0/0, en même temps que la richesse augmentait de 87 0/0, le commissaire du bureau de statistique, M. H.-J. Walls, était obligé d'ajouter, dans son rapport de 1877 :

« Cet énorme accroissement de richesses, coïncidant avec une augmentation relativement faible de la population, n'a pas empêché les ouvriers, par centaines et par milliers, d'être privés de pain pour eux et leurs familles ».

Et il concluait, comme le *Socialist labor Party* américain — et comme le Parti ouvrier français — à la nécessité de faire des travailleurs « les propriétaires et les contrôleurs des forces productives du pays » (*the owners and controllers of the productives forces of the country*).

Telle est en effet la seule solution du problème social qui, dans tous les pays industrialisés, quel que soit leur régime politique, se pose dans les mêmes termes et pour lequel — notre bourgeoisie a fini par s'en apercevoir — *il n'y a pas d'Atlantique.*

Elle arrive

Pendant que toutes les polices de la bourgeoisie européenne sont occupées à fouiller malles et valises pour y saisir, sous la forme aussi bruyante qu'inoffensive de la dynamite, la Révolution sociale qui s'approche, cette dernière prend tout simplement le paquebot ou le chemin de fer, se fait annoncer par le télégraphe, et débarque en pleine paysannerie française, sous la protection — qui plus est — de la force publique.

C'est des États-Unis ou de l'Inde qu'elle nous arrive — avec le blé. C'est d'Australie — avec la laine. C'est de Hongrie et d'Italie — avec le mouton ; cet innocent mouton qui n'en est pas, d'ailleurs, à son premier tour, puisque il y a quelque mille ans, si j'en crois le bon Homère, il permettait à Ulysse de glisser entre les doigts du cyclope Polyphème — pas plus aveugle avec son unique œil crevé que nos conservateurs avec leurs deux yeux grands ouverts.

Les propriétaires de l'Aisne et de quantités d'autres départements commencent à s'en apercevoir, et, par l'organe de M. Saint-Vallier au Sénat, ils viennent de pousser le cri d'alarme.

Dans le seul arrondissement de Laon, sur 14.000 hectares de terres labourables, 7.000, soit la moitié, ont dû être laissés en friche, le blé français, qui n'est rémunérateur qu'au-dessus de 20 francs l'hectolitre, étant tué de plus en plus par le blé américain ou indien, qui s'offre à 18 ou 17 francs et qui pourra demain — dès que les exportateurs voudront réduire leur bénéfice — être livré à 14 francs.

Même débâcle pour nos laines, dont le prix de revient dépasse 1 franc la livre en suin, alors que les laines australiennes se vendent sur nos marchés 80 centimes, par suite des immenses troupeaux qui, dans les vastes et riches plaines de ce continent nouveau, ne coûtent à leurs propriétaires que la peine de les rassembler et de les tondre.

Il n'est pas jusqu'à notre gigot — quoique « plus sain et plus nourrissant » — qui ne soit « fricassé » par la gigot italien et hongrois, que son « bas prix » rend irrésistible.

C'est un véritable « désastre » qui, pour un seul département, se traduit par la perte de 10 1/2 0/0 d'habitants en quarante ans, par l'abandon de 840 fermes et par des ventes judiciaires de plus en plus nombreuses.

La propriété agricole est mortellement atteinte. Voilà qui ne fait doute pour personne. Mais ce dont ne se rendent pas compte le Saint-Vallier et ses clients — et ce qui n'est que trop certain pourtant — c'est que rien ne saurait la sauver, de tous les remèdes proposés les uns étant de la plus complète inapplicabilité dans la société actuelle, les autres, loin de parer au mal, ne devant que l'aggraver.

Inapplicables — et heureusement — les droits protecteurs dans lesquels quelques-uns s'obstinent à placer le salut, parce que — relativement aux céréales, par exemple — ces droits, pour être efficaces, devraient atteindre des 6 et 7 francs par hectolitre et que jamais, au grand jamais, les capitalistes qui sont au gouvernement ne laisseront renchérir dans une pareille proportion le pain ouvrier, c'est-à-dire le prix de la main-d'œuvre. La finance, qui mène de plus en plus le monde moderne, est d'ailleurs libre-échangiste ; elle a besoin pour ses spéculations du marché universel, et elle ne permettra pas, elle ne peut pas permettre un retour sérieux à un régime prohibitif qui la tuerait.

Pire que le mal ou aggravateur du mal, le crédit agricole, que le Méline a promis d'organiser à bref délai, parce qu'en simplifiant et en facilitant l'emprunt, en le mettant à la portée de nos paysans propriétaires ou fermiers, il ne fera que précipiter leur expropriation au profit des Crédits fonciers et autres Sociétés de proie.

Seule, la socialisation de l'industrie agricole, comme de l'industrie manufacturière, est en mesure de conjurer — ou de réparer — la ruine de notre agriculture, qu'elle outillera des machines, des engrais et de la science indispensables à un sol aussi vieux que le nôtre. Et la crise ouverte par la concurrence inenrayable de l'Amérique et de l'Australie, en brisant les liens qui attachaient l'homme au sol, devenu ennemi, en le jetant dans tous les *aléas* de la vie de salarié, prépare les conditions humaines — ou intellectuelles — de cette transformation libératrice.

Au lieu de voir avec terreur venir la Révolution collectiviste ou communiste que poursuit le prolétariat des villes, l'homme des champs, Jacques Bonhomme, que peut de moins en moins nourrir le champ qui lui échappe, en deviendra, par intérêt, le plus zélé partisan. Il aiguisera sa faux, selon le conseil de nos bons bourgeois, mais pas pour la mettre en travers du fusil ouvrier, pour la combiner avec ce dernier — parce que la co-propriété foncière, sous la forme sociale, va devenir pour lui, comme la co-propriété industrielle pour le travailleur de fabrique, *le seul moyen de rentrer en possession.*

Aussi, loin de faire écho aux pleurs et aux grincements de dents des agriculteurs de l'Aisne et d'ailleurs, saluons-nous, dans cette déconfiture, la

préface douloureuse, mais nécessaire, de l'ordre
nouveau.

Le Socialisme du « Temps »

Lorsque, préoccupé de convertir M. Henry Maret, le *Temps* définit « le libéralisme » : « le développement des individus dans le développement
solidaire de la société humaine », il se comprend
peut-être. C'est son affaire, en tout cas. Et pour
rien au monde, nous ne voudrions l'empêcher de
prouver, par son pathos, la vérité de sa double
observation, « que parler juste est le meilleur signe qu'on pense clairement », et « que la clarté
dans les idées est ce qui manque le plus » ... aux
souteneurs de l'ordre bourgeois.

Mais, lorsqu'il a à expliquer le socialisme, que
ne s'adresse-t-il aux socialistes au lieu de s'en remettre à ses rédacteurs ordinaires ? Il éviterait
ainsi de faire rire de lui — ce qui est toujours dé-
sagréable pour un organe prétendu sérieux —
tous ceux qui ont pu lire dans son numéro d'hier
la *formulation* suivante :

« Le socialisme, c'est le pouvoir de l'Etat déci-
dant des aptitudes et des vocations, réglant les
salaires et les besoins ; en un seul mot, c'est la
responsabilité individuelle disparaissant pour faire
place à la réglementation officielle et suprême. »

Qu'il se soit trouvé un Louis Blanc pour proposer, dans son *Organisation du travail,* un pareil pouvoir économique pour l'Etat moderne, nous ne le contestons pas. Mais le *Louis-Blancisme* — en admettant qu'il ait vécu — n'a pas attendu pour mourir la mort de son inventeur — breveté avec garantie du gouvernement de Versailles. — Et si, depuis un an, il s'est rencontré quelques farceurs pour reprendre, sous le nom de services publics, cette théorie fœtale de la transformation des industries privées en industries d'Etat, ils n'ont obtenu aucun succès, même parmi ceux qui les suivent sans les avoir lus. Le socialisme scientifique, dans tous les cas, qui inspire et dirige le mouvement ouvrier moderne, n'a rien à faire avec un système renouvelé de ces excellents jésuites du Paraguay.

Pour songer à mettre entre les mains de l'Etat mines, chemins de fer, hauts fourneaux, tissages, filatures, raffineries et autres moyens de production, il faudrait n'avoir pas sous les yeux l'expérience des postes et télégraphes, des tabacs et autres branches de l'activité humaine déjà gouvernementalisées, sans autre résultat que d'élever à la deuxième puissance l'exploitation ouvrière.

De même que le spectacle des ilotes ivres suffisait à détourner de l'ivresse la jeunesse lacédémonienne, le spectacle de la servitude et de la misère des employés et ouvriers de l'Etat aurait suffi à guérir à tout jamais les plus obtus de la

prétendue solution de la question sociale, demandée au *fonctionnarisme universel.*

L'État producteur et employeur n'est pas la
destruction de l'ordre capitaliste — *ce qui est le
but du socialisme* — il en est, au contraire, le couronnement et l'aggravation en même temps. Au
lieu de l'exploitation capitaliste individuelle, anar-
chique et concurrente, se détruisant à la longue
par les désordres qu'elle entraîne, c'est l'exploitation capitaliste collective, unifiée et centralisée,
d'autant plus terrible par suite et plus difficile à
briser.

Aussi, loin de tendre à l'exagération de l'État,
qui n'est et ne peut être, selon l'expression d'Engels, que « l'organisation de la classe exploitante »,
le socialisme triomphant — c'est-à-dire la socialisation une fois achevée des forces productives —
ne laissera plus place à aucune espèce d'État. « Au
gouvernement des personnes » — rendu nécessaire
par la coexistence et l'antagonisme des classes —
succédera, par l'abolition des classes dans la communauté de la propriété et du travail, « l'administration des choses et la direction des procédés
de production. »

Ce sont les travailleurs qui, composant toute la
société et disposant en commun ou socialement des
moyens de production, se répartiront librement
entre les divers genres de travaux, selon leurs
aptitudes ou leurs vocations. Ce sont eux qui, déterminant eux-mêmes leurs besoins, auront à com-

biner leurs efforts pour les satisfaire le plus complètement possible, avec le moins de travail possible.

Et pour parler de « règlementation officielle et suprême » à propos de ce concours réfléchi et intéressé de copropriétaires à titre égal ; pour voir le tombeau de « la responsabilité humaine » dans les destinées de l'humanité ainsi remises à l'humanité qui les fera, à l'abri de tout hasard, ce qu'elle saura et ce qu'elle voudra les faire, il faut, comme le *Temps*, avoir la nostalgie de la bêtise ou de la mauvaise foi.

Le Cas de M. Clémenceau

J'ai sous les yeux le discours du Cirque Fernando, tel que l'édite la *Justice* ; et ce que je n'arrive pas à m'expliquer, c'est qu'il se soit trouvé des socialistes révolutionnaires pour interrompre le monologue Clémenceau et pour songer un seul instant à empêcher le député par moitié du dix-huitième d'aller jusqu'au bout.

Ce n'est pas par des *assez! assez!* mais par des *encore! encore!* que j'aurais, pour ma part, coupé chacune des périodes d'une harangue destinée à établir, par l'embarras, les « erreurs » et les contradictions de son auteur, l'impossibilité de mordre sur le Parti ouvrier au point où l'avaient amené nos Congrès de Marseille et du Havre et où l'ont maintenu nos Congrès de Roanne et de Roubaix.

Dans un seul cas — et de détail — le directeur de la *Justice* a parlé juste : c'est lorsqu'il a dénoncé « ce qu'il y avait d'artificiel dans l'organisation d'un parti politique sur la base du travail purement manuel, comme si le travail manuel n'entraînait pas nécessairement le travail cérébral ». Mais cette « impossibilité de séparer l'activité musculaire de l'activité cérébrale » n'appartient pas à M. Clémenceau, comme on peut s'en convaincre en parcourant, non seulement le *Cri du Peuple* de 1884, mais le *Citoyen* de 1882-81 et l'*Égalité* de 1880 et de 1878. Et sa critique passe, en conséquence, par dessus la tête du Parti.

Dans tout le reste, pour s'inscrire en faux contre le communisme ou le collectivisme, contre la lutte de classe et contre la Révolution, M. Clémenceau a dû briser, non seulement avec la science et l'expérience, mais avec le bon sens le plus élémentaire.

M. Clémenceau a brisé avec la science, lorsque lui, le diplômé de la Faculté de Paris, il a « subordonné l'amélioration de la société à l'amélioration de l'individu ». Si quelque chose n'est plus à démontrer depuis Darwin, c'est que c'est le milieu qui fait, non seulement les individus, mais les espèces, et que, par suite, — au point de vue éducationnel — c'est dans la transformation du milieu social que doit être cherchée et que pourra seulement être trouvée la transformation des individus

soumis à des besoins, à des intérêts — c'est-à-dire
à des mobiles — nouveaux. La société actuelle,
basée sur le « chacun pour soi », et dans laquelle
on ne peut cesser d'être exploité qu'en devenant
exploiteur, ne saurait — à de très rares exceptions
près — développer que les sentiments égoïstes et
antagoniques de l'humanité. Pour libérer et amener à maturité les sentiments altruistes ou sym-
pathiques, une nouvelle société est nécessaire, qui
solidarise les hommes au lieu de les diviser et dans
laquelle l'*homo homini lupus* aura fait place à
l'*homo homini deus.*

M. Clémenceau a brisé avec l'expérience, lorsqu'il a invoqué « un degré de culture — collectiviste — assez long à acquérir *avant d'introduire
dans l'industrie un système d'exploitation collective.* » A quelle cécité politicienne ne faut-il pas
être arrivé pour parler « d'exploitation collective
à introduire », alors que cette exploitation fonctionne depuis je ne sais combien d'années ! La
production collective — ou en commun — mais
elle existe dans les chemins de fer, dans les mines,
dans les hauts-fourneaux, dans les filatures et les
tissages, dans toutes les industries, en un mot, qui
ont été touchées par la machine et par la vapeur.
Partout ce sont des collectivités de travailleurs qui
exploitent ou font valoir; mais elles sont exclues
de la propriété de ces grands moyens de production — restée individuelle — et ce qu'il s'agit de
collectiviser (combien de fois nous obligera-t-on à

le répéter), c'est la propriété, dont la forme, pour que l'ordre règne, doit être *adéquate* à la forme de la production.

M. Clémenceau a brisé avec le bon sens le plus élémentaire ; il s'est moqué de ses auditeurs et de lui-même, lorsqu'après s'être « séparé nettement d'avec nous », qui ne voyons d'affranchissement possible pour le prolétariat que dans son organisation en parti de classe contre tous les partis politiques bourgeois, il s'est exprimé comme suit :

» Je conviendrai que derrière la lutte politique il y a la lutte d'intérêts ; je vous accorderai même, si vous le voulez, qu'à bien regarder les choses, il n'y a que des luttes d'intérêts... »

Et plus loin :

« Ce qui est primordial, c'est de faire comprendre aux déshérités de tout ordre *qu'il n'y a pas d'émancipation véritable pour eux en dehors de celle qui viendra de leurs propres efforts...*

« La libération des opprimés ne viendra pas seulement d'une école, d'un groupe politique, d'un homme d'Etat ; ils la devront avant tout, pour leur dignité, à eux-mêmes ».

Mais la voilà, citoyen Clémenceau, notre lutte de classe, affirmée, qui plus est, presque dans les mêmes termes que l'*Internationale* : *l'émancipation des travailleurs ne peut être que l'œuvre des travailleurs eux-mêmes !*

Le Parti ouvrier — scientifiquement entendu et pratiqué — n'est que cela et ne veut que cela. Il est la masse des déshérités n'attendant pas son salut « d'en haut, en vertu d'une formule magique », mais, d'elle-même, arrivée à la conscience, non seulement de ses droits, mais du milieu économique dans lequel elle se meut. Ce qu'il veut, c'est à l'aide « des propres efforts » associés des opprimés, faire « prévaloir sa volonté » émancipatrice contre ce que vous appelez vous-même « la résistance aveugle de la bourgeoisie ».

Et si, contrairement à vous, qui prétendez qu'il ne « sera pas besoin de révolution » et que la chose se fera « pacifiquement », nous croyons, nous, que l'emploi de la force s'imposera, une fois cette force créée matériellement par l'organisation et intellectuellement par le socialisme scientifique, c'est que, de votre propre aveu, « tandis que la production s'est prodigieusement accrue, grâce aux machines qui n'ont pas abrégé d'une seule heure le travail d'un seul être humain, l'augmentation des richesses s'est faite presque exclusivement au profit de ceux qui possèdent ».

Ceux-là, les privilégiés d'aujourd'hui, qui, — parce qu'ils possèdent — bénéficient, non pas « presque exclusivement », mais exclusivement, de tout le progrès industriel, ne se laisseront pas plus exproprier à l'amiable que les privilégiés de l'ancien régime. Enfermés dans l'Etat comme dans une nouvelle et plus formidable Bastille, forts d'une police à la Camescasse, d'une magistrature à la Brissaud et d'une armée à la Galliffet, ils ne

peuvent pas capituler sans combat. Et en niant,
comme vous le faites, en l'air, sans argument à
l'appui, le nouveau 14 Juillet qui devra précéder
la nouvelle nuit du 4 Août, ce n'est pas le Parti
ouvrier que vous atteignez, mais vous-même, que
condamne l'histoire d'hier et de toujours.

L'expropriation révolutionnaire à l'Hôtel de Ville

Les neuf cléricaux — y compris M. Dufaure
fils — qui constituent la Droite du Conseil municipal, ont bien mérité avant-hier de la Révolution
sociale.

Grâce à eux, grâce à leur protestation enfantine
contre la désaffectation de l'Eglise de l'Assomption,
le but expropriateur du prochain 89 ouvrier a pu
être affirmé, sans ambage, en plein Hôtel de Ville.

Inutile d'ajouter que cette affirmation expropriatrice appartient au citoyen Vaillant.

Alors que les libres-penseurs, à la Delabrousse,
ne voyaient dans un immeuble de la Ville à laïci-
ser, qu'une nouvelle « niche » à jouer à « messieurs
les curés », et les plus radicaux (Robinet, Pichon,
Chautemps, Songeon, etc., etc.), une occasion de
« renouveler leurs vœux précédents en faveur de
la séparation de l'Eglise et de l'Etat », l'élu du
Père-Lachaise, rompant avec la duperie de la pe-

tite guerre ainsi faite aux porte-soutanes, a ratta-
ché cette restitution minuscule à la grande rentrée
en possession de tout ce qui a été — et est encore
chaque jour — volé à la collectivité ouvrière.

L'ordre du jour qu'il a déposé — et que nous
voudrions voir inscrit en lettres d'or dans tous
les ateliers de France pour l'encouragement des
travailleurs déjà socialistes et l'instruction des autres, — porte en toutes lettres :

« Considérant que l'*expropriation du clergé n'est
qu'un élément de l'expropriation politique et économique de la classe capitaliste* que la Révolution
réalisera...»

Impossible de mieux dire — et de réfuter, du
même coup, plus sommairement, tous les sophis-
mes politiques et économiques de la bourgeoisie.

C'était en finir avec l'immense « blague » opportuniste reprise par l'intransigeance : le cléricalisme, voilà l'ennemi ! et remettre le clergé à la véritable — et très secondaire — place qu'il occupe
dans l'exploitation humaine : celle de simple chien
de garde de la classe possédante, au même titre
que la police et la magistrature.

C'était déjouer une des manœuvres qui, jusqu'à
présent, avait le mieux réussi au républicanisme
de la caste propriétaire, et qui consistait à organiser la chasse aux prêtres, comme dérivatif à la
chasse aux patrons.

C'était enfin supprimer, comme un mensonge
qu'elle est, la distinction que le *juridisme* d'un Mi-

chelin venait encore de chercher à établir entre la propriété ecclésiastique et la propriété bourgeoise, la première qui, née de la loi pourrait être supprimée par la loi, pendant que l'autre — tombée du ciel sans doute — serait au-dessus de la volonté — ou de l'expropriation — sociale.

Non, la propriété est une. Fondée sur une utilité sociale momentanée, elle peut et doit disparaître avec l'intérêt même qui lui a donné naissance. Et, selon la très juste expression de Vaillant, « l'expropriation du clergé n'est qu'un des éléments de l'expropriation de la classe capitaliste que réalisera la révolution », parce que, plus encore peut-être que la propriété ecclésiastique, la propriété capitaliste est incompatible avec le libre développement de l'humanité.

Elle est, dans les conditions de la production moderne issue de la machine, de la vapeur et de l'électricité, l'unique cause de la misère et de tous les désordres matériels et moraux qui sévissent sur notre espèce.

Si les églises, toutes les églises doivent être enlevées à leurs détenteurs actuels et fermées comme des écoles de servitude, de mauvais lieux où l'exploité apprend à aimer son exploitation, la servitude est ailleurs : elle est dans les ateliers, manufactures, usines, transformés en coupe-gorge pour la classe productrice par le fait de leur appropriation individuelle.

« Ici on vole » et « ici on tue », et on volera par

milliards et on tuera par milliers, aussi longtemps que toutes ces maisons de travail n'auront pas fait retour à la nation qui travaille.

L'expropriation s'impose, non pas la petite, limitée à une église sur deux par quartier, mais la grande, étendue à tous les moyens de production qui, d'instruments de mort, ne passeront instruments de vie qu'en devenant *moyens sociaux*.

Pour la première fois, mercredi dernier, cette nécessité expropriatrice a été proclamée sur les lieux mêmes, — sinon sous les mêmes voûtes, — qui virent la Commune de Paris. Mais ce ne sera pas la dernière. Nous en avons pour garant la vaillance de l'élu révolutionnaire, qui ira répétant son *delenda proprietas* jusqu'au jour où, passant des paroles aux actes, nous pourrons ensemble la détruire.

L'Exécution de Waldeck

O Waldeck, qui l'eût dit ? ô Rousseau, qui l'eût cru ?

Jouer les sous-Ferry à l'intérieur ; être le ministre des Ballerich, *via* Camescasse ! et se voir dénoncer pour ses « théories sociales », s'entendre accuser de lancer les ouvriers dans la voie des « chimères » ! Quoi de plus invraisemblable — et de plus vrai cependant !

Voilà M. Waldeck-Rousseau convaincu de « sentir le fagot » collectiviste ou communiste, parce que dans son dernier discours devant la commission extra-parlementaire des associations ouvrières, il s'est laissé aller à dire que « le travail arrivera progressivement à demander sa rémunération de moins en moins au contrat de louage » et que, « pour mettre fin au conflit qui s'aggrave entre la main-d'œuvre et le fabricant, la seule solution pratique lui paraissait la réunion de ce qui est aujourd'hui séparé (le capital et le travail) de façon à ce que le travail soit rémunéré par les bénéfices mêmes qu'il aura procurés. »

. Mais c'est à « la suppression du salariat » que vous tendez ! exclame la sentinelle avancée de notre bourgeoisie, le *Temps*. Et de croiser *ette* et d'appeler à la rescousse contre une Excellence aussi subversive.

Pour M. Waldeck-Rousseau naturellement, il ne s'agit pas de transformer les salariés en co-propriétaires nationaux ou sociaux des moyens de production par l'expropriation de la minorité capitaliste oisive — seule façon pourtant d'en finir avec le salariat. Ce qu'il entend par « l'association et la confusion des forces sociales », c'est la participation des ouvriers aux bénéfices — et pas même une participation obligatoire, mais une participation facultative, pour les fabricants auxquels la chose peut convenir, dans la mesure où il leur plaira et sans que jamais les ouvriers participants puissent « prétendre à contrôler le tant pour cent gracieusement concédé en se faisant ouvrir les livres de la maison. »

Mais, même dans cette limite du bon plaisir patronal, le salariat, non pas supprimé, à peine mitigé, fait trembler nos bourgeois pour leurs profits. Le travailleur une fois sorti de son rôle de marchandise ordinaire, qu'on achète sur le marché comme des pommes de terre ou du coton pour en tirer tout le parti possible et imaginable, et redevenu homme, considéré comme un producteur auquel on reconnaît certain droit sur son produit, qui sait où on s'arrêtera dans cette voie ? C'est le commencement de la fin d'un régime qui — les plus aveugles sont obligés de le voir aujourd'hui — n'a d'aboutissant que dans le collectivisme ou le communisme.

Ce n'est d'ailleurs pas sur ce terrain que se place le *Temps* pour exécuter son ministre. Pas si sot ! C'est dans l'intérêt même des travailleurs, qu'il prend contre M. Waldeck-Rousseau la défense du salariat, « dont on a longtemps médit », dans lequel on « voyait une condition inférieure », mais que « l'évolution industrielle en voie de s'accomplir réhabilite singulièrement ».

Pauvres salariés, gémit Sa Tartuferie le *Temps*, « par la confusion du salaire avec les profits de l'entreprise, ils risqueraient trop souvent de faire un marché de dupes, puisque les produits de l'industrie ne laissent plus qu'un bénéfice restreint et douteux ».

Voyez-vous cela ? Les salaires *plus* les profits laissant les travailleurs plus pauvres que les salaires *moins* les profits — ces profits sur lesquels vit grassement aujourd'hui toute la classe des fainéants ! Ce serait la première fois qu'une addition se terminerait en soustraction.

Et pourquoi ce miracle ? — Parce que toutes « les entreprises ne réussissent pas » ; parce qu'il y a des fabricants qui se ruinent ?

Mais, mauvais perroquet de Bastiat que vous êtes, il y a longtemps que Lassalle vous a fait rentrer ce sophisme dans le gosier, en vous répliquant, sur le dos de M. Schultz, de Delitsh, que, si des fabricants peuvent faire faillite, *l'ensemble ou la classe des fabricants réalise toujours des bénéfices*, qui se chiffrent par milliards et pourvoient aux valets, aux cocottes, à toutes les orgies et à tous les caprices des *bénéficiaires* ! C'est cet ensemble de bénéfices — qui est leur œuvre — que les producteurs, rétribués par leur produit, trouveront dans l'abolition du salariat.

L'autre argument du *Temps* est plus inepte encore. La fusion du salaire et du profit opérée dans le produit reconstitué et laissé entre leurs mains, les ex-salariés auront, dit-il, à leur charge « les achats de matière première, les commandes, la direction de l'entreprise, les ordres à donner, l'initiative à prendre, toute l'œuvre qu'accomplit aujourd'hui le capitaliste proprement dit », — que l'on qualifie pour la circonstance de « travailleur spécial ».

C'est à se demander de quelle lune tombe le *Temps*. Depuis combien d'années les Scherer se sont-ils endormis au bruit de leur propre prose pour ne pas avoir vu les capitalistes se dépouiller, les unes après les autres, des attributions qu'on leur prête encore en 1885, et les rejeter toutes sur des salariés ? Quel est l'actionnaire de chemin de fer qui « achète la matière première » ou fait une « commande » ? Quel est l'actionnaire des mines qui « dirige l'entreprise » ? Quel est l'actionnaire du « Printemps » ou du « Bon Marché » qui « donne un seul ordre » ou « prend une initiative » quelconque ?

Lorsqu'on est devenu aussi étranger au milieu dans lequel on se réveille, le mieux est de se rendormir pour toujours, ô *Temps !*

Ce qui fait plus que permettre, ce qui commande la disparition du salariat, c'est que les salariés, qui s'étendent du graisseur de roues à l'ingénieur et à l'administrateur, remplissent d'ores et déjà toutes les fonctions, de l'ordre le plus intellectuel comme de l'ordre le plus musculaire, inutilisant ainsi « le capitaliste proprement dit » qui n'est même plus à conserver comme faiseur de guano — depuis l'invention des engrais artificiels.

Cuisine et communisme

Il n'y a pas longtemps encore, lorsque les gens — ou valets — de lettres de la classe qui se déshabille en serins et en dindes chez la princesse de Sagan, voulaient ridiculiser le communisme, ils le représentaient sous la forme d'une immense gamelle sociale à laquelle ils opposaient triomphalement le pot-au-feu individuel.

La soupe trempée en famille — avec beaucoup d'eau et peu de viande — n'était pas seulement la meilleure des soupes. C'était la caractéristique de l'homme, ce qui le distinguait de la brute et lui permettait de regarder verticalement le ciel — la demeure dernière d'Hugo.

Otez à notre espèce son fourneau — ou son réchaud — par tête, qui l'empoisonne sans la nourrir et immobilise des millions de femmes transformées en sous-chiens tourne-broche d'autrefois, et vous lui ôtiez toutes ses vertus. Les beaux sentiments, les nobles pensées ne venaient plus du cœur; ils s'élevaient, comme une vapeur ou comme un parfum, de la cuisine privée, qui ne pouvait être éteinte par la cuisine publique sans nous replonger en pleine barbarie.

En vain leur objectait-on, en haut, la vie d'hôtel et de cercles, librement et de plus en plus menée par la gent à millions, revenue des Vatel et des Trompette à domicile; et en bas, la vie de gargotte, obligatoirement sortie de l'industrialisation de la femme et de l'enfant. Ils ne voulaient voir que des accidents — momentanés — dans ces éléments, et ces prodromes en même temps, d'une révolution alimentaire basée sur la substitution d'une fonction collective à ce qui a été jusqu'à présent une servitude personnelle.

Or, qu'ai-je lu hier dans la feuille-maîtresse, dans le journal-type de notre France capitaliste ? Un éloge dithyrambique des gigantesques « cuisines publiques » qui, dues à l'initiative du capitaine Wolff, viennent d'être montées en Angleterre au capital de je ne sais combien de millions et fonctionnent avec un plein succès à Londres, à Liverpool et à Birmingham.

Le *Temps*, après avoir expliqué qu'un seul des fourneaux en question coûte de **20.000** à **50.000 fr.** et peut débiter jusqu'à quatre-vingt-dix millions de ration par an, proclame que là est le salut pour les estomacs délabrés de nos contemporains. « Suppression des intermédiaires, division du travail, achat des denrées en gros, réduction au minimum des frais de manipulation et de cuisson » — ce communisme alimentaire présente tous les avantages, en même temps qu'il permet seul d'en finir avec un empirisme aussi meurtrier que ruineux et « d'aborder scientifiquement (1) le grave problème

(1) Il a été établi qu'il fallait en moyenne pour un adulte et par jour de 100 à 120 grammes d'albumine, 50 à 60 grammes de graisse et 500 à 600 grammes d'hydrates de carbone.

de la nourriture humaine au point de vue de la santé générale de la race, de sa force et de son *rendement*. »

Le *rendement* supérieur résultant pour la machine humaine d'une alimentation plus hygiénique et plus substantielle devait naturellement figurer au premier rang des considérations qui ont conquis finalement l'individualisme bourgeois à cette « transformation de la préparation des aliments en service général au même titre que l'éducation ». Ce n'est pas par philanthropie, c'est comme devant lui fournir des ouvriers capables de plus de travail, que la classe de nos employeurs salue et appelle la création de cuisines publiques monstres, lesquelles, d'autre part, en réduisant les frais d'entretien des travailleurs, permettront, sinon d'abaisser, au moins de ne pas augmenter de longtemps les salaires.

Mais peu importe le motif mercantile de la conversion du *Temps* et de sa caste. Il n'est plus actuellement un seul socialiste digne de ce nom qui ne sache qu'en régime propriétaire ce n'est jamais que dans la mesure où il sert les intérêts capitalistes que le progrès est faisable — et se fait.

Il n'en reste pas moins acquis, de l'aveu même des plus farouches anti-communistes :

1° Que le foyer domestique, en tant que bouilleur de marmite, est condamné comme un mode inférieur et insuffisant de réparation des forces humaines ;

2° « Que le fourneau commun » qui donne lieu au contrôle, désinfecte l'habitation agrandie, et crée à l'humanité des loisirs « toujours mieux employés soit à des soins de propreté, soit à des lectures, soit à des exercices physiques », n'est pas seulement l'*avenir*, mais du bel et beau *présent;*

3° Que les communistes tant honnis, que l'on renvoyait à Sparte et à son brouet noir, ont été, sur ce point comme sur tous les autres, des précurseurs, ayant seuls su dégager la marche évolutive de leur époque.

Et cela nous suffit — pour le moment.

Car des « cuisines publiques » du capitaine Wolff à la *cuisine sociale* que nous réclamons, il n'y a qu'un pas, que ne manquera point de franchir la prochaine révolution ouvrière, en supprimant, avec les actionnaires, les 17 0/0 de dividende que ces messieurs empochent d'ores et déjà à ne rien faire.

Les Bastilles modernes

Cette année, comme les précédentes, l'anniversaire de la prise de la Bastille a mis en branle, dans le plus triomphal des carrillons, toutes les cloches — et toutes les clochettes — de la démocratie vulgaire. A défaut d'un Victor Hugo, voulant que le 14 Juillet fut « la fête humaine », ne s'est-il pas trouvé des Marcelin Pelet par centaines pour inviter « la France à célébrer » ce que la *République française* ose appeler « la grande fête de son émancipation politique et sociale ».

La France « émancipée politiquement » ? — alors qu'elle n'est maîtresse ni de son sang ni de ses millions que l'on répand comme l'eau depuis trois ans en Tunisie, au Tonkin, à Madagascar et dans l'Annam, sans qu'elle ait été consultée même *pro formâ*, que dis-je, sans qu'on ait encore daigné lui faire connaître le pourquoi des abattoirs ainsi ouverts aux quatre coins du monde !

La France « émancipée socialement » ? — alors que le salariat — cette dernière forme de l'esclavage, d'après Chateaubriand — se généralise et s'aggrave ; alors qu'on meurt de faim en travaillant à Lyon, et qu'à Paris seulement c'est par cinquante mille que l'on compte les familles réduites au pain, aussi humiliant que rationné, du bureau de bienfaisance !

Ce qui est vrai, c'est que le 14 Juillet est une fête bourgeoise, la fête de la classe qui n'a sans doute pas pris la Bastille, mais au profit de laquelle la Bastille a été prise sur le roi de la noblesse et du clergé.

L'avènement du Tiers date de cette mémorable journée qui lui livrait, en même temps que les biens des deux Ordres ennemis, le pouvoir public à exercer, soit indirectement par voie de monarchie constitutionnelle, soit directement sous la forme républicaine.

Aussi notre bourgeoisie gouvernementale n'a-telle pas eu un moment d'hésitation lorsqu'il a fallu faire choix d'un « jour » dans l'histoire de sa Révolution. Au risque de glorifier tout ce qu'elle condamne aujourd'hui, c'est-à-dire l'insurrection, le pillage des dépôts d'armes, les troupes passant au peuple et le peuple se faisant justice lui-même, elle a pris le 14 Juillet — et pas le 5 Mai, ouverture des Etats Généraux, parce que le 5 Mai ne lui avait donné que le droit, c'est-à-dire rien ou peu de chose, pendant que le 14 Juillet lui a donné la force, c'est-à-dire tout.

Quant au peuple ouvrier, il n'a que faire d'une date qui ne représente pour lui qu'un changement de maître, l'exploitation du capital substitué à l'exploitation de l'épée. Et s'il se mêle aux « réjouissances officielles », s'il y prend — quoique de moins en moins — part, c'est que le besoin de se divertir, de s'oublier dans le bruit et dans l'éclat, est physiologiquement en raison directe des fatigues ordinaires, du mal ou de l'effort quotidien.

En « s'amusant » — comme en buvant — il accuse sa misère de la veille et du lendemain. C'est l'accumulation de ses privations, de ses angoisses et de ses douleurs de chaque jour qui donne à sa « joie » d'un jour ce caractère d'intensité, on pourrait dire de fébrilité, que la mauvaise foi ou la bêtise des plumitifs conservateurs inscrit à l'actif de la « meilleure des sociétés ».

Sa ou ses Bastilles — en effet — sont encore à prendre. Loin d'être tombées avec la Bastille féodale et royale, elles se multiplient d'année en année avec les progrès de la grande industrie et du grand commerce, qui ne laisseront bientôt plus en dehors de leurs ateliers et magasins-bagnes que le petit nombre des oisifs.

C'est la mine, photographiée par Zola — entre les mains anonymes de ses actionnaires et obliga-taires — prenant le prolétaire enfant pour le rendre en morceaux ou vieillard avant l'âge, après en avoir, pendant des quinze ou vingt ans, extrait toute la santé et toute la vie, sous forme de houille et de dividende.

. C'est la filature, c'est le tissage avec ses exigences patronales, enlevant la femme au mari, le « petit » à la mère, pour en faire des instruments de la fortune — et du libidinisme — de quelques nouveaux seigneurs du coton ou de la laine.

C'est l'usine, propriété de quelques-uns qui ne font rien et qui bénéficieront seuls de la division du travail, du machinisme et de la vapeur, alors que, contre dix et douze heures de travaux forcés trois cent soixante-cinq jours par an, les popula-tions entières y enfermées ne sont pas même assu-rées de « l'ordinaire » du prisonnier.

Là, dans cette appropriation, par la minorité non travaillante, des instruments et de la matière du travail, est, pour les travailleurs, la privation d'air, de lumière et de liberté que représentait pour quelques nobles ou bourgeois la « vieille forte-resse » de l'ancien régime. Là sont les « fosses » où des millions et des millions de producteurs de tout âge et de tout sexe sont enterrés vivants par le pouvoir discréditionnaire de la faim, bien autrement terrible que le bon plaisir d'un Louis XIV ou d'une Dubarry.

Et tant qu'un 14 Juillet ouvrier n'aura pas passé sur ces Bastilles capitalistes ; tant que la classe qui y tient garnison n'aura pas été obligée de capituler comme un simple De Launay, avec ces « invalides » de l'armée, de la magistrature et de la police, le prolétariat — qui n'est heureusement plus à l'apprendre — n'aura rien à célébrer, rien à fêter.

14 Juillet bourgeois ou 15 Août bonapartiste, ce sera toujours la fête des autres, des ses exploiteurs.

Ce ne sera pas la sienne — ni celle de l'humanité, dont l'affranchissement est conditionné au sien.

A la recherche de la paix sociale

Il y a d'excellentes choses dans le dernier article de M. Molinari. D'abord son titre : *La guerre civile du capital et du travail.* Si les morts n'étaient pas « de la chaux dans du bois », il suffirait à ressusciter d'indignation Bastiat, le romancier des *Harmonies économiques.*

C'est à la lueur des verreries belges flambant comme paille et sous le coup de l'embarre de De-

cazeville *watrinant* le Watrin que le directeur du
Journal des Économistes a ouvert les yeux à l'évidence, à la lutte qui sévit et s'aggrave entre les
classes dans les pays les plus divergeants de conditions politiques. Et — nouveau bon point à lui
décerner — M. Molinari ne veut pas que « le mal »
soit imputable au socialisme, qui a pu « développer » (diriger, serait plus vrai) ce « sentiment
d'hostilité », mais qui ne l'a pas créé.

« La cause est ailleurs », ajoute ce saint Jean —
de plus en plus Bouche-d'or, qui explique ensuite
comment « le remède philanthropique », lisez la
participation aux bénéfices, loin de nous rappro-
cher nous éloignerait plutôt de la paix sociale.
« Les mêmes conflits qu'engendre aujourd'hui la
fixation du taux des salaires se reproduiraient
pour celle du taux de la participation aux bénéfices, avec une difficulté aggravante : celle de la
constatation des bénéfices ». Rien de plus irréfutable.

Mais là s'arrêtent les vérités arrachées par le
fouet des événements à cette espèce d'âne de Balaam de l'économie politique, lequel redevient —
pardon du mot — un Aliboron vulgaire, dès qu'il
intervient avec sa solution prétendue expérimen-
tale ou lorsqu'il ose toucher à la solution socialiste.

Ce n'est pas parler, en effet, c'est braire, que de
nous prêter le projet suivant — bon tout au plus
pour M. Laur : « Expropriation, avec ou sans in-

demnité, des entreprises existantes, à commencer
par les charbonnages, et leur remise à des associations ouvrières constituées d'une manière plus
ou moins égalitaire ». Jamais le communisme ou
le collectivisme scientifique n'a poursuivi un pareil but, dont il connaît aussi bien que M. Molinari
l'*impraticabilité et dont il ne voudrait à aucun
prix, même s'il n'était pas le dernier mot de l'u-
topie.*

Comme M. Molinari, nous savons que les compagnies ouvrières, « ne représentant que le travail », réduites à emprunter capitaux et capacités,
ou ne les trouveraient pas dans le milieu hostile
de l'heure présente, ou seraient contraintes de les
payer à un prix tel que le travail ne serait pas
moins — quoique autrement — exploité qu'aujourd'hui. Mais nous savons encore autre chose :
c'est que, ces difficultés surmontées — et elles
pourraient l'être par l'entremise financière de
l'Etat, — d'une part la *production en vue du profit*
subsisterait, que les socialistes veulent remplacer
par la *production pour le produit ;* d'autre part, la
concurrence entre les groupes producteurs entraî-
nerait le même gaspillage de forces et les mêmes
inégalités individuelles que la concurrence entre
capitalistes.

Aussi, laissant les inventeurs bourgeois de cette
solution *corporative* se tirer d'affaire comme ils le
pourront, n'admettons-nous et ne préconisons-
nous que la solution *sociale*, c'est-à-dire la société

tout entière, formée de l'ensemble des producteurs, propriétaire indivise de tous les moyens de production qu'elle mettra directement et unitairement en valeur.

Et contre cette *socialisation*, à laquelle nous entraîne toute l'évolution économique moderne, aucune des objections de M. Molinari ne vaut, — la société n'ayant pas à chercher au dehors, possédant en elle-même, dans la variété des hommes qu'elle embrasse, aussi bien « l'esprit d'initiative et la science qui fondent toute entreprise et la mettent en œuvre » que « le capital qui l'alimente ».

Plus à se préoccuper des « avances », nécessaires à toute production. Elles sont constituées naturellement par la surproduction ou l'épargne (comme on voudra) des générations passées, assurant la consommation de la génération en activité.

Pas de sécession — ou de refus — à redouter de l'*élément science*, chacun, qu'il sorte de l'École polytechnique ou de la Primaire, devant, pour consommer ou vivre, fournir, sous la forme à laquelle il est le plus apte — autrement dit la plus utile à tous — sa quote-part du travail général déterminé par les besoins généraux.

Nulle crainte de « désastre », que dis-je ? nul *alea, les risques, même présentement, n'existant que sur et par le marché, en suite de l'échange ou de la vente,* et vente ou échange ne trouvant pas place dans le grand, l'unique atelier, à la fois agricole et industriel, que formera la société, produisant pour elle-même et n'ayant pas à échanger ou à vendre ses produits, mais à les distribuer entre ses membres au prix de revient.

Ce sera, avec la fin des *profits* — c'est-à-dire d'une classe qui profite et d'une autre classe dont on profite — la paix surgissant irrévocable de la collaboration diverse de tous à l'œuvre commune — la satisfaction des besoins de l'espèce, — et de leur égale participation aux fruits du travail commun.

J'arrive maintenant à la trouvaille de M. Molinari, à l'*Eureka* de notre nouvel Archimède — qui est bien ce que l'on peut rêver de plus stupéfiant. Mais les considérations qui l'ont conduit à ce « remède » et les détails dans lesquels il entre sur la manière de s'en servir — il l'a rédigé en véritable ordonnance — m'obligent, faute de place, à en renvoyer l'exposé à un prochain article.

C'est du rire sur la planche pour les lecteurs du *Cri du Peuple*.

Le remède Molinari

C'est pour le *partage du produit* que se battent les deux classes correspondant aux deux facteurs — aujourd'hui séparés — de la production : le capital et le travail. Dès lors, concluent les socialistes, pour faire cesser la bataille ou la guerre, il n'y a qu'à supprimer le partage ; et pour supprimer le partage — en salaires et en profits — il n'y a qu'à réunir les deux facteurs de la production dans les mains de la société, à la fois travailleuse et capitaliste, désormais maîtresse de tout le produit.

Erreur ! utopie ! nous crie M. Molinari : « Vous ne tenez pas compte des lois naturelles ». Et, au nom des lois naturelles (qui veulent, paraît-il, que l'outil, que la terre, mis en œuvre par Pierre soit possédé par Jean) le voilà qui, pour rétablir l'harmonie, préconise la *transformation du partage à deux en partage à trois*, salariés et salariants devant, paraît-il, s'embrasser au lieu de se mordre, du moment qu'un troisième larron interviendra pour empocher une partie du produit en litige.

J'ai l'air de plaisanter et cependant — M. Molinari ne me démentira pas — je suis le plus fidèle, le plus littéral des traducteurs.

Après avoir rappelé — ce que tout le monde sait — que l'ouvrier isolé, qui ne dispose ni du temps (la faim le talonne), ni de l'espace (le marché du travail démesurément agrandi est pour lui un livre fermé), est dans les conditions les plus défavorables pour bien vendre ses bras, notre Jérôme Paturot à la recherche de la paix sociale entend que le *commerce du travail* soit organisé en dehors de l'ouvrier. C'est ainsi que l'on procède pour la marchandise-tissu ou la marchandise-blé, qui n'est pas mise par son producteur à la portée

du consommateur, mais passe par des mains intermédiaires exclusivement marchandes. La marchandise-travail — et travailleur — doit être sou-
mise au même régime, donner lieu à un trafic ana-
logue.

A cet effet des Sociétés seraient constituées —
dont M. Molinari a pris soin de rédiger les statuts
— qui moyennant commission ou finance, bien
entendu — monopoliseraient le placement, l'écoulement de la chair à machine, traitant pour elle,
la transportant où besoin est et en garantissant à
l'acheteur — c'est-à-dire à l'employeur — la bonne
qualité — technique et morale.

Ces Sociétés de *marchandeurs* — M. Molinari ne
recule pas plus devant le mot que devant la chose
— reproduiraient sur le terrain industriel ces *con-
dottieres* ou chefs de compagnies franches du
moyen-âge qui engageaient leurs hommes, pour
un temps de ou pour une opération donnée, contre
un prix de, au service de tel ou tel prince. Elles se
chargeraient de la paie, prendraient à leur compte
« les malfaçons, le gaspillage ou le vol des matières premières » et exécuteraient certains travaux
directement, à forfait.

Seulement au lieu de courir les grandes routes
— poste et télégraphe n'ayant pas été installés pour
les chiens — elles attendraient à domicile un signe
de leurs agences pour mettre en mouvement, à
coup sûr, leur bétail humain.

Par un autre côté — comme elles « pourraient,

moyennant une commission supplémentaire, s'occuper de procurer à leurs enrôlés la nourriture, le logement et jusqu'à des délassements », — elles ressembleraient à certaines maisons *bien femmées* où, avec le travail, un certain nombre de jeunes personnes trouvent gîte, table et le reste.

Elles y ressembleraient jusqu'à la *carte* inclusivement, qui serait remplacée par le *livret* (article 3 des statuts).

Et pour tous ces avantages assurés aux deux parties — à l'ouvrier qui n'aurait plus qu'à se laisser faire, attendant comme le nègre sur le marché de Cuba de connaître, pour le servir, le maître auquel son négrier ou son planteur l'a vendu, et au patron désormais débarrassé de tout contact et de toutes difficultés avec sa machinerie de chair et d'os, — la Société modèle de M. Molinari, qu'il a intitulée le *Travail*, se contenterait d'une rémunération ou d'un intérêt de **12** pour cent.

C'est pour rien, évidemment, si l'on songe qu'à ce prix la « bonne entente va renaître d'elle-même entre les entrepreneurs d'industries et leurs ouvriers ». Mais comme ces **12 0/0** ne tomberont pas du ciel, comme il faudra les prendre sur le produit annuel du travail, la combinaison — pas « artificielle » et pas « arbitraire » du tout — de M. Molinari aboutit bien à ce que j'écrivais en commençant.

Notre économiste dit en substance aux salariés :
« Vous vous croyez — et vous êtes dans une cer-

taine mesure — exploités parce qu'il vous faut partager avec l'oisiveté capitaliste le fruit d'un labeur que vous êtes seuls à fournir. De là les grèves qui se multiplient et teignent parfois de rouge l'horizon ou les pavés. Eh bien, pour supprimer cette exploitation, nous allons, si vous le voulez bien, la doubler. Pour vous désarmer, nous allons, à vos parasites et à vos voleurs d'aujourd'hui, adjoindre d'autres parasites et d'autres voleurs. Sur le prélèvement déjà opéré par l'entrepreneur se greffera un nouveau prélèvement à opérer par le marchand ou le marchandeur de mes rêves. Et vous nous f..... la paix, après cela. »

J'ai dans l'idée que c'est tout autre chose que la paix qui serait f.... à M. Molinari si, au lieu de déposer un pareil « remède » dans la seringue à feu Garnier, il s'avisait d'en saisir directement les intéressés.

Et j'ajoute qu'il ne l'aurait pas volé.

Autres Princes

Voilà qui est entendu.

Il y a grades et grades, comme il y a fagot et fagot.

Il y a les grades, fruits de l'effort, du travail personnel, lesquels constituent une propriété inviolable.

Et il y a les grades qui, tombés d'un ciel de lit

royal ou impérial, dus au seul hasard de la naissance, peuvent et doivent être repris ou annulés
par une République, bien qu'à l'époque où ils ont
été décernés ils rentrassent dans la légalité en vigueur et quelqu'usage qu'en aient pu faire ceux
qui en ont bénéficié.

Ainsi l'a déclaré le général Boulanger — qui
fait chauffer son four par le radicalisme des Dreyfus et des Clémenceau. Et il a eu pour lui — avec
le bon sens — toutes les gauches qui ont ordonné
l'affichage de son discours ; et il a pour lui le
pays en masse qui, malgré les objurgations des
Keller et des Lareinty, n'arrive pas à prendre au
sérieux le généralat — à vingt et un ans — d'un
d'Aumale et le *colonellat* — à douze ans — d'un
Nemours..

Mais, dans la société actuelle, il n'y a pas que les
galons et les étoiles qui offrent cette différence
d'origine : ici, le travail ; là, la « simple peine de
naître ».

A côté d'un demi-quarteron de fils ou de petits-
fils de rois ou d'empereurs qui ont trouvé dans
leur berceau ces titres sur lesquels on s'est finalement décidé à porter la main de la nation, ne
voyons-nous pas, par centaines de mille, des fils,
petits-fils, cousins, neveux et autres membres des
familles capitalistes trouver également dans leur
berceau des usines, des mines, ici des raffineries,
là des terres, avec le pouvoir le plus absolu sur
les hommes y travaillant ?

Ces princes de l'ordre économique n'ont, pas plus que les autres, conquis leur position à cette « sueur du front » qui est « la pointe de l'épée » de la lutte pour la vie. D'Aumale, encore, lui, a été au feu quelquefois, à la Smala, dit-on, et ailleurs. Mais eux, les Périer d'Anzin et les Lebaudy de la Bourse, par exemple, quand donc et où ont-ils jamais payé de leur personne ?

Et la question se pose par suite — posée par un ministre de la guerre, s'il vous plaît :

Comment, si le berceau ne fait plus droit pour les grades, pourrait-il continuer à faire droit pour les biens ?

Comment, si la propriété militaire n'est respectable et respectée qu'autant qu'elle représente l'effort et l'aboutissant personnel, la propriété civile pourrait-elle être plus respectable et plus respectée qui ne peut produire de la part de ses titulaires aucun travail originel et constitutif ?

Qu'une pareille question, qui est sous un certain rapport toute la question sociale, ne soit pas pour plaire à nos républicains bourgeois qui non-seulement refuseront de la résoudre, mais éviteront de la voir et nieront, comme de beaux diables, qu'il y ait le moindre lien entre cette revision propriétaire et la revision des contrôles de l'armée qu'ils viennent d'applaudir, c'est ce qui n'est pas douteux. Mais il n'importe !

La France ouvrière, elle, ne s'y trompera pas. Avec la logique qui la domine, elle tirera toutes les conséquences de la théorie et de l'acte signé Boulanger.

Elle n'admettra jamais que ce qui *au militaire* est bon, juste et proclamé nécessaire par nos gouvernants eux-mêmes, c'est-à-dire la suppression de l'hérédité en matière de grades et le « sac » — le même sac — pour tous, ne soit pas aussi bon, aussi juste et aussi nécessaire *au social*.

Elle voudra étendre de l'armée à l'industrie, au commerce et à l'agriculture, cette hiérarchie des fonctions fondée sur les seules aptitudes constatées par l'expérience commune.

Et lorsqu'elle sera au pouvoir, lorsqu'elle fera sa république, elle *mettra dehors* les patrons ou les employeurs par la grâce de la naissance et la volonté des « auteurs de leurs jours », comme la République-Boulanger vient de mettre dehors les officiers-princes — et sans avoir à chercher d'autre exposé des motifs.

Comme en Amérique

Les 67.000 voix — et non les 45.000, ô *Figaro !* — réunies par le candidat socialiste à la mairie de New-York mettent quelque peu à l'envers la cervelle de notre bourgeoisie.

S'être endormi, il y a je ne sais combien d'années, sur l'Amérique de M. Laboulaye, ignorante et à l'abri de toute question sociale, et se réveiller brusquement au clairon d'une armée entière jaillie du sol avec l'expropriation des compagnies de chemins de fer et des autres sociétés capitalistes pour but immédiat, voilà qui est dur, en effet.

On ferait la grimace à moins.

Les *Débats* cependant, qui ne sont pas pour rien une pépinière de diplomates, essaient de faire contre la plus mauvaise des fortunes le moins mauvais des visages. Et, pour tranquilliser leur classe sur le socialisme révolutionnaire et ses progrès aux Etats-Unis, ils ont imaginé l'explication suivante :

Si la nationalisation du sol ou sa rentrée à la collectivité a trouvé 67.000 électeurs ou soldats dans une seule ville, « c'est que l'Américain comprend que la violence est inutile pour réaliser les réformes sociales. *Pour y réussir, il veut conquérir le pouvoir politique et procéder, ensuite, par moyens extrêmes peut-être, mais par moyens légaux.* Il se rappelle que même la sainte cause de l'émancipation des esclaves n'a pas été accomplie par le coup de main de John Brown à Harper's Ferry en 1859. »

Rien de plus exact. Mais si telle est la méthode du Parti ouvrier ou socialiste aux Etats-Unis, telle est également — et telle a toujours été — la méthode de tous les partis socialistes, non seulement en Europe, mais en France.

Nous aussi, et avec nous le Parti ouvrier belge et la Démocratie socialiste d'Allemagne, de Hol-

lande et de Danemark, nous n'avons jamais cru à
l'expropriation de la classe capitaliste par voie
d'insurrection faisant directement et sous la forme
privée passer les moyens de production de la main
des oisifs dans celle des producteurs.

Nous aussi, nous sommes persuadés que « pour
réussir » il faut d'abord et avant tout « conquérir
le pouvoir politique. »

Et, pour cette première conquête, nous employons tous les moyens, y compris le suffrage
universel ou le moyen légal. Témoin les campagnes électorales que nous menons depuis sept ans
bientôt et qui ont abouti à l'introduction dans les
conseils électifs des Vaillant et des Chabert, des
Baudin et des Langrand, des Basly et des Camélinat.

Seul, le gouvernement occupé par le prolétariat,
lui permettra, « par moyens extrêmes, mais par
moyens légaux », de procéder à la restitution à la
société des chemins de fer, des mines, des hauts-
fourneaux, des tissages, et en général de tout l'outillage de production et de distribution des richesses.

Ce n'est que pour la prise de possession du gouvernement que nous sommes révolutionnaires, et
pas par goût, par nécessité, parce qu'en France
notamment c'est toujours une révolution qui a
porté au pouvoir même les partis politiques bourgeois.

Révolution, **1830**, qui installe la monarchie tri-colore.

Révolution, **1848**, qui des barricades de Février fait surgir la deuxième République bourgeoise.

Révolution — ou coup d'Etat — le 2 Décembre 1851, qui intronise l'Empire.

Révolution, le 4 Septembre 1870, qui restaure la forme républicaine.

Toujours la force a couronné et fait aboutir l'entreprise gouvernementale ou politique commencée par le bulletin de vote. Le fusil a complété l'urne.

De là nos deux armes, imposées par l'expérience de toute l'histoire : l'urne d'abord, le fusil ensuite, que les événements nous mettront en mains, malgré nous.

Lors donc que les *Débats* s'efforcent, pour rassurer leur clientèle, de mettre sur le compte de la tactique américaine la marche victorieuse du socialisme par de-là l'Atlantique, ils ne font, sans le vouloir, qu'augmenter et que justifier les terreurs de la France bourgeoise, puisque cette tactique qui a réussi là-bas est notre tactique.

C'est légalement, par voie électorale, qu'a été inauguré aux Etats-Unis le mouvement abolitioniste sous le coup de fouet de l'appel aux armes et de la pendaison de John Brown. C'est violemment, à coups de canon, dans le sang de plus d'un demi-million d'hommes, que l'esclavage noir a été aboli.

Il n'en sera pas autrement en France et ailleurs

pour la suppression de cet esclavage blanc qu'est le salariat.

C'est légalement, par voie électorale, que procède le mouvement collectiviste ou communiste, sorti des hécatombes de Juin 48 et de Mai 1871. C'est violemment, dans le pouvoir conquis par nous sur la voie publique, transformée en champ de bataille, qu'il finira.

Et cette fin est proche, entendez-vous !

(Novembre 1895).

V

VARIA

Le Salariat et ses Apologistes

Le salariat — qui, même à l'issue du banquet barberetiste de Saint-Mandé, ne paraissait pas à un Waldeck-Rousseau « la forme la meilleure de rémunération de travail », — a trouvé plus qu'un défenseur, un apologiste dans un des principaux organes républicains qui le proclame « le grand moyen d'émancipation des classes inférieures », « la base essentielle du travail libre », etc., etc.

C'est un économiste — naturellement — qui a été chargé de cette besogne, ingrate peut-être, mais lucrative à coup sûr. Et son argumentation est trop abracadabrante pour que nous ne la mettions pas sous les yeux des intéressés.

Et d'abord — c'est M. Paul Leroy-Beaulieu qui parle — il a fallu « un esprit égaré » comme Chateaubriand « pour comparer l'état du salarié « à l'esclavage. Jamais il n'y eut de rapproche- « ment plus faux. »

C'est aussi notre avis.

Il est vrai que le salaire —— c'est l'économie politique la plus officielle qui nous l'apprend — ne
saurait dépasser normalement les frais d'entretien
et de reproduction du salarié et que, sous ce rapport, ce dernier ne se distingue pas de l'esclave
d'autrefois réduit, quelle que fût la productivité de
son travail, à ce qui lui était nécessaire pour
vivre. Mais là s'arrête la confusion. L'esclave devait s'acheter comme un bœuf ou un cheval ; sa
mort par suite, comme celle du cheval ou du
bœuf, représentait une perte pour le maître, tandis que le salarié peut disparaître sans appauvrir
d'un centime son patron ou employeur. Qu'il
travaillât ou non, l'esclave — toujours pour la
même raison qu'il constituait une valeur vénale
— devait être nourri, habillé, logé, tandis que, le
travail venant à manquer, le travailleur salarié n'a
plus droit à aucun moyen d'existence.

Double différence qui constitue évidemment le
salariat en progrès sur l'esclavage — pour les salariants.

Mais continuons :

« Le salaire libère celui qui le reçoit de toute
« dépendance. Le salarié n'a que l'obligation de
« fournir une tâche déterminée ; il est libre aupa-
« ravant, il est libre après. »

Voilà qui est topique et laissera bouche close
ceux qui s'avisaient de prétendre qu'il n'y a pas
de pire dépendance que celle de l'homme qui n'a
que ses bras et qui est obligé de les vendre, à

quelque prix que ce soit, s'il veut manger — c'est-
à-dire vivre ! Travailleurs que l'on jette sur le
pavé pour avoir fait partie d'une chambre syndicale, pour une grève trop bien conduite ou pour
un bulletin de vote qui vous a été imposé par le
contre-maître et qui n'a pas été retrouvé dans
l'urne, vous êtes l'indépendance même. Comme
l'explique admirablement le professeur en question, en dehors des douze heures qu'il vous faut,
trois cent soixante-cinq jours par an, passer dans
la manufacture ou dans la mine, pour satisfaire
vos besoins les plus organiques, et en dehors des
autres conditions, politiques, sexuelles, etc., qu'il
peut plaire à vos employeurs de mettre à votre
entrée dans cette mine ou dans cette manufacture,
vous êtes libres comme l'air. Libres, avant d'être
embauchés, — de mourir de faim, — et libres encore — de mourir de faim — après que vous avez
été congédiés.

Votre liberté va même beaucoup plus loin que
ne paraît le croire M. Leroy-Beaulieu puisque,
toujours à la condition de mourir de faim, vous
êtes mêmes libres de ne pas contracter l' « obligation de fournir une tâche déterminée ». Ce
n'est ni plus ni moins que la liberté absolue, intégrale ou l' « idéal d'anarchie » que la proposition Révillon-Maret sur les successions déclare
« encore bien loin de nous » et qui, grâce au salariat, existe depuis un temps immémorial.

« Le salarié est affranchi des aléas de la vente.

« Que le fabricant trouve à vendre ou qu'il doive
« garder dans son magasin la pièce de coton ou
« de toile que le salarié lui a livrée, celui-ci n'en
« pâtit pas. »

Autre proposition incontestable. Comment le salarié ne serait-il pas *affranchi des aléas de la vente de ses produits*, puisque ses produits lui sont soigneusement enlevés par ses employeurs ? Il se trouve absolument dans le cas de l'étranger voyageant en Italie et qui dépouillé de son portefeuille et de sa bourse par un Fra Diavolo quelconque, est *affranchi des aléas du change*. Heureux étranger, et plus heureux salarié !

Une vente, en revanche, dont les aléas ne sont pas supprimés pour le travailleur, mais créés, au contraire, de toutes pièces par le salariat, c'est la vente de ses bras, de sa personne tombée à l'état de marchandise, avec ces *aléas* qui s'appellent chômages, heures supplémentaires, etc. Le pain de chaque jour du salarié, c'est-à-dire sa vie même, est suspendu à tous les hauts et les bas du « marché du travail » — nom et forme modernes de l'ancien marché aux esclaves. Mais ça, c'est la condition du « travail libre »..., libre de ne pas nourrir le travailleur.

Qu'on ne croie pas, d'ailleurs, que M. Paul Leroy-Beaulieu soit au bout de ses arguments. Son sac en contient encore au moins deux — également irrésistibles : l'un d'ordre historique, l'autre d'ordre logique.

La preuve — nous continuons à citer textuellement — que « le salaire est le grand instrument « d'émancipation, c'est que partout où l'escla- « vage et le servage ont disparu, on a vu naître le « salariat ».

Adversaires du salariat, parez ce coup — si vous le pouvez ! C'est comme qui dirait : la preuve que l'esclavage est le grand moyen d'émancipation, c'est que, partout où l'antropophagie a disparu, on a vu naître l'esclavage. Ou encore : la preuve que les travaux forcés sont la liberté, c'est que partout où les galères ont disparu, on a vu naître les bagnes. Il n'y a décidément qu'un économiste pour étudier et comprendre l'histoire de notre espèce et ses recommencements économiques.

Quant à l'argument d'ordre logique, il est plus mirifique encore :

« Le salaire est, à nos yeux, la pierre angulaire de la société civilisée et démocratique. »

« A nos yeux », n'ayant jamais constitué une démonstration suffisante depuis la demande de Diderot : « sont-ce mes lunettes qui pêchent ou les vôtres ? » l'affirmation au premier abord paraît sans doute un peu trop subjective. Mais qu'on lui restitue sa vraie forme, la forme syllogistique, et, immédiatement, on devra se convaincre qu'elle renferme sa preuve en elle-même :

Nous sommes une société civilisée et démocratique ;

Or le salariat est la pierre angulaire de notre société ;

Donc le salariat est la pierre angulaire de la société civilisée et démocratique.

Encore une fois, rien à répondre à des dialecticiens de cette force. Il n'y a qu'à les prendre au mot et — puisque pour eux le salariat est le comble de l'indépendance pour l'individu et de la civilisation pour la société — à les débarrasser au plus tôt, eux et leur classe, des propriétés mobilières et immobilières, qui les empêchent aujourd'hui de jouir de la liberté de nos salariés, à trois francs par jour, de l'industrie, du commerce et de l'agriculture.

C'est à quoi ne faillira pas le Parti ouvrier, dès que son organisation et les circonstances le permettront.

(22 juillet 1884).

L'Ordre empoisonneur

Nos bourgeois — qui cependant lui doivent tant puisqu'elle a été, avec « la lanterne », un des grands instruments de l'émancipation de leur classe — se sont pris depuis quelques années d'une sainte horreur pour la guillotine.

Les moins ingrats — comme M. Berthaud —

voudraient l'expulser de la rue, lui interdire le grand soleil :

Cachez ce sang que je ne saurais voir

s'écrient ces Tartufes d'un nouveau genre ; jetez par dessus, comme un voile, le mur d'une prison et qu'on exécute à l'avenir sans public, sans publicité, à huis clos, presque en chambre, disons le mot : comme on assassine !

Cette mise à l'ombre de la « hideuse machine » — qui vient d'être prise en considération par le Sénat — est loin de satisfaire les autres qui entendent supprimer la machine elle-même.

Ne suppose-t-elle pas, n'exige-t-elle pas le bourreau, c'est-à-dire un homme qui fait métier, qui *vit de tuer* et que les prétentions humanitaires de Joseph Prudhomme, comme les nerfs de « madame son épouse », sont exposés à rencontrer, à coudoyer tous les jours sur la voie publique, au café, au théâtre, partout ?

Tout en conservant les « hautes œuvres » — on ne saurait posséder et diriger à moins — ces *classes-dirigeants et possédants* voudraient donc faire disparaître « la personnalité, l'office, l'existence de leur exécuteur », toutes choses qui, ils l'affirment, « ne cadrent avec rien de ce qui constitue nos mœurs, notre société, notre civilisation ».

Pour cela — c'est un rédacteur du *Siècle*, M. Frédérick Thomas, qui a attaché son nom à cette découverte — il suffirait de substituer le fusil au cou-

peret en transformant l'armée nationale en un seul
Monsieur de Paris à quatre cent mille têtes.

« L'article portant : Tout condamné à mort aura
la tête tranchée, serait remplacé par cet autre article : « Tout condamné à mort sera fusillé ! Douze
citoyens jurés ayant prononcé la sentence, douze
citoyens soldats l'exécuteraient ».

Rien de plus simple, comme on voit, et de plus
économique, bien que l'assimilation des « citoyens
soldats qui exécutent la sentence » aux « citoyens
jurés qui la prononcent », ne supporte pas la discussion, les jurés qui condamnent étant libres de
ne pas condamner, pendant que le peloton pré-
posé à l'exécution serait obligé d'exécuter quand
même et toujours, Moreau, aussi bien que Lesur-
que, les innocents de par la Loi comme les innocents de par la Science.

Mais, sauf cette nouvelle violation de la liberté
individuelle à ajouter aux mille et une autres qui
constituent ce qu'on appelle le droit commun, la
solution était digne de l'ordre bourgeois : *tous
bourreaux, à tour de rôle, gratuitement et obligatoirement.*

Il paraît cependant que, malgré tous ses avantages, elle n'a pas trouvé grâce devant nos législateurs qui l'ont écartée « sans débat » comme une
simple revision à la Barodet. Et c'est alors que
M. Edouard Charton — qui dans son *Tour du Monde*
a échoué au Luxembourg — est intervenu avec une
proposition plus mirifique encore, laquelle a été

adoptée par la commission d'initiative parlementaire.

Pour M. Charton comme pour M. Thomas, l'instrument de supplice qui sert en France à l'exécution de la peine de mort n'est plus ce qu'il faut à
notre temps (*sic*) — le temps des fusils à répétition,
des torpilles et de la dynamite ! C'est « un procédé
barbare », emprunté, qui plus est, à l'Allemagne
du moyen-âge, contre lequel proteste « le souci de
la dignité humaine ». Et au nom de « tout progrès
qui exige un effort d'esprit » (*resic*) il demande
qu'on le remplace par « un agent physique ou chi-
mique assez puissant pour anéantir instantanément
la vie. »

Empoisonnez ! ne décapitez plus ! tel est le cri de
la « conscience » de notre sénateur qui nous promet — si cette modification, renouvelée de la ciguë
de Socrate, est votée — « l'approbation de nos
descendants ».

Sans attacher plus d'importance qu'il ne convient à ces bravos de nos arrières-neveux, je n'ai,
pour ma part, aucune objection à ce que, au lieu
de continuer à découper, comme un vulgaire Billoir,
les assassins qu'elle engendre comme le poirier
porte des poires, notre honnête société capitaliste
se mette à les intoxiquer comme une simple Brin-
villiers.

Ça la changera en la complétant.

La révolution par en haut

On étonnerait fort M. le capitaine du génie Renard, directeur des ateliers militaires de Chalais, et M. le capitaine d'infanterie Krebs, en leur disant qu'ils sont en train de tuer la guerre étrangère et de préparer la guerre sociale.

Tel sera pourtant le résultat infaillible de la *dirigeabilité* des aérostats, qu'ils affirment avoir découverte — et qui l'est réellement, à moins que le ballon du 9 août dernier ne soit le plus énorme des canards qui ait jamais été lâché à travers la presse.

C'est d'un autre côté, dans un autre ordre de faits — je ne l'ignore pas — que certains esprits, plus ou moins superficiels, ont d'abord cherché la révolution immédiate qu'entraînera fatalement la route de l'air ouverte à la liberté de l'homme. Devant ce nouveau moyen de locomotion, ils se sont écriés : « Plus de douanes, sinon plus de frontières ! C'est le triomphe du libre échange par la contrebande, désormais irrépressible. » Mais ils ont évidemment pris leur désir — que nous partageons — pour une réalité. Dentelles, diamants et autres menus objets de luxe, d'aussi grande valeur que de petit volume, pourront trouver dans la nouvelle voie l'affranchissement des droits qui les grevaient sur « le plancher des vaches ». Quant aux vaches elles-mêmes, c'est-à-dire au bétail, quant au blé, aux vins, aux fers, à la houille, et à tous les produits indispensables, leur poids les attachera — pour longtemps encore, sinon pour toujours — au rivage du fisc. Et c'est par un pied de nez que les *gabelous* peuvent, d'ores et déjà, répondre aux prochains défis aérostatiques, qui ne sauraient toucher à leurs appointements.

Ce que va révolutionner du jour au lendemain la navigation aérienne, c'est la face militaire du monde, et par contre-coup sa structure sociale.

Avec les torpilles sus-terraines que le ballon dirigeable — et dirigé — va pouvoir *poser* où bon lui semble, impossibles, les agglomérations de plus en plus considérables de porte-fusils et de traîne-canons qui constituent les armées modernes ! Inutiles, les forteresses que l'on sème, comme autant de chausses-trappes, sur le parcours de ces armées pour les arrêter et les diviser !

Allez donc concentrer, pour une invasion ou une bataille, je ne dis pas même un million d'hommes, mais seulement quelques milliers, alors qu'il suffira pour les anéantir du passage à deux ou trois mille mètres au-dessus de leur tête d'un de ces nuages, de fabrication humaine, chargés de nitro-glycérine ou de dynamite en guise de foudre !

Entêtez-vous donc à *cuirasser* vos villes d'enceintes continues ou de forts détachés, garnis de la plus puissante et de la plus coûteuse des artilleries, alors que sous la légendaire pluie de feu du moyen-âge, devenue une réalité par le génie de

MM. Kreps et Renard, tous ces moyens de défense ne seront qu'autant d'occasions de ruines !

La première nation qui — dans l'état de nature où elles sont actuellement les unes vis-à-vis des autres — aura dans son jeu ces espèces de brûlots aériens fera, sans avoir même à s'en servir, la loi à toutes ses rivales, hors de combat avant d'avoir combattu. Donc, menace de guerre — mais pas de guerre.

Et non seulement pas de guerre, mais pas même de menace de guerre, lorsque — la science comme l'eau tendant à retrouver partout son niveau — toutes les nations seront également pourvues de la nouvelle arme, c'est-à-dire également en mesure de se détruire réciproquement et simultanément.

Voilà, comme corrollaire, les gouvernants bourgeois des divers pays acculés à la suppression des armées permanentes, basées officiellement sur les nécessités de la défense extérieure, et désormais hors d'usage.

Quel prétexte vont-ils pouvoir invoquer pour maintenir l'arme au pied, dans les casernes et dans les camps, les forces vives du pays, dont l'entraînement et la mobilisation ont cessé de rimer à quoi que ce soit ?

Car il n'est pas admissible que, si moutons qu'ils soient, les contribuables qui ont consenti à se laisser saigner de 200 mille hommes et de 600 millions par année tant que la sécurité nationale pouvait être à ce prix, laisseront courir de pareils frais devenus sans objet, se prêtant au *déficit pour le déficit* comme on fait de l'*art pour l'art*. Ils réclameront le licenciement d'une armée qui en cessant d'être une sauvegarde sera devenue un péril. Et de deux choses l'une :

Ou ils l'obtiendront, — et ce sera la bourgeoisie, incapable de se protéger elle-même, *découverte matériellement* et livrée aux coups d'un prolétariat d'autant plus impatient que la camisole de force dans laquelle on l'emprisonnait aura disparu.

Ou il leur sera refusé. Malgré que leur rôle international soit fini, infanterie, cavalerie et artillerie, par lesquelles a été remplacée la fameuse trilogie d'antan : *Liberté, Egalité, Fraternité*, seront maintenues, mais sous leur vrai nom alors, avec leur vrai et unique attribut, comme *troupes de police*. — Et ce sera la bourgeoisie *découverte moralement*, obligée — ce dont elle ne se relèvera pas — de proclamer que ses privilèges, sa monopolisation des moyens de production, la constituent en état de guerre contre le reste de la nation.

Dans les deux cas, c'est l'ordre actuel ébranlé jusque dans ses fondements et précipité vers sa ruine.

La direction des ballons aura été pour le régime issu de 1789 ce que la poudre à canon a été pour le régime féodal : un instrument de mort.

Et — coïncidence remarquable — de même que

c'est d'un moine, c'est-à-dire du clergé, qu'est partie la découverte qui devait, avec la féodalité nobiliaire, balayer la féodalité ecclésiastique, c'est de deux *épauletiers*, c'est-à-dire de l'armée, que part aujourd'hui la découverte qui n'aboutira à la destruction de la nouvelle féodalité capitaliste qu'à travers la destruction du militarisme.

L'anthropophagie regressive

· Le Tartuffe de Molière qui s'écrie par l'organe de Coquelin ou de Got :

Cachez ce sein que je ne saurais voir

est l'idéal de la franchise comparé aux bourgeois des deux mondes, qui devant « la vérité vraie » sur les derniers jours de l'expédition Greely au pôle Nord, se sont avisés de s'indigner et geignent dans toutes les langues :

« Eloignez de nous jusqu'à l'idée de ces repas de chair humaine que nous ne saurions supporter. »

Il paraît, en effet, qu'après trois années d'abandon dans les glaces, leur dernier canot fracassé, à bout de ressources et d'espoir, les entrailles tenaillés par la faim, les survivants du *Proteus* sont retournés à l'anthropophagie ancestrale.

Après s'être repus des cadavres de leurs compagnons délivrés par le scorbut ou la fièvre, ils auraient, mis en appétit, achevé les malades ou les moribonds ainsi convertis en viande fraîche.

Les ossements rongés, qui, dans les couvertures-bières, figuraient les victimes du Pôle, ne laissaient aucun doute sur ces scènes de cannibalisme. Et, pénétré d'horreur devant une semblable découverte, l'état-major du navire tardivement libérateur, la *Thétis*, s'était engagé par serment à taire ce qu'il avait vu, en même temps qu'il faisait disparaître les preuves sous le bois scellé des cercueils.

Mais les matelots, qui n'étaient pas dans la conjuration, parlèrent. Et, mise en éveil, la tartufferie moderne put se donner libre carrière.

Anthropophages — en plein dix-neuvième siècle — des blancs ? les libres citoyens de la « religieuse » Amérique ? *Horrible ! most horrible !*

Plusieurs semaines se sont écoulées depuis la douloureuse révélation, — et les exclamations et les lamentations durent encore.

S'il est cependant quelque chose de naturel — et d'humain, dans le sens scientifique du mot — c'est l'extrémité à laquelle se sont portés les naufragés de la nouvelle *Méduse*. A défaut d'autres aliments, l'homme servant d'aliment à l'homme ! Mais c'est plus que le droit, c'est le devoir.

Cette anthropophagie-là, qui s'est imposée pendant des siècles à notre espèce dans le passé et qui a été le plus puissant agent du progrès en assurant la survivance des plus forts, des mieux doués

aussi longtemps qu'il n'y a pas eu place pour tous
à la vie ; cette anthropophagie, nécessaire et
féconde, non seulement n'a rien qui puisse nous
scandaliser, mais nous devons la saluer chaque
fois qu'on l'évoque. Chapeau bas devant cette
sélection par la mort dont nous sommes les fils
et les bénéficiaires !

Il est, en revanche, un cannibalisme qui devrait
soulever l'humanité comme un seul homme, non
pas pour l'arroser de larmes impuissantes, mais
pour le détruire d'un seul coup : c'est celui qui a
perdu toute raison d'être, qui continue dans des
sociétés arrivées à un tel degré de production agricole et industrielle que la mort des uns n'est plus
la condition de la vie des autres et qu'existent pour
tous, sur notre globe asservi et transformé par la
science, les moyens de satisfaire tous leurs besoins.

Or, ce dernier cannibalisme — monstrueux
parce qu'il ne répond à aucune utilité — est per-
pétué et a été généralisé par ce qu'on appelle
l'ordre capitaliste.

De quelque côté que nous jetions nos yeux civi-
lisés, nous nous heurtons au spectacle de l'homme
mangé, dévoré par l'homme. Et ce n'est pas le
besoin qui préside à cette débauche de chair —
ou d'existence humaine. Non, c'est pour le *profit* ;
c'est pour couvrir de dentelles leurs cocottes légitimes et illégitimes, pour loger dans le marbre
leurs chevaux, quand ce n'est pas simplement
pour avoir « plus de dîners que d'appétit », que la

classe des employeurs consomme sur pied, tout vivants, tranche par tranche, les centaines de millions de prolétaires de tout âge et de tout sexe qu'ils ont achetés — comme un filet de bœuf ou un turbot — sur le marché du travail approvisionné par la faim.

Et ces hommes que l'on dépèce ainsi tous les jours, dans tous les ateliers de l'ancien et du nouveau monde, ne sont pas — comme au pôle Nord — des mourants que l'on aide à mourir, dont on abrège l'agonie. C'est la fleur de la race ; ce sont des organismes en pleine santé ; ce sont les reproductrices ou les créatrices de notre espèce, jeunes femmes et jeunes mères ; ce n'est pas seulement la vie d'aujourd'hui, c'est la vie de demain : ce sont des enfants.

Malédiction, oh ! oui, sur cette anthropophagie *regressive* qui ne conserve pas et ne développe pas l'humantié comme l'autre — qui la saigne de son meilleur sang !

Sus aux cannibales du patronat, et deux fois sus aux crocodiles qui, des deux côtés de l'Atlantique, se paient des haut-le-cœur à propos des trois ou quatre malheureux *mangés* du Pôle, alors qu'ils déjeunent, dînent et soupent, eux, trois cent soixante-cinq jours par année, de plusieurs centaines de leurs semblables !

La Libre-pensée émancipée

La Libre-pensée — avec un grand L — a eu à son berceau tous les sourires de la bourgeoisie qui, après lui avoir servi de marraine, sinon de nourrice, l'a fait sauter à l'envi sur les genoux de ses Leo Taxil et de ses Edmond-Lepelletier.

Poupée articulée disant mieux que *papa et maman : inquisition, dragonnade, superstition,* etc., ça devait être la *tranquilité des patrons* et l'*amusement des ouvriers*, traités en grands enfants et incapables, pendant qu'ils joueraient à l'anti-cléricalisme, d'inquiéter dans ses vols la classe capitaliste. Et partout, à Paris et en province, s'organisaient à grand renfort de drapeaux, de banquets et de discours — de discours surtout — les sociétés de Libres-penseurs, en opposition aux groupements socialistes dont il s'agissait d'enrayer les progrès.

Détourner, des accapareurs de la terre sur les exploiteurs d'un ciel de fantaisie, les colères et les efforts du prolétariat ; remplacer, par l'inutile et inoffensive *guerre au prêtre*, la nécessaire et féconde *guerre à l'employeur*, tel était, en effet, le but des meneurs bourgeois de la Libre-Pensée.

Mais, plus forte que la volonté humaine, la nature des choses n'a pas tardé à faire éclater ce plan à la Trochu. Au fur et à mesure qu'elle jetait des racines plus profondes dans la classe des travailleurs, la Libre-Pensée, qui était dirigée contre le socialisme, s'imprégnait de socialisme. Et dans son quatrième Congrès, tenu la semaine dernière, salle Jussieu, elle vient de passer officiellement, avec armes et bagages, à l'ennemi, apportant au parti de l'expropriation politique et économique de la bourgeoisie l'appoint de ses groupes fédérés.

Convaincu que l'émancipation intellectuelle est inséparable de l'émancipation économique, qu'elle ne saurait précéder, dont elle ne peut être que la conséquence, le Congrès a adopté la résolution suivante :

Nous croyons que la solution de la question sociale se trouvera dans l'abolition de la propriété individuelle et dans son remplacement par la propriété collective...

Nous estimons que, par la faute du capital, toute solution pacifique est désormais impossible, etc., etc.

Le Congrès a, en outre, fait sien — en ne le modifiant que dans sa rédaction — l'article 4 de notre programme de Marseille, Le Havre, Reims, Roanne et Roubaix, portant « instruction scientifique et professionnelle de tous les enfants, mis pour leur entretien à la charge de la société, représentée par l'Etat et par la Commune ».

Impossible d'entrer plus hardiment dans la voie socialiste révolutionnaire. Aussi faut-il voir « la tête » de nos braves bourgeois devant cet aboutissant — inattendu — du travail de leurs Morin et autres papes et sous-papes de la « religion laïque? »

La poule à laquelle on a fait couver des œufs de
cane, et qui assiste du bord à la première pleine-
eau de sa progéniture putative, ne hérisse pas
plus désespérément ses plumes et ne pousse pas
des gloussements plus plaintifs que les volatiles
du *Temps*.

« Imprudents et insensés que vous êtes — piau-
lent-ils à la volée de collectivistes ou de communistes sortis de la coquille libre-penseuse — à
quelle catastrophe vous courez? C'est votre mort
— au moins morale — en ce sens que vous voilà à
jamais « coulés » dans la population ouvrière dont
« aucune partie, si minime soit-elle, ne vous
suivra ».

Et. en même temps que les bons apôtres s'égo-
sillent à crier casse-cou à leurs *affranchis*, ils s'efforcent de leur persuader, par voie démonstrative,
de revenir au rivage, c'est-à-dire à la raison —
sociale : *Propriété, Patronat et C* :

Vous vous croyez — écrit le *Temps* — « les pion-
niers de l'avenir », et vous êtes « les êtres les
plus arriérés du monde ». « Vieillerie, la communauté des biens ! »

Ce qui signifie sans doute que la propriété collective a, partout et pendant des siècles, présidé
au développement de notre espèce — et ce à quoi
nous ne contredirons pas et pour cause. Mais en
quoi, parce qu'il a été d'utilité sociale dans le
passé, le collectivisme aurait-il perdu le droit de
l'être à nouveau dans l'avenir? Combien d'institu-

tions — à commencer par le suffrage universel ou le principe électif — que le *Temps* défend *mordicus* contre les anarchistes, comme la pierre angulaire de la société moderne — ont dû, après avoir été abandonnées, être reprises par l'extrême civilisation à l'extrême barbarie ?

La communauté des biens ! — continue le *Temps*, qui, en matière de « nouveautés », est réduite à la plus vieillote des plaisanteries : — « Pourquoi pas aussi la communauté des femmes ? »

Mais tout simplement, excellent confrère, parce que cette communauté des femmes est la loi de votre aimable société qui l'a réalisée non seulement dans ses maisons dites de tolérance, mais dans tous les ateliers transformés en sérails patronaux, et que, ce que nous voulons précisément, c'est en finir avec ce *communisme des personnes*, de la seule façon dont cela soit possible : par le *communisme des choses*. Ce n'est que lorsque la machinerie moderne aura cessé d'être appropriée exclusivement par quelques-uns que la femme cessera d'être, en même temps que machine à profit, machine à plaisir.

Quant à la mise des enfants à la charge de la société — les garantissant tous sans distinction et également contre la faim et contre l'ignorance — que le *Temps* qualifie « d'aberration » renouvelée des Grecs — ou des Perses, elle ne fait qu'accentuer l'état mental — ou *démental* — de la bourgeoisie qui ne s'aperçoit pas, la malheureuse, que

cette « réminiscence » qu'elle nous reproche s'est
imposée à elle-même – témoins ces écoles primaires gratuites et obligatoires qu'il lui a fallu ouvrir, et dont l'instruction intégrale, entretien compris, que nous poursuivons n'est que le complé-
ment inévitable.

Tels sont pourtant les seuls arguments que dans
son désarroi — trop explicable — l'état-major
bourgeois de la Libre Pensée a pu mettre en avant
pour ramener à l'ordre — propriétaire — ses soldats retournés contre lui.

Autant dire qu'il en sera pour ses frais de salive
— ou d'encre.

Attentat inutile

Il paraît qu'après avoir été tiré à plomb comme
un simple lapin en 1878, l'empereur de M. de
Bismarck a failli, en septembre de l'année dernière, être passé à la dynamite comme la première
roche neptunienne venue, lors de l'inauguration
de la *Germania.*

C'est du moins ce que tendrait à faire croire le
procès qui se déroule, depuis quelques jours, devant la cour suprême de Leipzig et qui, jusqu'à
présent, n'a établi qu'une chose : c'est que la Providence, sous la forme pluie, n'est pour rien dans
l'insuccès de « l'attentat », dû tout entier au cigare

préalablement éteint avec lequel le prévenu Rupsch a feint de mettre le feu à la mèche.

Mais en fût-il autrement ; la mine de Niederwald eût-elle été allumée pour de bon ; et, au lieu du renvoi de huit ouvriers devant la justice impériale, elle eut abouti à l'expédition — en morceaux — du vieux Guillaume IV de Prusse dans « le monde meilleur » où l'a précédé Alexandre II de Russie, que je ne verrais pas là matière à tant d'indignation de la part du parti de l'ordre capitaliste.

A voir nos bourgeois de toutes couleurs lever les bras au ciel ; à les entendre accuser la « peste » du socialisme, à propos du faux dynamité d'outre-Vosges, on dirait, ma parole, que c'est la première fois qu'un roi ou un empereur aurait été « aidé à mourir » par un ou plusieurs de ses sujets. On dirait que le régicide est d'invention ouvrière. Alors qu'au contraire il n'existe pas dans toute la classe possédante et gouvernante un seul parti politique qui n'ait et pratiqué et *théorisé*, si je puis m'exprimer ainsi, le meurtre des souverains.

Monarchistes, vous avez joué du couteau — préalablement trempé d'eau bénite — contre vos monarques les plus légitimes, avec Jacques Clément et Ravaillac. Vous avez eu l'honneur de la première machine infernale avec Cadoudal. En même temps que vos docteurs en Loyola *maximaient* longuement le droit de se débarrasser par tous les moyens des chefs d'Etat ayant cessé de plaire, et que votre grand de Maistre n'avait pas peur de donner pour correctif au pouvoir absolu un poignard ou toute autre arme maniée d'une main sûre.

Républicains, ce sont vos pères, les grands bourgeois de 92, qui, dans « le temple même des lois », comme on disait à l'époque, mettaient « les tyrans » hors de l'humanité et proclamaient leur « assassinat » un acte de justice. Et toute la première moitié de ce siècle est remplie de vos « attentats ». Depuis « l'eustache » de Louvel jusqu'aux bombes d'Orsini, en passant par la mitrailleuse de Fieschi, il n'est pas d'engin que vous n'ayez appliqué à vos battues royales et impériales.

Et remarquez que ni aux uns ni aux autres je ne reproche ce « tir aux porte-couronne ». J'admets que dans une société basée sur la force, vous ayez mis la force individuelle au service de vos intérêts collectifs. Et je salue tous ceux des vôtres indistinctement qui — nouveaux Manlius — ont payé de leur vie la trouée sanglante ainsi ouverte à leur parti ou à leur classe.

Mais que ne vous enfermez-vous alors dans la plus respectueuse des réserves lorsqu'encouragés par votre exemple, formés à votre école, des prolétaires se rencontrent pour prendre votre suite et jouer, à leur tour, leur peau dans le plus inégal des duels contre des chefs d'empire retranchés, comme dans une triple cuirasse, derrière leur police, leur magistrature et leur armée ?

A quel titre, pourquoi et comment les condamner, lorsqu'ils ne font que vous plagier — à moins que ce ne soit parce qu'ils ne savent pas viser — témoin Alphonse d'Espagne encore vivant — ou parce que leur dynamite ne part pas — témoin Guillaume d'Allemagne, moins mort que jamais ?

Non, notre droit au régicide est entier. Nul ne saurait le contester. Et si nous n'en usons pas, nous les socialistes révolutionnaires ; si nous avons pour ainsi dire rayé cette arme de notre arsenal, ce n'est pas qu'elle ne soit aussi légitime dans nos mains que dans les vôtres ; c'est, qu'étant donné notre but, elle est — certaines circonstances réservées — devenue inutile ; c'est qu'elle ne porte pas, dans la lutte de classe qui s'impose à l'émancipation humaine.

En quoi, par exemple — je le demande à Reinsdorf et à ses co-accusés de Leipzig, qui, devant leurs juges, ont affirmé la nécessité d'exproprier au profit de la masse les détenteurs individuels du capital — en quoi la suppression d'un homme — et de quel homme ! un vieillard de quatre-vingt-quatre ans — en quoi une substitution violente d'empereur eût-elle pu avancer l'heure de cette expropriation libératrice, conditionnée à l'avènement au pouvoir d'un prolétariat organisé ?

Guillaume disparu et remplacé par un Frédérick quelconque, terres, usines, manufactures, en eussent-elles moins été possédées exclusivement par une minorité aussi riche qu'oisive et mises en va leur par une majorité aussi laborieuse que misérable ?

Ni le salariat, cet esclavage moderne, plus hypocrite mais non moins dur que l'ancien, n'aurait été supprimé ou modifié ; ni les salariés n'eussent vu améliorer si peu que ce soit leur condition, livrée, comme par le passé, à l'arbitraire de l'offre et de la demande.

Là est la raison de notre abstention — et elle n'est que là.

On s'en apercevra le jour où, l'armée ouvrière prête pour l'assaut, un coup frappé haut et juste deviendrait nécessaire comme signal.

Gribouille !

Nos gouvernants n'ont, paraît-il, pas renoncé à leur fameuse loi contre les récidivistes, que le Sénat va être prochainement mis en demeure de voter.

En vain, Channing, qu'ils citent sans le comprendre, leur déclare « les sociétés responsables des calamités qui éclatent dans leur sein ».

En vain, la science leur crie, par la bouche peu suspecte d'un Littré ou d'un Vyrouboff, que « ce qu'on appelle le crime est, comme la folie, le produit fatal, immanquable de certaines conditions organiques et sociales ».

En vain, confirmant la science, avec laquelle

elle ne fait qu'un, l'expérience, une expérience de tous les jours, leur montre « l'armée du désordre » se recrutant exclusivement parmi les individus privés de moyens d'existence.

Données expérimentales et données scientifiques sont nulles et non avenues, du moment qu'elles se retournent contre un ordre économique que la bourgeoisie, qui l'a fait à son image, loin de vouloir accuser et modifier, n'admet même pas qu'on discute.

Et lorsque le grand, l'unique coupable est le Code civil qui, après la propriété exclusive de quelques-uns, a créé la misère des autres et, avec cette misère accumulée et transmise, l'ignorance, l'ivrognerie et les autres causes secondaires de toute criminalité, c'est au Code pénal que continuent à s'en prendre nos dirigeants apeurés. C'est à l'aggravation des châtiments qu'il édicte qu'ils s'obstinent à demander une protection impossible.

Impossible, ai-je dit, et avec raison : car s'il est une prétention absurde, une entreprise chimérique, c'est de conserver la prostitution dans la loi, après l'avoir rendue nécessaire, et d'avoir la « fille » en carte ou en maison sans avoir le « souteneur » dans la rue. C'est d'avoir, à la base de la production et de l'échange, le vol normalisé ous le nom de profit, de bénéfice ou de dividende, sans retrouver ce droit des oisifs d'en haut mis en pratique par les oisifs d'en bas. C'est d'avoir, dans les rapports de peuple à peuple, l'homicide en grand glorifié dans la guerre, dans toutes les guerres, même les guerres de « conquête économique », comme au Tonkin hier et à Madagascar aujourd'hui, sans le rencontrer dans les rapports individuels à l'appui de brigandages privés.

On pourra remettre en vigueur la vieille loi de 1791, qui stipulait que « quiconque ayant été repris de justice pour crime viendrait à être convaincu d'un nouvel attentat serait, après avoir subi sa peine, transféré pour le reste de la vie dans le lieu de déportation des malfaiteurs ».

On pourra, empruntant à la Convention une de ses dispositions les plus atrocement bourgeoises, « assimiler aux récidivistes les *vagabonds* », c'est-à-dire ceux dont le seul crime est d'avoir, à leur naissance, trouvé, confisqué par quelques-uns, le patrimoine de tous, disons le mot, d'*avoir été volés*.

On pourra enfin — comme l'a décidé la Chambre — donner un effet rétroactif à la nouvelle loi de transportation, c'est-à-dire faire violer la loi par le *légiféreur*, afin d'en inculquer le respect aux *légiférés*.

Toute cette orgie de répression — qui n'atteint que les fruits et laisse subsister l'arbre — n'aboutira pas. Ou, si elle aboutit, ce sera à augmenter le danger qu'elle tend à conjurer.

Il faut, en effet, toute la sottise conservatrice pour s'imaginer que « les éternels ennemis de toute société », comme la bourgeoisie appelle les fils naturels de ses œuvres, vont se laisser mettre ainsi hors la loi sans se défendre et ne rendront pas guerre pour guerre.

Acculés à une peine perpétuelle, sous le coup de la guillotine sèche qui les attend quoiqu'ils fassent ou ne fassent pas, n'est-il pas de toute évidence qu'ils voudront aller jusqu'au bout, en découdre avant de se rendre ?

Et qui fera — sinon nous tous — les frais de cette résistance désespérée ?

La prison mettait cinq ans, dix ans, quinze ans, à faire d'un vagabond ou d'un voleur un assassin. Et c'est pourquoi les « honnêtes gens », qui tiennent à leur peau, n'en veulent plus.

La transportation, la peur de la transportation, la volonté d'y échapper à tout prix, opérera la transformation meurtrière en quelques secondes.

En vérité, en vérité, je vous le dis, Gribouille, qui se jetait à l'eau par crainte de la pluie, n'était pas seulement un profond politique. Gribouille était la politique même, comparé à nos gouvernants bourgeois.

Fous à lier

Après avoir doublé le cap de la Chambre, le projet de loi sur les récidivistes, promis par Gam-

betta et tenu par Waldeck, est entré hier dans le
port du Sénat, remorqué par 198 voix sur 218 votants.

On connaît, dans ses grandes lignes au moins,
ce projet à la veille de devenir loi et aux termes
duquel seront obligatoirement relégués — ou enterrés — dans une quelconque de nos Guyanes
d'Afrique, d'Amérique ou d'Océanie les « malfaiteurs d'habitude ou de profession ».

Sont compris dans cette catégorie non seulement
les condamnés pour meurtre, vol, escroquerie, abus
de confiance, outrage public à la pudeur ; mais
les mendiants et les vagabonds qui auront accumulé un certain nombre de condamnations.

Un droitier, M. de Gavardie, a en vain essayé
d'arracher à cette guillottine sèche les « voleurs
de récolte », en soutenant très justement et très
courageusement qu'on pouvait être un « très honnête homme » et « grappiller sur le terrain d'autrui, en souvenir de l'ancienne et primitive communauté de la terre ».

Sans plus de succès, un ex-magistrat, M. Bérenger, a réclamé en faveur du vagabondage et
de la mendicité qui, même arrivés à leur maximum,
ne « sauraient justifier » les rigueurs exceptionnel-
les de la prochaine loi.

« Les gens sans moyens d'existence et sans travail sont un danger, le pire des dangers pour la
société » — des propriétaires, ont répondu ministère

et commission aux applaudissements du grand conseil des communes de France.

Pauvreté n'est pas vice — elle est crime, le crime des crimes, ceux qui par violence et par fraude se sont approprié le patrimoine commun de l'humanité ne pouvant pas pardonner à ceux qu'ils ont dépouillés.

Quant à ce que coûtera la relégation ainsi étendue, on l'ignore, ou on le cache. Mais comme, sur les 75.000 récidivistes accusés par la dernière statistique, plus du quart tombent sous le coup du nouveau Code pénal, il n'est pas douteux que dès la première année le supplément de sûreté exigé par la classe capitaliste dépassera de beaucoup les 25 millions qui la semaine dernière ont été refusés par la plus républicaine des majorités aux sans pain de l'heure actuelle.

Et tout cela, millions dépensés et atrocités accumulées, inutilement. Car pour croire un seul instant qu'en supprimant les récidivistes on va supprimer la récidive, il faut se crever les yeux à plaisir et refuser de voir que meurtres, vols et autres « fleurs du mal » de l'ordre actuel sont inhérentes à cet ordre et repousseront aussi drues, sinon plus, au fur et à mesure qu'on pourra les couper.

Ce n'est pas seulement l'académicien ultra-réactionnaire Taine qui le crie à notre République bourgeoise assoifée de transportation, avec son inoubliable axiome : « Le vice et la vertu sont des produits comme le vitriol et le sucre ».

Ecoutez deux maîtres ès-sciences, le statisticien Quételet et l'historien Buckle, aussi conservateurs l'un que l'autre :

« La société — écrit le Belge Quételet — renferme en elle les germes de tous les délits qui seront commis. C'est elle en quelque sens qui les prépare, et le coupable n'est que l'instrument par lequel ils sont exécutés. Tout état social suppose donc un certain nombre et un certain ordre de délits qui résultent comme conséquences nécessaires de son organisation. » (*Physique sociale*, 2ᵐᵉ édition, t. I, p. 97.)

« On pourrait bien supposer — reprend l'Anglais Buckle — que de tous les crimes, le meurtre est un des plus arbitraires et des plus irréguliers... Or, que résulte-t-il en réalité de l'étude approfondie à laquelle chacun peut se livrer ? c'est que le meurtre est commis avec autant de régularité et est en rapport aussi conforme avec certaines circonstances connues que le sont les mouvements des marées et la rotation des saisons (*Civilisation en Angleterre*, t. I, p. 32 de l'édition française).

Des hommes veut-on passer aux faits ? Ils ne tiendront pas un autre langage. En comparant les statistiques judiciaires et les mercuriales des marchés dans les divers pays on a constaté que le niveau de la criminalité hausse et baisse constamment avec le prix des denrées, c'est à-dire que le crime diminue avec le paupérisme pour augmenter avec lui.

Et c'est au moment où ils s'occupent de faire
renchérir le pain par des droits sur les blés étrangers — c'est-à-dire d'intensifier la misère — que
nos gouvernants prétendent « nettoyer la rue » à
coup de déportation ?

Ils sont fous à lier ! — Mais quand les liera-t-on ?

La Guerre féconde

Tant va la cruche à l'eau...

Tant est allée l'autocratie militaire russe d'annexions en annexions, prenant Merv après Khiva
et Saraks après Merv, que finalement elle s'est
heurtée à la ploutocratie commerciale anglaise décidée à ne pas laisser entamer l'Afghanistan, cette
porte des Indes,

Depuis quelques jours les deux adversaires sont
en présence, sans que d'un côté ni de l'autre il soit
possible de reculer — ou d'avoir l'air de reculer —
sans perdre, avec tout prestige, le fruit d'un siècle
de conquête et de pillages.

C'est la guerre — demain peut-être ; guerre depuis longtemps prévue et prédite, à laquelle on se
prépare de part et d'autre avec une égale ardeur :
l'Angleterre en appelant sous les drapeaux les réserves de l'armée et de la milice, en armant
fiévreusement tous les bâtiments disponibles et en
concentrant à Quettah cinquante mille hommes
des troupes de l'Inde sous le commandement de

sir Donald Stewart ; la Russie en précipitant ses
forces du Caucase à travers la mer Caspienne et de
là sur Arkabad.

Loin d'ailleurs de constituer un point noir dans
le ciel révolutionnaire, ce gigantesque duel, que
ne voit pas approcher sans terreur l'Europe gouvernementale, ne peut que faire les affaires du socialisme occidental, quel que soit celui des deux
Etats « civilisateurs » qui en sorte désemparé. A
plus forte raison, si tous les deux devaient être
blessés à mort.

La Russie écrasée dans l'Asie centrale, c'est la
fin du Tzarisme qui a pu survivre à la mise en pièces d'un tzar mais ne saurait résister à l'effondrement de la puissance militaire sur laquelle il s'ap-
puie et avec laquelle il se confond. Les classes
aristocratique et bourgeoise qui, trop lâches pour
opérer elles-mêmes, n'ont su jusqu'à présent que
laisser passer les bombes nihilistes, se trouvent du
coup portées au gouvernement, désormais consti-
tutionalisé, parlementarisé, *occidentalisé !* Et le
premier effet, l'effet inévitable de cette révolution
politique à Pétersbourg, est la libération de l'Allemagne ouvrière. Débarrassée du cauchemar
moscovite, certaine de ne plus trouver en travers
de ses efforts l'armée d'un Alexandre derrière
l'armée d'un Guillaume, voilà la démocratie-
socialiste allemande en mesure d'ouvrir, sur les
ruines de l'Empire de fer et de sang, le bal
révolutionnaire, le quatre-vingt-neuf ouvrier. En

attendant, et avant toute défaite — les journaux tzaristes sont obligés de le confesser — c'est la banqueroute russe, qui va ébranler tout le vieux monde.

L'écrasement de l'Angleterre n'aurait pas des conséquences moindres — et moins heureuses. Du seul fait de tous les moyens militaires britanniques transportés et concentrés sur la route de Hérat, l'Irlande — *desétatdesiégée* — respire. Des dynamitades individuelles qui font plus de bruit que de besogne et ne sauraient en tous cas aboutir, elle peut passer à l'action collective, seule féconde, et imposer par la force — qui a changé de camp — sa volonté à l'île fratricide ; pendant que de son côté le Soudan — et par contre-coup l'Egypte — échappe aux bienfaits de la civilisation à coups de fusils que Wolseley, après Gordon, avait mission de lui imposer.

Au premier échec sur les bords du Murghab et de l'Heri-Roud c'est un « décollage » général du plus immense et du plus exploité des empires coloniaux. Depuis les « métis » du Canada qui ont pris les devants et tiennent déjà la campagne, jusqu'aux « boers » du Cap, c'est à qui secouera le joug des marchands — et des marchandises — de la métropole.

Mais vienne le désastre définitif, vienne la perte de l'Inde, insurgée dans ses rajahs mal domestiqués d'abord, dans ses *cipayes* ensuite, au fur et à mesure de l'invasion russe triomphante ; et depuis la liquidation de l'Empire romain le spectateur humain n'aura jamais assisté à un pareil krach, ne laissant intact aucun point de l'univers connu.

C'est le marché indien, c'est le marché mondial à approvisionner qui, en créant une situation à part, véritablement privilégiée, au prolétariat d'outre-Manche, lui a permis jusqu'alors de se traîner, sans en sortir, dans les voies légales et l'a soustrait aux nécessités révolutionnaires qui emportent les salariés des deux-mondes.

Ces débouchés fermés, rejetée dans la misère commune, l'Angleterre ouvrière sera la première acculée à la lutte, lutte qui, avec le degré d'organisation auquel elle est parvenue, ne saurait être ni longue ni douteuse.

Le capitalisme britannique — qui est la clef de voûte du capitalisme européen — trouvant son Sedan sur les rives de l'Oxus, c'est un **18 Mars** universel à bref délai, avec le prolétariat anglais pour avant-garde.

Aussi s'explique-t-on l'effroi qui s'est emparé des gouvernants de partout à la seule perspective du conflit anglo-russe et les efforts qu'ils accumulent, à Londres et à Pétersbourg, pour conjurer une éventualité aussi grosse de mort pour l'ordre de choses actuel.

Quant à nous, quant aux socialistes qui savent à quels cataclysmes nécessaires est suspendu l'ordre nouveau, la société de l'avenir, ils ne peuvent

qu'appeler de tous leurs vœux ce commencement
de la fin du plus insupportable des régimes.

> Coule, coule, sang du soldat,
> Soldat du tzar ou de la reine,
> Coule en ruisseau, coule en fontaine.

C'est pour l'humanité cette fois que cette rosée
sera féconde.

Vive la Guerre !

Les derniers « risques » de paix se sont évanouis. D'une part, la Russie n'a répondu à la
demande d'une enquête mixte sur l'affaire d'Ak-
Tépé que par une nouvelle et plus flagrante violation de « l'engagement solennel » du 17 mars : elle
s'est emparée de Meruchak à 24 kilomètres en
avant de Penjeh. D'autre part, M. de Bismarck
fait décliner par ses journaux les plus autorisés le
rôle de médiateur qui, sans lui avoir été offert, lui
était cependant réservé !

Les destinées vont donc s'accomplir. Dans quelques jours, dans quelques semaines au plus tard,
le militarisme moscovite et le commercialisme anglais seront aux prises. Et pendant que, selon l'expression du *Temps*, « l'Europe » — capitaliste —
« voit avec anxiété grandir le spectre d'une pareille
guerre » ; pendant que le monarchisme du *Soleil*,
l'opportunisme de la *République française* et le
radicalisme de la *Justice*, une fois de plus d'ac-

cord, s'époumonnent à crier au « désastre », nous battons, nous, des mains à ce duel entre les deux plus grandes forces conservatrices de l'époque, et nous disons avec les socialistes d'outre-Manche, par leur organe officiel, le *Commonweal* :

« Puisse-t-il avoir pour issue l'anéantissement définitif, non pas de l'un, mais des deux adversaires ! »

Contrairement, en effet, aux guerres qui, en jetant un peuple sur un autre, font œuvre de réaction en substituant les haines de race aux haines de classe, la guerre qui va s'ouvrir — et qui passe par dessus la tête des deux nationalités nominalement engagées, aussi peu menacées l'une que l'autre — fera, de quelque façon qu'elle se termine, œuvre de révolution.

Quel que soit celui des deux systèmes ou des deux régimes — également, quoique diversement, oppresseurs — qui doive succomber ; que la caserne russe ait raison du comptoir britannique ou que l'or anglais brise le fer moscovite, c'est une des assises de la présente société qui se détache ; c'est la brèche ouverte par laquelle passera l'ordre nouveau.

Et nous pouvons par suite donner carte blanche au Dieu des batailles qui, quoiqu'il fasse, est forcé de travailler pour nous.

Au bout de la défaite russe — je l'écrivais il y a un mois, mais on ne saurait trop le répéter, en présence du russophilisme d'une certaine presse

— au bout de la défaite russe il y a la fin du tzarisme, l'émancipation politique de la Russie, qui a déjà failli il y a trente ans surgir de la prise de Sébastopol. Et la Russie, je ne dis pas socialisée — il est des phases historiques qu'on ne saute pas, quoique l'on puisse les raccourcir — mais simplement *libéralisée*, c'est l'empire allemand frappé au cœur, isolé et incapable de résister aux coups répétés d'une démocratie socialiste qui n'a plus à « coller l'oreille contre terre » dans la crainte du canon des Romanoff — désormais encloué. De même que l'Allemagne ouvrière au pouvoir, c'est la sanglante question de l'Alsace-Lorraine résolue — de la seule façon dont elle puisse l'être : par la suppression des frontières.

Au bout de la défaite anglaise, c'est l'émancipation sociale de l'Angleterre — l'Irlande y compris — qui n'est séparée de la plus communiste des révolutions que par le plus gigantesque empire colonial — et commercial — qui fut jamais.

Si, malgré sa grande propriété foncière, malgré son développement industriel et la puissante organisation corporative de son prolétariat, elle a pu jusqu'à présent rester la « loyale » — et conservatrice — Angleterre qu'admire M. le comte de Paris, c'est que, dans le marché universel à approvisionner, ses ouvriers ont toujours trouvé un à peu près de travail et de pain. C'est d'autre part qu'avec l'Inde et ses « fonctions lucratives » il lui a été possible de se débarrasser, en les satisfaisant, des fils de sa bourgeoisie « implacables » dans la métropole, et d'échapper ainsi au « péril des déclassés » — ce levain de toute pâte révolutionnaire.

Mais que son commerce soit gravement atteint par les croiseurs — ou les corsaires — ennemis et par la concurrence plus dangereuse des neutres ; que ses colonies s'égrènent et qu'avec l'empire indien elle perde son grand débouché politique et administratif ; et, prise entre une classe ouvrière affamée et les « sans emploi » de la classe moyenne, on verra ce que durera la ploutocratie britannique.

Défaite anglaise ou défaite russe, c'est le triomphe à bref délai du socialisme international auquel la débâcle qui se prépare, qu'elle vienne du nord-est ou du nord-ouest, mettra tous les atouts en main.

A lui, à la France du Dix-Huit Mars surtout, à se préparer pour cette grande et dernière partie

Classé !

La Chambre des députés, présidée par M. Floquet, a, sur la proposition de M. Brisson, refusé hier de prendre en considération la demande de mise en accusation du Ferry et de ces co-tonkinois.

Sous la présidence du même Floquet, et sur la proposition du même Brisson, la même Chambre, il y a quelques jours, donnait force de loi au décret envoyant Hugo au Panthéon, après avoir mis à la charge de la nation les obsèques du grand — et cinq fois millionnaire — artiste.

Voilà qui suffit à *classer* Victor Hugo — même pour ceux qui pourraient avoir oublié « le vandalisme » reproché par la vieillesse du poète à la Commune vaincue et ses rimes insultantes coulées dans les trous ouverts par les balles versaillaises au front de nos Duval, de nos Rigault et de nos Scrizier.

Inutile, en effet, de repasser les œuvres complètes de l'ex-prestidigitateur qui a fait « passer successivement toutes les muscades » du siècle, depuis la Restauration jusqu'à l'Empire, y compris la meilleure des Républiques orléanistes (d'où, sans doute, la mirobolante velléité de donner son nom au siècle des Darwin, des Marx et des Claude Bernard ; au siècle de la vapeur et de l'électricité). Point n'est besoin de reprendre sa longue vie, de la pension de Louis XVIII, ramassée dans le sang de Delon, à l'exil dont il ne connut que les gloires sans s'arrêter un seul instant aux barricades de Juin qui le trouvèrent à la tête d'un bataillon de l'ordre. Ce sont ses funérailles mêmes ; c'est l'apothéose dans laquelle il s'est couché et ceux qui la lui ont faite qui le mettent à sa véritable place — à celle que le temps lui imposera de plus en plus.

Il n'y a rien comme les enterreurs pour donner

la mesure d'un enterré. « Dis-moi qui te *panthéonise*, et je te dirai qui tu es ».

Qui « juge Honoré Riquetti Mirabeau digne de recevoir l'honneur du nouvel édifice de Sainte-Geneviève », est la Constituante, c'est-à-dire la grande Assemblée bourgeoise qui, l'ordre féodal brisé et la propriété libérée, voit dans le Roy des nobles et des prêtres conquis par le Tiers-Etat un frein indispensable aux appétits populaires. Dès lors, qu'on l'ait ou non suivi dans ses apparentes variations, *l'armoire de fer* aurait pu disparaître avec son secret, Mirabeau est jugé. Il a dû mettre au service de la Cour contre la révolution plébéienne le génie tribunitien qu'il a mis, contre la même Cour, au service de la Révolution bourgeoise ou patricienne.

Qui dans la crypte panthéonesque, préalablement vidée des cendres de Mirabeau, installe Jean-Paul Marat, est la Convention ; la Convention lorsqu'elle était encore dominée par la Commune de Paris, c'est-à-dire par la rue en armes. Dès lors Marat est jugé. Bougeart peut n'avoir pas existé ou n'avoir jamais écrit une ligne. Nous sommes sûr d'avoir dans le *panthéonisé* de 93 un véritable « ami du peuple ».

Il n'en est pas autrement du *panthéonisé* du 1er juin 1885, avec le concours presque unanime des acquitteurs de Ferry et Cie.

Qui a libellé le décret imposant Victor Hugo à « la reconnaissance de la Patrie » est Allain-Targé, c'est-à-dire le ministre rouge encore des assassinats policiers du Père-Lachaise.

Qui l'a libellé encore est Brisson, c'est-à-dire le chef suprême de cette justice qui vient de mettre le bagne et ses tortures au service des tortureurs à la Chagot contre leurs esclaves blancs poussés à bout.

Et qui l'a signé est Grévy, — le même Jules Grévy qui, en qualité de président de l'Assemblée de Versailles, contresignait, le **22 mai 1871**, l'ordre du jour suivant « délibéré en séance publique » :

L'Assemblée nationale décrète que les armées de terre et de mer, que le chef du pouvoir exécutif ont bien mérité de la Patrie.

Nous sommes dès lors fixé sur le « grand homme » qui nous est mort.

Que sera-ce si des *décréteurs* du nouveau dieu nous passons à ceux qui l'ont installé dans son temple et — qu'on me passe l'expression — ont officié six heures durant derrière sa « dépouille mortelle ! »

Ici, tambours voilés, sabres au clair et fusils renversés, c'est la troupe, énormément de troupe, cette troupe dont Hugo a fait — la France du 2 Décembre sait à quel prix — miroiter les cuirasses et claquer les drapeaux ; et sous quels ordres ? sous les ordres des mêmes galonnés à la Garcin qui, quatorze ans auparavant, presque jour

pour jour, coupaient par des feux de peloton le
cri de : Vive l'humanité ! dans la bouche ensan-
glantée de Millière.

Là, ce sont les conseils municipaux — y compris et en védette celui de Paris — qui n'ont eu ni
pain ni travail pour la France ouvrière passée au
fil de la plus affamante des crises.

Plus loin, ce sont toutes les « sociétés des gour-
dins réunis » qui, dans leur costume de paillasse
et sous prétexte de tir et de gymnastique, ont déjà
tremplinté sur le cercueil de cet autre *comédiante*
qui fut Gambetta ; ce sont les preneurs d'assaut de
bocks allemands, les Déroulèdistes en rut ; c'est
l'*Estudiantina* de Bullier, cette jeunesse des
écoles, fleur de possédants et graine de dirigeants,
qui se ruait à coups de pierres aux obsèques de
Vallès sur la couronne des socialistes allemands ;
ce sont les garde-chiourmes commerciaux de tous
les *Bon Marché* ; c'est l'usurier Crépin ; c'est enfin
le chœur de toute la presse conservatrice, depuis
le *Voltaire* de ce qui reste de Ranc, jusqu'au *Soleil* de Philippe VII, sans oublier le *Peuple* de
Napoléon V, ensevelissant son collaborateur suc-
cessif dans l'éclat de sa poésie omnicolore.

Et derrière cette plus officielle des Frances on
voit surgir une Europe non moins officielle, incar-
née dans la monarchie embastilleuse d'Italie et
dans la monarchie fusilleuse d'Espagne.

À son char de triomphe funéraire, Victor Hugo
— le prétendu socialiste — a attelé tous les re-

présentants du monde gouvernemental et capitaliste. Sauf l'Eglise — avantageusement remplacée par la déicolâtre franc-maçonnerie — il a au bas de son passeport pour l'immortalité le visa de toutes les puissances anti-révolutionnaires.

Je ne dirai pas que c'est là son châtiment. Mais c'est ce qui le juge. Ce Béranger solennel, ce chantre impénitent d'un Dieu qui n'a jamais existé, d'une famille qui existe de moins en moins et d'une patrie qui ne saurait exister qu'en tuant l'humanité, appartient à l'ennemi, au vieil ordre de choses que la mission historique du prolétariat est d'enterrer et que le nouveau 93 redouté d'Hugo jetera — pas au Panthéon — à l'égout.

Le droit aux Otages

A-t-on assez exploité contre la Commune de Paris le décret sur les otages qu'elle était obligée de prendre le 5 avril pour couper court aux assassinats à la Vinoy et pour « défendre — selon ses propres expressions — l'honneur et la vie des deux millions d'habitants qui avaient remis entre ses mains le soin de leurs destinées » !

C'est ce décret, qualifié de sauvage et dénoncé comme tel par le faussaire Jules Favre au monde civilisé, qui armait les belles de jour — et de nuit — de Versailles fouillant de leurs ombrelles les blessures de nos prisonniers.

C'est lui qui, une semaine durant, mit en mouvement les mitrailleuses sommaires.

C'est lui qui, en attendant que les conseils de guerre en bourrassent les fusils de Satory et les convertissent en milliers de *bon* pour la Nouvelle, faisait souhaiter par l'évangélique Sarcey que « le couteau restât rivé aux mains du bourreau ».

Et cependant lorsque les révolutionnaires du 18 Mars eurent recours — sur le papier — à ces représailles, la guerre battait son plein ; les cadavres de fédérés égorgés après la bataille jonchaient la route de Versailles.

Et cependant le rôle « d'otages du peuple de Paris » avait été entouré de toute espèce de garanties, limité aux « complices de Versailles » dont « les crimes auraient été reconnus par un jury d'accusation ».

Et cependant, enfin et surtout, cette mesure, qui appliquée à temps eût sauvé tant des nôtres, resta lettre morte, dormit dans les cartons de l'Hôtel de ville tant que le pouvoir insurrectionnel fut debout.

Or, qu'est-ce que j'apprends par le *Soleil*, par une lettre — tout ce qu'il y a de plus apostolique — adressée de Saïgon à l'*Avant-Garde* d'Aix ?

C'est que le système des otages, dont on lapide encore la mémoire de notre grande Commune, après le lui avoir fait expier par un « massacre auprès duquel, de l'aveu du *Times*, la Saint-Barthélemy n'a été qu'un jeu d'enfant », c'est que ce système a été repris et est pratiqué aujourd'hui en pleine paix, à l'ombre du drapeau tricolore, et par qui ?

Par un de ces doux missionnaires qui ont tellement horreur du sang qu'ils se refusent à en payer l'impôt et par un chancelier français agissant de son autorité privée, comme « volontaire », « par dévouement » !

Sur un avis de Cant-Hoa que « des massacres vont avoir lieu dans cette province d'ici quelques jours », le père Geffroy et le chancelier français de Koin-Hone ont nolisé un vapeur allemand qui « arrivé en vue de la chrétienté qu'on voulait secourir » est obligé, par suite des eaux basses, de jeter l'ancre loin du rivage.

Mais ici je dois laisser la parole au père Douris-boure qui intitule carrément cette partie de son récit : On prend des otages.

« Cinq Allemands et deux Français (le père et le chancelier) descendirent dans un canot. Ils étaient armés jusqu'aux dents. Avant d'atteindre le rivage, trois mandarins montant une embarcation se présentent à eux pour s'enquérir du bateau à vapeur. *Que font nos braves ?* (sept contre trois et les sept sont *armés jusqu'aux dents !*) *Le revolver à la main, ils forcèrent les mandarins à les suivre au vapeur.* Avec ces otages, ils se sentent d'autant plus forts, etc., etc. »

Ce n'est pas tout : après « le sauvetage de sept cents chrétiens, que la *capture providentielle* des mandarins — c'est le nouveau nom de « l'odieux » système des otages, lorsqu'il est appliqué *ad majorem Dei gloriam* — a rendu possible », un seul des *otagés* est renvoyé libre et le père Geoffroy lui dit ceci : « Nous reviendrons dans quelques jours, va dire à terre que si les chrétiens que nous ne pouvons embarquer aujourd'hui et que nous viendrons chercher ont quelque chose à souffrir, *vos deux chefs* que nous emmenons avec nous *auront vécu.* »

Je ne veux pas rechercher ici si cet enlèvement à main armée de trois fonctionnaires annamites dans l'exercice de leurs fonctions ne rentre pas dans les faits de piraterie que prévoit et punit le Code international ; ni jusqu'à quel point de pareils exploits, accomplis par des représentants officiels de la France en Orient, sont de nature à réconcilier nos protégés malgré eux avec leurs protecteurs.

Je laisse de côté ces considérations, si importantes soient-elles ; j'irai plus loin : je veux admettre que la fin justifie le moyen, et que nous nous trouvons devant un acte d'héroïsme pour lequel on décorera — si ce n'est déjà fait — le chancelier de Koin-Hone dont je regrette de ne pas connaître le nom.

Il n'en restera pas moins établi que le système des otages a du bon, que *le droit aux otages* existe — de par ceux-là même qui, après nous l'avoir imputé à crime, ne se font pas faute d'en user et d'en abuser.

Le tout, quand on s'en sert, est d'être le plus fort jusqu'au bout, d'avoir le dernier mot, d'être vainqueur, disons le mot : de réussir.

Avis à la prochaine Commune !

Fin de Monde

Tous les rappels à l'ordre du plus bismarckien des Reichstag n'empêcheront pas Bebel, Bebel le communiste, d'avoir mille fois raison lorsqu'il se refuse à voir la main du socialisme dans les « tragiques événements » du Hainaut et lorsqu'il dénonce la bourgeoisie gouvernementale belge comme capable de chercher dans des « bains de sang » ouvrier une vigueur qui lui manque, un renouveau de vie.

Si, comme le veulent les Puttmaker de l'empire allemand et de certaine presse républicaine française, le socialisme — c'est-à-dire la partie organisée du prolétariat — avait été au fond ou à la tête des « troubles », Charleroi ne serait pas au pouvoir de cette contrefaçon de Gallifet qui s'appelle Van der Smissen. Ainsi que le constatait hier Goullé, cette ville eût été emportée dès le début, pendant les vingt-quatre heures où, découverte, elle est restée à la merci des « révoltés ».

Si le socialisme — c'est-à-dire la partie consciente du prolétariat — avait présidé au mouvement, ce n'est pas deux ou trois usines qu'on eût « flambées » — au seul détriment des Compagnies d'assurances ou du Trésor public. — Les usiniers ? je ne le dis pas ! — Ce n'eût pas été aux particuliers qu'on se fût attaqué pour leur demander ou leur prendre quelque menue monnaie. C'est, comme l'écrivait le *Vooruit* — aujourd'hui poursuivi — sur les Hôtels de ville qu'on eût marché ; ce sont les pouvoirs politiques qui auraient été assiégés — sinon enlevés — parce que l'Etat, conquis, livre tout, tandis que laissé aux mains de la classe ennemie, il rend inutiles et stérilise les plus héroïques efforts.

L'espèce de prise d'armes — sans armes — qui transforme depuis quelques jours la petite armée belge — ou anti-belge, puisqu'elle n'a jamais servi que contre la Belgique ouvrière — en un vaste peloton d'exécution, est si peu socialiste, l'œuvre des socialistes, que, *partout où il existe un véritable parti socialiste ou ouvrier, il n'y a rien eu.*

Gand, ni les Flandres n'ont bougé, qui sont pourtant le quartier-général incontesté du communisme révolutionnaire. Ils sont demeurés l'arme au pied de leurs milliers de militants, pendant que le parti ouvrier de langue française se bornait à protester contre les massacres en cours et à menacer du suffrage universel, imposé de haute lutte, l'oligarchie censitaire bourgeoise.

Non pas que socialistes wallons et socialistes

flamands ne fussent de cœur avec leurs frères de
misère soulevés, errants et traqués comme des
bêtes fauves, — auxquels ils ont envoyé des cha-
riots de pain, en même temps qu'au péril de leur
liberté ils criaient aux soldats-assassins : Ne tirez
pas !

Mais ils savent — eux qui sont prêts pour la Révolution — que cette révolution est condamnée à
venir d'Allemagne ou de France, les deux seuls
grands pays d'Europe où puisse se vider utilement
et définitivement la grande querelle des classes,
la petite Belgique révolutionnaire ne pouvant que
servir d'appoint.

Ils savent qu'ils n'ont devant eux — quelques
proportions qu'elle ait prises — qu'une explosion
de souffrance et de désespoir ; un de ces conflits
comme en recèle et comme en entraînera de plus
en plus le prétendu ordre capitaliste, — précurseurs du *branle-bas*, mais non branle-bas eux-
mêmes.

Rien de préparé, rien de prévu, rien de voulu
dans ce fleuve ouvrier sorti de son lit industriel
par la faim et qui se répand au hasard, plus me-
nacé que menaçant. C'est la bête humaine qui veut
vivre, qui se défend comme elle peut : ici contré
l'abaissement des salaires ; là contre le four à
bassin supprimant, avec le souffleur remplacé par
l'apprenti ou le manœuvre, le pain pour des familles entières ; plus loin contre l'écrasement de
la petite industrie par la grande.

Ce sont les intérêts, les existences sacrifiés par les perfectionnements ou les progrès scientifiques — instruments de chômage, de faillite et de mort dans notre « meilleure des sociétés », plus imbécile encore que cruelle — qui regimbent, s'insurgent, ne voulant pas mourir et brisant les machines pour ne pas être brisés par elles.

Loin d'ailleurs que cette spontanéité, cette nécessité et cette *réflectivité*, si je puis m'exprimer ainsi, de la nouvelle jacquerie lui enlèvent de sa portée, elles aggravent au contraire la situation, puisque, produit naturel, filles légitimes de l'état de choses actuel, les violences d'hier se répéteront demain et ne pourront aller qu'en croissant.

Il y a là, dans cette *anarchie organique*, que les néo-Versaillais de Bruxelles traitent par la saignée, portant les tueries au *maximum* dans l'espoir de quelques années de repos ou de digestion tranquille, la condamnation irrévocable de la pseudo-civilisation moderne convaincue de créer elle-même, dans son propre sein, les barbares sous le flot desquels elle disparaîtra.

Il y a là l'éclatante confirmation de nos conclusions touchant l'impossibilité pour le moule capitaliste de contenir les forces industrielles en voie de développement et la fatalité d'une brisure prochaine.

C'est la fin d'un monde qui n'a su de la surabondance des produits faire sortir que l'extrême misère des producteurs et dont l'ordre est, et sera de plus en plus, le désordre en permanence.

Une prime aux crimes et délits

Je ne suis pas — tant s'en faut — hostile à la proposition de loi « sur les moyens de prévenir la récidive » qui, partie du Sénat, est arrivée samedi devant la Chambre où elle a été votée sans conteste.

Venant après le double tour donné aux prisons politiques par le refus de l'amnistie et après la transportation en masse et sans jugement des récidivistes de la mendicité et du vagabondage — autrement dit de la pauvreté qui n'est plus seulement vice mais crime — elle forme dans l'impitoyable désert parlementaire comme une espèce d'oasis.

On sait en quoi elle consiste : Cessant d'être considéré comme un homme à la mer, tout condamné pour la première fois — ou « primaire », selon la très juste expression de M. Leveillé — pourra (devra, vaudrait mieux) être mis conditionnellement en liberté à moitié de sa peine, s'il s'est montré digne de cette faveur ; et, dans un temps de, il obtiendra de droit et par voie judiciaire sa réhabilitation intégrale. D'autre part. de la geôle ouverte avant l'heure, le libéré provisoire traité en convalescent, passera à une société de patronage qui, subventionnée par l'Etat, sera chargée d'achever sa guérison en lui procurant du pain et du travail.

Cette dernière disposition est évidemment la
plus importante. On peut dire qu'elle est le pivot
de la nouvelle loi, — la libération anticipée ne
pouvant et ne devant qu'anticiper la récidive au
lieu de la prévenir si elle ne se doublait pas pour
celui qui en est l'objet de moyens assurés d'existence.

Mais ces moyens d'existence, ainsi garantis socialement, à l'aide du Trésor public, qu'est-ce
sinon le *droit au travail. à la vie par le travail*,
organisé au profit des « retours » de la Santé, de
Poissy et autres Clairvaux ?

Et comme un pareil droit, qualifié de subversif,
a été repoussé à coups de canon d'abord, à coups
de déportation ensuite, lorsqu'il fut, en Juin 48, revendiqué par le prolétariat parisien ; comme il n'a
pas cessé d'être refusé à la France ouvrière par la
troisième république bourgeoise, la réforme en
voie d'accomplissement — que je ne combats pas,
je le répète, dont je me borne à étudier les effets
— va mettre notre société française dans la situation suivante :

D'une part tous ceux de ses membres qui, trop
honnêtes — ou trop bêtes — pour « attenter aux
biens ou aux personnes », continueront malgré le
chômage, malgré la faim, au péril de leur vie, à
s'abstenir de tout crime ou délit. Ceux-ci continueront à rester en dehors des préoccupations — et
de l'appui — de l'État qui ne se reconnaît, il s'en
vante, vis-à-vis d'eux de devoir d'aucune sorte.

Comme l'écrivait philanthropiquement Malthus, s'il n'y a pas de couvert pour eux au banquet de la vie, qu'ils en sortent par le suicide !

De l'autre côté, ceux qui, plus osés ou moins jobards, sans se laisser arrêter par le Code, au risque de tomber entre les mains de la justice, ne se feront pas faute de prendre ce dont ils auront besoin — ce qui s'appelle « voler » dans le langage de la classe qui possède tout parce qu'elle a tout pris. Ceux-là, qualifiés de malfaiteurs et poursuivis et condamnés comme tels, trouveront immédiatement et de droit dans la société par eux bousculée protection et assistance. Le même Etat qui ne leur devait rien *avant* le délit ou le crime leur sera obligatoirement, *après*, père et mère, mère nourrice et père caissier.

Pendant qu'un casier judiciaire vierge, véritable *passe-port pour la mort*, laissera son malheureux possesseur lutter seul et succomber dans le combat inégal pour l'existence, l'école « primaire » de l'escroquerie, du *pick-pockettage* et de l'abus de confiance conduira au pain assuré et au travail garanti. Il suffira d'avoir pris le premier grade dans l'armée de la correctionnelle pour se voir, à sa sortie du service, casé, loti gouvernementalement, aux frais du budget.

« Comment ! » dira l'ordre social actuel, par la bouche de nos législateurs, aux producteurs victimes des crises de surproduction qui viendront, comme il y a trois mois, frapper aux caisses gouvernementales : « Vous avez la prétention de vous faire embaucher ou nourrir par les pouvoirs publics, alors que vous ne sauriez produire, à l'appui de vos exigences la moindre condamnation ! Où est le coffre-fort que vous avez forcé ? le passant que vous avez dévalisé ? Passez votre chemin, braves gens, et rappelez-vous que nos guichets ne s'ouvrent pour donner que devant ceux qui s'y font conduire entre deux gendarmes. »

Il n'y a qu'un mot pour caractériser un pareil système distributif : c'est une prime à tous les genres d'exploits que prévoit et punit le Code pénal.

Si monstrueuse cependant que paraisse — et que soit — cette mission providentielle de l'État limitée aux seuls « pris de justice », elle s'explique par la classe qui monopolise cet État aujourd'hui et qui n'a jamais obéi qu'à deux mobiles : l'intérêt et la peur.

Les récidivistes coûtent — et coûtent fort cher. Ils coûtent à arrêter, à condamner, à détenir et ils vont coûter à « reléguer », c'est-à-dire à tuer, à la Guyane ou ailleurs. Si l'on pouvait en réduire le nombre en les prenant au premier pas dans la carrière et en leur procurant le vivre et le couvert, il y aurait là une économie notable.

Les récidivistes, d'autre part, sont gens dangereux — témoin Marchandon. Si l'on pouvait, en y mettant le prix, les empêcher d'aller jusqu'à ce terrible couteau, qui coupe si désagréablement les « Cornet », ce serait encore de l'argent bien placé — d'autant plus que cet argent est celui des contribuables.

De là le projet Bérenger et les entrailles dont il a fait preuve pour les criminels en herbe.

Mais la masse des prolétaires qui ne volent ni ne tuent, qui sont les volés et les tués de chaque jour, n'a jamais coûté un centime à la bourgeoisie : ils rapportent au contraire. D'un autre côté, rien à craindre d'eux, de leur désespoir, ni pour la bourse, ni pour la vie. Dès lors, véritable « quantité négligeable », on peut les laisser impunément crever devant les ateliers fermés et les magasins regorgeant.

Et ils crèveront, jusqu'au jour où, décidés à en finir avec une société où

> Dans le crime une fois il suffit qu'on débute

pour être mis, sa vie durant, à l'abri du froid et de la faim, ils reprendront en bloc tout ce que les protégés de M. Bérenger filoutent aujourd'hui en détail.

Le fond du sac

Chaque jour qui s'écoule nous permet de voir plus clair dans le jeu de la bourgeoisie catholique belge, qui a trouvé dans la bourgeoisie libérale le compère le plus éhonté.

Non seulement le mouvement — exploité par

Bismarck contre la démocratie socialiste allemande
— n'a rien de socialiste, comme l'affirmait hier
Wolders après Bebel ; non seulement il n'est pas
anarchiste (témoin le seul anarchiste qui ait été
arrêté, l'avocat Spingard, et qui a dû être remis
en liberté par Van der Smissen lui-même) ; mais
les « désordres » dont on a fait tant de bruit — et
dont on devait tirer tant de sang ouvrier — n'ont
pris les proportions que l'on sait qu'avec la permission, sinon sur la commande, des gouvernants
à la Beernaert.

Des grèves tumultueuses, il y en a toujours eu,
surtout en Belgique, ainsi que des masses jetées
par le pain rogné ou supprimé sur les baïonnettes
de l'ordre. De tout temps et partout les affamés,
que crée et multiplie la production capitaliste, sous
la double action de la concurrence et du machinisme, ont porté dans la rue le cri de leur ventre
vide et aveuglément, bestialement, tenté la destruction d'un outillage homicide.

A ce point de vue, « les scènes lamentables »,
pour parler comme la presse bourgeoise, dont le
Hainaut a été le théâtre, ne se distinguent pas de
milliers de scènes analogues qui illustrent et en-
sanglantent l'histoire de tous les pays industriels.
Ou, si elles s'en différencient, c'est par la douceur,
l'humanité, l'*inoffensivité* des « émeutiers » de
1886 qui n'ont pas à leur actif *une seule violence
contre les personnes*. Oui, canardés comme des
lapins, devant la poitrine ouverte des leurs par les

fusillades les plus sommaires, ils ont eu entre les
mains les fabricants à la Baudoux, qui avaient
commandé le feu, et ils n'ont même pas songé à
« revancher » leurs assassinés sur ces assassins
avoués !

C'est même parce qu'ils savaient à quoi s'en tenir
sur le troupeau de moutons moutonnant qu'ils s'a-
charnaient dans leurs dépêches nationales et
internationales à transformer en fauves de la pire
espèce, que les catholiques au pouvoir ont osé
jouer avec le feu en laissant se développer, s'é-
tendre un incendie qui ne brûlait pas et dont on
allait pouvoir se servir comme d'une arme contre
le véritable « péril social ».

Il ne faut pas oublier, en effet, que lorsqu'à
Liège se produisit le premier accès de colère prolétarienne, toute la fraction organisée de la Belgique ouvrière, tous les partis socialistes s'étaient
donné rendez-vous à Bruxelles, pour le 13 juin, à
l'effet d'arracher à une oligarchie censitaire le suffrage universel et ouvrir ainsi au Quatrième-Etat
une brèche dans le gouvernement jusque-là monopolisé par les riches.

Contre cette manifestation qui, triomphante, eût
mis au rancart et pour toujours et catholiques et
libéraux, aucun moyen de défense, ni dans la loi
qui autorise ces sortes de *pronunciamientos* populaires, ni dans l'armée qui réduite, dispersée et
plus ou moins acquise à la réforme poursuivie, eût
été impuissante ou complice.

Tout changeait, au contraire, si avant la redou-
tée et redoutable échéance, on pouvait inspirer
une peur salutaire à la petite, toute petite bourgeoisie, de cœur sur ce point avec le prolétariat de
la mine et de l'usine ; si des troubles suffisamment
sérieux — et qu'on exagèrerait au besoin — per-
mettaient de mobiliser les troupes, de les concentrer, de proclamer l'état de siège et de décapiter,
à l'aide d'arrestations en masse, les sociétés ou or-
ganisations populaires.

De là le laissez-faire, laissez-passer des premiers jours, qui découvrait — et aurait livré
Charleroi s'il s'était réellement agi d'une insurrection ayant un objectif et des chefs, et qui n'avait
d'autre but, en encourageant la formation en ban-
des des grévistes et leurs incursions, ou, plus exactement, leurs promenades, que de porter les choses à l'état aigu, à ce moment psychologique
où, sous le couvert de l'ordre à sauver, on pourrait
sauver ses portefeuilles.

Les Beernaert ont rejoué le Cavaignac de Juin,
laissant les barricades se généraliser, menaçant
même de se retirer dans la plaine Saint-Denis avec
ses bataillons, pour se rendre indispensable et
apparaître, sur un monceau de cadavres, comme
une véritable providence aux boutiquiers affolés.

Ils ont rejoué le Thiers de 1871, sortant à la
première alerte de Paris abandonné tout entier à
une Révolution dont il avait mal calculé la force
et la portée, pour s'imposer dans le désarroi géné-

ral, à une majorité monarchique et pêcher dans le sang de la grande ville reconquise sa présidence de la République.

Il leur fallait une ou deux usines brûlées et l'effroi que ces quelques flammèches tirées à un million d'exemplaires devaient répandre au Nord et au Sud, à l'Est et à l'Ouest, pour fermer la bouche — par la terreur — aux bourgeois démocrates. Il leur fallait, en même temps qu'une armée sur le pied de guerre et complétée par l'appel des réserves, une jonchée de morts comme une barrière entre cette armée et la population. Il leur fallait — en attendant la mise hors la loi des associations ouvrières — la mise de la police dans leurs papiers et les prisons regorgeant, et les razzias en permanence.

Tout cela, ils l'ont aujourd'hui. Et cela ne leur a coûté que deux cents cadavres de prolétaires. En vérité, c'est pour rien.

Aussi n'hésitent-ils pas. De concert avec le bourgmestre de Bruxelles, M. Bull — un libéral, s'il vous plaît — MM. Beernaert, Devolder et autres *ministérieux* viennent de décider que la manifestation du 13 juin était et demeurait interdite. Enterré le 24 Février belge qui menaçait d'emporter, avec la monarchie du Cobourg, la domination politique d'une caste.

A moins pourtant que renversant tous les calculs, cette interdiction ne soit l'allumette qui mettra le feu aux poudres, « savez-vous ».

Un vilain rêve

Succi, qui prétend posséder le secret de vivre sans manger ou de ne manger qu'un jour sur trente, est devenu un dieu pour nos capitalistes, — que dis-je ? un faiseur de dieux.

« Vive Succi ! » clament les uns ; puisse-t-il « réussir », reprennent les autres ; pendant que tous, les yeux et les oreilles fixés sur Milan, suivent avec passion « le programme et la marche » de l'épreuve, arrivée ce matin à son quinzième jour.

S'il y a cependant quelque chose de plus que probable c'est que le *Naviglio* sur les bords duquel opère Crac-Succi est, doit être un dérivé de la Garonne.

Ce qui est plus certain encore, c'est qu'il n'y a rien de désirable, soit dans cette suppression — si elle était possible — de la faim, laquelle, mère de la science dans le passé, est appelée — sa fille aînée aidant — à devenir mère de jus ce dans un avenir très prochain ; soit dans le remplacement des excellents gigots et des meilleurs vins — qui ne manquent pas puisqu'on les arrête à la frontière — par je ne sais quelle mixture, arrosée d'une eau purgative quelconque.

Cette façon de nourriture artificielle et pharmaceutique ne serait pas plus un progrès que la fécondation artificielle et mécanique dont il a été tant

parlé pendant un temps, les *lavements par en haut*
ne valant pas mieux que la *seringue par en bas*, à
l'aide de laquelle, sous le haut patronage d'Au-
guste Comte, quelques chapons avaient songé à
nous faire faire l'économie du « contact de deux
épidermes », comme on appelait irrévérencieuse-
l'amour au dix-huitième siècle.

Et la preuve, c'est que tout en qualifiant de
« divin » l'élixir — à vertu démontrable — du
Tanner subalpin, nos bourgeois ne se font pas faute
de déclarer, par leur organe ordinaire, le *Figaro*,
qu'ils n'entendent pas, mais pas du tout, user pour
eux-mêmes de la fameuse recette.

Non, si bestial, si arriéré que puisse être le régime actuel, ils sont décidés à s'y tenir, à « se gaver jusqu'aux yeux de ces belles dindes au foie
gras ou aux truffes, arrosées d'un vieux chamber-
tin ; et de ces magnifiques pêches de Montreuil ;
et de ces huîtres succulentes de la Hollande ».
« Priver l'humanité, en leurs personnes, de toutes
ces voluptés qui réjouissent quatre de nos cinq
sens à la fois, les yeux qui les contemplent, le nez
qui les subodore, les mains qui les palpent et la
bouche qui les engloutit » ? Jamais.

C'est pour les ouvriers, pour les producteurs salariés — et pour eux seuls — que notre classe aussi
possédante qu'oisive accompagne de ses vœux
l'expérimentateur milanais et son jeûne plus ou
moins authentique. Parce que si, par hasard, il
était vrai qu'avec « soixante grammes d'une

liqueur jaunâtre » l'organisme humain pût fonctionner sans déficit un mois durant, quelles économies on pourrait du jour au lendemain réaliser sur les salaires !

C'est Necker qui l'écrivait à la fin du siècle dernier : « S'il était possible de découvrir une nourriture moins agréable que le pain, mais qui puisse entretenir le corps de l'homme pendant quarante-huit heures, le peuple serait bientôt réduit à ne manger que de deux jours l'un, lors même qu'il préférerait son ancienne habitude ».

Or, ce peuple, ainsi réduit aux « gouttes Succi », serait condamné à travailler aussi longuement et à produire autant.

Il faut être, en effet, aussi ignorant de la loi qui régit la rétribution du travail en régime de salariat que la *gendelettrerie* politicienne pour s'imaginer un seul instant que, les frais de la vie ouvrière venant à s'abaisser, les travaux forcés ouvriers seraient allégés, je ne dis pas même d'autant, mais dans une mesure quelconque.

Lorsqu'un Albert Millaud, tenant pour acquise la prétendue découverte d'un Succi, ose écrire :

Au lieu du labeur quotidien d'aujourd'hui, pénible, fatigant, monotone, indifférent aux indispositions du corps et de l'âme, etc., nous aurons un aimable travail intermittent, aux heures et aux convenances de chacun. Quelques jours avant le terme, on se mettra à la besogne pour payer son loyer. Le menuisier fera une table pour s'acheter un petit complet à la Belle-Jardinière, et le cocher de fiacre daignera faire une petite

26.

course pour s'offrir, le soir même, une deuxième galerie au théâtre du Château-d'Eau ;

Et lorsque le *Figaro* imprime tout chaud une pareille berquinade, journal et journaliste ne peuvent même pas se douter de la somme de ridicule dont ils se couvrent.

Ni le cocher ne fera une course de moins, ni le menuisier n'épargnera un coup de rabot, ni le labeur écrasant d'aucun prolétaire ne sera interrompu un quart d'heure, parce que la force-travail, au lieu de coûter quatre francs par jour à entretenir, coûtera cinquante centimes par mois, — le prix d'un *londrès* de M. Millaud.

Pour les dix sous nécessaires à son existence, le travailleur, qui n'a que ses bras pour vivre, devra se vendre aussi complètement, aussi intégralement qu'à l'heure actuelle, où cent francs sont indispensables. Parce que *on mourra alors faute de dix sous comme on meurt aujourd'hui faute de deux cents fois dix sous.*

Les seuls à bénéficier — et par milliards — du « secret » de Succi, si secret il y avait et « s'il pouvait être mis au service de l'humanité souffrante », ce seraient les employeurs, ceux qui font travailler et consomment des ouvriers de tout sexe et de tout âge comme ils consomment de la houille, et dont *les profits se trouveraient augmentés de toute la différence entre les présents et les futurs salaires.* De même que toute baisse dans le prix des

fourrages bénéficie aux propriétaires de bœufs ou
de chevaux et nullement à ces herbivores.

De là l'espèce de Messie vu dans le fumiste d'au
delà des Alpes par les patrons de partout. Plus
besoin — comme se tue à le leur conseiller la
saine et patriotique économie politique — d'aller
chercher à grands frais dans l'extrême-Asie les
sodomistes jaunes qui vivent d'une poignée de riz.

Tous Chinois, comme par enchantement, que
dis-je ? tous moins cher que les Chinois, nos prolétaires, par la grâce du « *consommé* milanais » qui
ne tarderait pas — selon la prophétie de Necker
— à devenir pour eux le plus obligatoire des aliments, « malgré qu'il préférassent l'ancienne habitude... »

Heureusement qu'il ne s'agit que d'un rêve, d'un
vilain rêve.

Autour d'un cadavre !

C'est Piron, je crois, celui « qui ne fut rien, pas
même académicien », qui surpris par le plus terrible des orages un vendredi dit saint qu'il s'était
attablé devant une omelette au lard, se levait
exaspéré et, lançant à la face des éclairs et des
tonnerres son assiette à moitié vide, s'écriait :

« Tant de bruit pour un peu de lard ? Eh bien,
la v'là ton omelette ! »

Le tapage qui se fait depuis quelques jours autour de l'huile dont on aurait *in extremis* graissé les pieds de devant et de derrière de feu Paul Bert, me remet en mémoire cette historiette du xviiie siècle.

Il est certain, clame la bourgeoisie cléricale, qu'après avoir fait amende honorable aux bas de je ne sais quel monseigneur, le prédécesseur de M. Bihour s'est laissé, comme Littré, *extrême-onc-tionner* par un curé quelconque.

C'est faux ! hurle la bourgeoisie libre-penseuse, furieuse du nouveau Léo Taxil que lui vole le cléricalisme qui « est l'ennemi ».

Je trouve, quant à moi, que voilà beaucoup de bruit, beaucoup trop de bruit pour rien. Et vous, citoyens travailleurs ?

Que l'athéisme de Paul Bert ait déménagé ou non avec ce que le choléra lui avait laissé de cerveau, qu'est-ce que cela peut bien nous faire ?

Ce sont les vivants qui me préoccupent. Et sur ces vivants, je sais, nous savons tous quelle a été l'action de l'homme dont les frères ennemis de la famille bourgeoise se disputent aujourd'hui le dernier soupir.

Athée, Paul Bert l'a été — mais pour lui, pour sa classe, dans le domaine scientifique, monopolisé, comme le reste, par les maîtres du jour.

Mais pour la masse, pour les dépossédés, pour les volés de la terre et de son paradis, Paul Bert a été un *bondieusard*, votant et revotant le budget de tous les cultes par lui considérés comme le meilleur moyen d'asservir, d'émasculer, d'abêtir les prolétaires.

Freppel l'a eu pour allié, pour complice, dans cette œuvre de « stultification » populaire.

Là est le crime du savant devenu politicien, dans la religion qu'il voulait et qu'il entretenait pour le peuple, et non dans le bon dieu de pain à cacheter qu'il se serait, à l'agonie, mis en posture d'avaler et qui « n'aurait pas passé ».

C'est là qu'est l'apostasie — et l'apostasie moyennant finances — lorsque, ayant au bout de son scalpel trouvé le vide des cieux qui ne racontent que l'ignorance et l'impuissance humaines, un physiologiste repeuple ces cieux, redore les idoles, pour la tranquillité et la sécurité de la classe capitaliste, comme instrument de gouvernement et de police.

Or, ce côté de la vie de Paul Bert n'est ni contesté, ni contestable. Paul Bert, comme Littré, comme Gambetta, comme tous nos dirigeants — riant entre eux des dieux qu'ils imposaient aux dirigés — a maintenu, de nos deniers, l'Eglise, toutes les Eglises.

Il a salarié les clergés, en les tenant pour ce qu'ils sont, des mystificateurs. L'ambassade auprès de leur pape, ou du grand chef de l'imposture, a eu sa voix partout et toujours.

Il a fait plus : à la veille de partir pour le Tonkin, lesté de 180.000 fr., il s'est déclaré prêt à cou-

vrir de sa protection, au même titre que les coton-
nades et que les machines françaises, les articles...
de foi qu'y exportent et dont trafiquent les plus
compromettants des missionnaires.

Dès lors il est jugé et peu nous importe qu'il ait
ou non usé, pour son compte personnel, de l'o-
pium cérébral dont, après avoir empoisonné ses
compatriotes, il s'était fait dans l'extrême-Asie
l'entrepositaire et le placier.

Il me plairait, au contraire, qu'il eût été pris
lui-même au piège qu'il dressait *urbi et orbi* contre ses semblables.

Paul Bert mourant, à sa honte et pour le
déshonneur de sa mémoire, dans les bras de cette
religion qu'il passait comme une corde autour du
cou de la classe ouvrière pour la conduire et l'é-
trangler, — mais ce serait justice.

Ce n'est pas la première fois qu'un débitant de
poison aurait trouvé la mort au fond du breuvage
préparé pour d'autres. Et j'espère, pour ma part,
que ce ne sera pas la dernière.

Le Crocodile

C'est du mauvais Jules Verne.

En revanche, c'est du plus mauvais Jean Ray-
baud.

M. Sardou baisse décidément ; il ne sait même
plus cuisiner les pommes du voisin.

De sa contrefaçon pitoyable de l'*île mystérieuse* en *île des palétuviers*, je n'ai rien à dire. C'est — ou ça à la prétention d'être — de la littérature. Aux abeilles de lettres à arranger ce frelon.

Mais il n'en est pas de même de sa contrefaçon de *Jérôme Paturot à la recherche de la meilleure des Républiques* en Colt ou en Morgan à la recherche de la meilleure des sociétés. Cette incursion sur le terrain socialiste — pour faire sa cour au bourgeois et lui prendre sa monnaie — me livre M. Sardou.

Il s'est frotté à nous : tant pis pour lui, pour ses oreilles que je vais, comme à un simple baudet, lui allonger d'importance.

Le constructeur du *Crocodile* n'est cependant pas un âne simple, c'est un âne double — ignorant qu'il est et des hommes et du milieu qui rendent possible et inévitable la transformation sociale qui s'élabore.

Ses hommes à lui, ses héros, ses réformateurs, sont des financiers décavés et voleurs (Morgan-Colt), des filles nobles tombés dans la domesticité (Mlle de Witt), des *reporteresses* en quête de nouvelles à sensation — qui se paient bien (Miss Olivia), des petits crevés qui ne savent à quels voyages se vouer pour tuer le temps et manger leurs rentes, c'est-à-dire l'argent des autres (de Chevillac). Quand ils parlent — au clair de la lune et entre deux romances — « d'un sort aveugle » et « d'une société stupide », c'est parce qu'ils ont la police à leurs trousses. Leur idéal social est celui qui leur procurera cette fortune, « pour ne dépendre de personne », que les coups de Bourse leur ont refusée ou leur ont prise.

Et pour collaborateur, comme éléments de la *vita nuova* à organiser, M. Sardou leur donne une parvenue de fromage qui renie le *chester* paternel auquel elle doit des millions (lady Chipsick), une autre parvenue, du café celle-là, fière au contraire du magot et de la baronnie enlevés à la pointe du plus voleur des commerces (veuve Jordaëns), un avocat-politicien à la Jules Favre, bon à tout et propre à rien (M. Peterbeck), un grec de cercle en rupture de baccarat (Strapoulos) et enfin le rebut des ports du Levant, manollais, nègres, maltais, plus alcooliques les uns que les autres et figurant naturellement le peuple, les travailleurs, l'*Internationale (sic)*.

Quant au milieu appelé à encadrer et à constituer cette écume — on pourrait dire ces récidivistes — du vieux monde, ce sera une île déserte sur laquelle on aura naufragé. Pas d'industrie possible — sans autres outils que ses mains — et quelles mains ? habituées à remuer des *banck notes*, à abattre des cartes et à « taper du piano » ! Pour satisfaire les besoins de nos Robinsons, rien que la pêche, la chasse — et quelques barils d'eau-de-vie et de légumes secs.

Et comme sur ce véritable « radeau de la Méduse », fixé en plein océan au lieu d'être roulé par la vague, l'harmonie ne régnera pas. Comme après avoir élu un chef qui disposera de la force armée — les quatre fusils sauvés — et imposera à chacun sa tâche, en se réservant et en réservant à ses favoris et favorites le *farniente* le plus absolu ou la besogne de leur choix, il y aura — parmi ces parasites obligés d'opérer eux-mêmes — des intrigues et des complots. Comme la lutte de classes éclatera entre les classes maintenues — M. Sardou en conclut triomphalement qu'il n'y a rien à faire de l'homme, qui est bien le plus « imbécile » et le plus « gredin » des animaux ; que le problème social est insoluble et que la meilleure des sociétés, la société idéale, c'est encore un homme et une femme « faisant la bête à deux dos » dans un lit préalablement garni de cent mille livres de rentes (*le conjungo* final de Colt-Morgan et de Miss Nett).

Cela veut être méchant et ce n'est qu'idiot, mais d'un idiotisme transcendental.

Le pauvre Sardou a beau être académicien comme le duc d'Aumale qui écrit princièrement autographe par un *f*, il ne sait pas ce que sait le premier ouvrier d'usine, pris au hasard, c'est-à-dire que le socialisme ou le communisme est une catégorie historique, n'est et ne peut être que le couronnement de la *longue évolution humaine*; que, pour entrer dans la terre promise, il faut que notre espèce soit sortie, non seulement de la période pêcheresse et chasseresse, mais encore du travail privé ou individuel qui engendre fatalement — et utilement alors — la propriété privée. C'est le tra-

vail collectif ou en commun né de la machine et
de la vapeur, et devenu le seul travail possible, qui
fait plus que permettre, qui entraîne l'appropriation collective ou sociale et la distribution sociale
des produits.

Pour l'ordre nouveau, il faut l'usine, il faut la mine,
il faut l'outillage énorme qui manque à l'île des
Palétuviers et qui caractérise le régime capitaliste.
Il faut, non pas le manque de tout, mais la surabondance de tout, que nous avons en France, en Allemagne, en Angleterre, aux Etats-Unis, dans tous
les pays industrialisés et mourant de surproduction
ou de trop de richesse. Tant que la production est
restreinte, insuffisante, le surtravail s'impose au
plus grand nombre au profit non seulement d'une
minorité qui vit et vit seule de la vie humaine, mais
de l'humanité qui bénéficiera, sous la forme des
arts cultivés et des sciences créées et développées,
de ces bienheureux loisirs faits à quelques-uns ; la
division de la société en classes est à la fois nécessité et avantage. De même que la disparition de ces
classes devient à son tour nécessaire et avantageuse
lorsque, grâce aux millions de chevaux-vapeurs
remplaçant les bras de l'homme et centuplant les
produits, chacun peut consommer et jouir de
l'existence sans nuire à la consommation et à l'é-
gale jouissance de personne. Ce qui est le cas de
l'Europe et d'une partie de l'Amérique, mais pas
celui de votre île inhabitée — et inhabitable sans
conserves, ô conserve vous-même !

Il faut, d'autre part, pour cette société nouvelle qu'exclut votre terre vierge, des cerveaux préparés, coulés dans le moule de la solidarité, de la dépendance mutuelle, par la communauté de l'effort et du travail. Il faut un prolétariat musculaire et intellectuel discipliné par les exigences de la production moderne, convaincu par l'expérience que les individus ne sont que les rouages d'une gigantesque machine qui ne peut fonctionner, c'est-à-dire produire de bien-être pour tous, qu'autant que tous seront à leur poste et à leur heure.

Or, votre bateau ne porte aucun de ces hommes d'aujourd'hui et de demain. Ce qu'il débarque, c'est la pourriture bourgeoise ; ce sont ces marchands de paroles, ces tant la ligne, et ces aventuriers et aventurières d'en haut et d'en bas, qui sombreront dans le naufrage de leur classe ou que nous serons obligés — l'heure du balai venu — de couler à fond, nous les révolutionnaires.

Et de cette coulée vous serez, Monsieur Sardou, Peterbeck de la scène, non pas comme nuisible, mais comme inutilisable — à moins pourtant que, comme les Spartiates soûlaient des ilotes pour dégoûter leurs fils de l'ivresse, nous ne vous conservions, pour l'éducation de nos enfants, comme un des échantillons les plus complets et les plus répugnants de la bêtise — ou du *crocodilisme* — capitaliste disparu.

Oruolfiez-les !

La littérature ne fait ni ne défait les mœurs. Elle les révèle et les accuse. C'est un miroir, plus ou moins poli, plus ou moins fidèle, du milieu qui l'a créé et s'y réflète.

A ce titre, elle a sa place dans la bibliothèque socialiste. Plus le livre est vécu, plus l'auteur y a mis de lui-même et des siens — famille et classe — et plus vaut le document.

C'est le cas du *Calvaire* de M. Octave Mirbeau, qui devait s'appeler le *Cabanon*.

Ils sont, en effet, tous fous dans cette histoire, qui n'est pas un conte, de cette folie multiple qui marque la fin d'une catégorie sociale, l'agonie d'un monde.

Folie du suicide, folie du sang, folie du rut.

La grand'mère — une noble — s'est pendue. La mère, hantée par le souvenir de cette corde, traîne une existence d'épileptique. Et le père — un bourgeois — quand il n'est pas à son étude — héréditaire — occupé à faire passer dans sa poche l'argent de ses clients, tue pour tuer, semant le sable de sa propriété d'autant de cadavres d'oiseaux et de chats que peut en faire son fusil.

Quant au fils de pareils œuvres, au héros, Jean Mintié, sans volonté et sans but, inutile aux autres et insupportable à lui-même, il finit entre les... bras d'une fille qui, après lui avoir croqué ses

vingt-deux mille livres de rente, et l'avoir chargé
de dettes crapuleuses, après lui avoir vidé ce qui
lui sert de cervelle, le traite — et le maltraite —
en « amant de cœur ».

Le *Calvaire*, c'est ça; c'est le chemin de cette
alcôve banale montée dans la ruine de la fortune
à papa d'abord, dans l'épuisement du plus névrosé
des organismes ensuite, dans la boue enfin du ma-
quereautage le plus conscient.

Et ce christ de l'ordure — lorsque, haletant
après sa Juliette Roux, il aura été la relancer jusqu'à la descente de la Courtille des Champs-
Elysées — sera pris de colère contre « un ouvrier
revenant du travail avec ses outils sur l'épaule et
contemplant sans haine » ce défilé triomphant des
« mangeuses d'hommes ».

Et il lui criera :

« Que fais-tu là, imbécile ? Pourquoi regardes-tu ces femmes ainsi ?... Ces femmes qui sont une insulte à ton bourgeron
déchiré, à tes bras brisés de fatigue, à tout ton pauvre corps
broyé par les souffrances quotidiennes... Aux jours de révolution, tu crois te venger de la société qui t'écrase, en tuant des
soldats et des prêtres, des humbles et des souffrants comme
toi ?... Et jamais tu n'as songé à dresser des échafauds pour
ces créatures infâmes, pour ces bêtes féroces qui te volent de
ton pain, de ton soleil... Regarde donc !... La société qui
s'acharne sur toi, qui s'efforce de rendre toujours plus lourdes
les chaînes qui te rivent à la misère éternelle, la société les
protège, les enrichit ; les gouttes de ton sang elle les trans-
mute en or pour en couvrir les seins avachis de ces misérables.
C'est pour qu'elles habitent des palais que tu t'épuises, que tu
crève de faim et qu'on te casse la tête sur les barricades.

...Regarde donc !... Lorsque dans la rue tu vas réclamant du pain, les sergents de ville t'assomment, toi, pauvre diable !... Vois comme ils font la route libre à leurs cochers et à leurs chevaux ! Regarde donc ! Ah! les belles vendanges pourtant ! Ah ! les belles cuvées de sang !... Et comme le bon blé pousserait haut et nourricier dans la terre où elles pourriraient !... »

L'imbécile, c'est toi, ô Mintié; et, si tu avais bien lu dans les yeux de ce prolétaire que tu voudrais convertir en chien mordant qui t'a mordu, ce n'est pas seulement de l'indifférence, mais de la joie que tu y aurais vu éclater.

Oui, une immense joie — et des plus fondées.

Car ta Juliette, car ces femmes qui se sont abattues sur toi et ta classe, se repaissant de vos biens, de votre sève et de votre honneur, ces Vénus tout entières à leur proie attachées, le vengent, lui, le dépossédé, et par vous ! Elles volent ses voleurs, elles torturent ses tortureurs, elles tuent ses meurtriers. Quand elles vous tordent dans leurs suçoirs jusqu'à la dernière goutte de votre or et de vos moëlles, quand elles vous salissent dans leur cuvette et vous arrachent des cris de douleur et de honte ; elles sont sa revanche à lui, revanche des siens morts à la peine pour vous emmillionner; revanche du travail dépouillé par l'oisiveté, revanche de ses enfants transformés, selon le sexe, en machines à profit ou en machines à plaisir.

Dans ce lit, d'autre part, à travers lequel elles font passer la rue et sur lequel vous pantelez comme sur une croix, que font-elles ces justicières,

sinon vous achever intellectuellement et muscu-
lairement, désarmer la classe capitaliste, c'est-à-
dire l'ennemi, de ses dernières virilités?

Elles vous changent en bêtes, les Circé modernes. Et c'est autant d'économisé pour le bourreau.

Les Juliettes, les Nana et autres goules ou Gou-
lue, qui n'opèrent que sur et contre les privilégiés
de l'ordre actuel qu'elles *impuissantent*, accomplissent une œuvre éminemment salubre, éminemment révolutionnaire. Et loin de leur montrer le
poing et de leur demander compte de leurs victimes, nous leur crions:

Poursuivez ô Prêtresses de la décomposition sociale, et prenez tout! Prenez les Mintié, ces Jérôme
Paturot à la recherche d'un talent qui les rente,
et les Lerat avec, ces artistes qui n'admettent l'art
« que pour eux et deux ou trois amis vivants »!
Prenez ce qui reste de l'ancienne aristocratie,
prenez la bourgeoisie tout entière! Dévalisez-les,
crevez-les ou crucifiez-les! comme dit M. Octave
Mirbeau, pourrissez-les!

Les Dubarry ont beaucoup fait pour l'effondrement de l'ancienne royauté.

Vos priapées ne feront pas moins pour l'effondrement de la société capitaliste, appelée, elle
aussi, à s'en aller en fumier!

Fonctionnarisme obligatoire

Croirait-on qu'il se trouve des gens pour se féliciter et pour féliciter la Chambre de « la voie nouvelle » dans laquelle elle est entrée ?

Quelle voie ? — Celle des économies, parbleu !

Or, ces fameuses économies se réduisent à huit inspecteurs pénitentiaires supprimés — soit 50.000 francs, et à soixante-six sous-préfectures abolies sur trois cent quarante-cinq — soit 500.000 francs, dont 200.000 sont immédiatement repris pour « frais de tournée d'inspection » des sous-préfets maintenus.

Ces 350.000 francs, péniblement épargnés sur un budget de plus de trois milliards, vous paraissent le comble de la dérision.

C'est que vous « n'y êtes pas » — mais pas du tout !

Comme résultat, c'est de la dernière insignifiance ; c'est moins que rien, les nouveaux impôts et les nouveaux emprunts pour des centaines de millions, sinon pour des milliards, étant là à la porte de l'équilibre budgétaire qui demandent à entrer — et qui entreront.

Mais il y a là, paraît-il, un « symptôme » et une « promesse ».

Symptôme « de la guérison prochaine d'une des plus grandes plaies qui ronge la France et qui nous a été léguée par la monarchie ».

Promesse « d'enrayer le fonctionnarisme, dix fois pire que le choléra ».

La cognée est dans le mancenillier des sinécures : il ne s'agit plus que de la faire jouer jusqu'à l'abattage complet.

Sans doute. Mais *elle ne jouera pas.*

Pour voir dans les économies de bouts de chandelle, jetées par nos honorables comme de la poudre aux yeux du pays, le commencement de la fin du *phylloxéra administratif*, il faut débarquer de chez les Hurons ou tomber de la lune, être ignorant comme une carpe des conditions de l'Etat moderne.

L'Etat est et a toujours été le gouvernement d'une classe, de la classe privilégiée, quelle qu'elle soit, aux besoins de laquelle il lui a fallu et il lui faut pourvoir.

Lorsque cette classe est la noblesse, sous la monarchie, la monarchie doit créer toutes les classes nécessaires à l'entretien des nobles. Elle doit « caser », c'est à-dire satisfaire tous les affamés dont elle est le représentant, la providence. De là les « offices », qui nous paraissent aujourd'hui plus ridicules les uns que les autres, qui pullulent sous l'ancien régime, l'interminable liste des pensions qui scandalisa si fort le Tiers lorsqu'il put y jeter ses yeux de victorieux.

Lorsqu'au lieu de la noblesse, c'est, comme à l'heure présente, la bourgeoisie, la classe capitaliste, qui est au pouvoir, sous la République

27.

comme sous la monarchie constitutionnelle ou
parlementaire, il n'y a de changé que les bouches
à gaver, les poches à remplir. Mais les mêmes nécessités gouvernementales existent de faire vivre
sur la nation la classe dominante ; et comme cette
classe s'est accrue, le fonctionnarisme, c'est-à-dire
les fonctions inventées pour les fonctionnaires, s'ac-
croît — et fatalement.

C'est ainsi que le régime démocratique, comme
on appelle le régime bourgeois, loin de pouvoir,
je ne dis même pas comme le Gambetta de Belle-
ville, en finir avec les sinécures, mais les raréfier,
les multiplie et est condamné à les multiplier à
l'infini.

Pour une que l'on se donnera le genre de supprimer avec éclat de temps à autre — il faut bien
faire quelque chose pour le principe — on en
créera dix, vingt, cent nouvelles.

Que voulez-vous que la bourgeoisie fasse de ses
fils, de ses cousins et arrière-cousins, actuellement
surtout que toutes les carrières sont encombrées ;
alors que « les situations indépendantes » dispa-
raissent dans une industrie et dans un commerce
de plus en plus centralisés ne laissant place qu'à
des prolétaires en blouse ou en paletot, mais également serfs, également misérables ?

La conservation sociale exige que l'on fasse,
sous forme d'emploi, leur part du gâteau gouvernemental à ces *inclassables*, si on ne veut pas les

retourner, avec leurs dents longues, contre leur propre classe dévorée du coup.

Voilà ce dont se rendait parfaitement compte le Freycinet, lorsque, plutôt que d'avaler l'abolition subversive des sous-préfectures, il a rendu le tablier ministériel.

Voilà ce dont se rend non moins exactement compte le Goblet lorsque, sans même attendre la cassation du Sénat, il met tout simplement dans sa poche ce vote abolitionniste.

Mais voilà ce que, pour le placement de leur « papier », feignent d'ignorer les exploiteurs de la démocratie vulgaire, négligeant systématiquement d'éclairer leur lanterne.

Pro domo

Quoi qu'en ait dit le « quelqu'un » cité hier par Séverine, au *Cri du peuple* « on ne prêche pas », on n'a jamais prêché « le vol en masse, en le traitant de restitution ».

Sinon, aucun de nous n'aurait mis le pied — ou la plume — dans le journal de Vallès. Ni Massard, ni Goullé, ni Duc-Quercy, ni Fournière, ni Deville, — ni moi.

Socialistes, nous poursuivons et ne pouvons poursuivre qu'une chose : la fin du vol, de tous les vols qui constituent et qu'engendre la propriété capitaliste.

Et c'est pourquoi, parce que sur notre drapeau il est écrit : Guerre aux voleurs ! il nous est interdit de pactiser avec des voleurs, d'où qu'ils viennent, et pourquoi surtout il nous est interdit de laisser donner la théorie du vol comme le dernier ou comme le premier mot de la Révolution.

Qu'un homme prenne quand il a faim, quand les siens ont faim — et ce n'est pas le cas de Duval — nous ne lui jetterons certes pas la pierre. Mais nous ne confondrons pas cet *acte de conservation individuelle ou familiale* avec un coup de feu d'avant-garde.

Voici des siècles et des siècles que cette reprise individuelle s'opère, de la main à la poche ; que Pierre vole Paul qui a lui-même volé Jean, sans que ces vols accumulés — vols par besoin ou vols par métier — aient, je ne dis pas, transformé, mais modifié si peu que ce soit la face de la société.

Pour « défendre » des opérations — non pas de nécessité, mais de « principe » — comme celle de l'hôtel Lemaire, vous dites que « les malheureux » dont nous battons le rappel, que nous poussons à s'organiser pour la grande reprise sociale, « ne nous ont pas compris ». Vous invoquez, à l'appui de leurs oreilles fermées ou mal ouvertes ce que vous appelez « l'hystérie de la misère » et la « névrose de la révolte ».

Raison de plus, alors, pour que nous surveillions nos paroles et pour qu'au lieu d'encourager ces égarés dans un malentendu aussi nuisible à eux-mêmes que mortel à la cause, nous nous dressions, nous les « meneurs » comme vous écrivez, devant eux, leur criant non pas anathème, mais casse-cou ! et leur barrant de toute notre influence, comme anti-socialiste, comme anti-révolutionnaire, la voie où les engage leur infirmité cérébrale.

« Responsables », oh ! oui, nous le serions — et d'une responsabilité que pour ma part je n'accepterai jamais — non pas même en applaudissant, mais seulement en ne coupant pas court à ce genre de... « véhémence » !

Nous serions responsables à la fois de la Sociale compromise, devenue un objet d'horreur pour le monde du travail qui peut seul créer l'ordre nouveau, et des prisons remplies et des échafauds dressés.

Combien de Duval peut faire éclore demain ou après la seule illusion entretenue qu'en forçant une serrure et en faisant main basse sur ceci ou sur cela, on sert sa classe ou son parti, ou passe martyr, sinon héros !

Ceux qui font — et défont — les Duval, ceux qui leur mettent au collet la main de la société bourgeoise et les livreraient ligottés au couteau de monsieur de Paris si — ce qui ne sera pas — le monstrueux verdict du jury de la Seine pouvait recevoir son exécution finale, ce sont ceux qui par sentimalité ou par horreur des théories, ont laissé

passer, sans lui arracher son masque insurrectionnel, la théorie de l'action individuelle, le *droit
au vol*.

Quant à Babeuf, quant aux insurgés de Juin,
quant aux fédérés de la Commune, que notre col-
laboratrice a ressuscités pour les jeter dans le
débat, je ne leur ferai pas la suprême injure de
défendre leur mémoire contre un pareil rappro-
chement.

La réaction bourgeoise, qui ne juge pas sa victoire complète tant qu'elle n'a pas sali ceux qu'elle
tue, a pu les dénoncer à l'histoire — qui n'en a
rien cru d'ailleurs — pour des « voleurs » et essayer
de transformer leurs fusils en pince-monseigneur,
comme elle tente aujourd'hui de coudre les socia-
listes-révolutionnaires aux « faiseurs de porte-
monnaie » ou de bijoux.

Mais leurs actes, mais leurs œuvres sont là, qui,
pour la confusion des calomniateurs, nous les
montrent aussi adversaires que nous du pillage qui
n'est qu'une des formes de cette propriété privée
pour la suppression de laquelle nous combattons
et ils sont morts.

Reste le problématique Jésus, que je vous aban-
donne, pour mon compte, ô Séverine, et qui a pu,
s'il a existé, tenir école de filles publiques et de
larrons.

Mais vous m'avouerez que ce qui pousse, sous
le gibet où on l'a ressuscité et d'où il règne depuis
dix-neuf siècles sur le monde, n'est pas de nature

à me réconcilier avec le nouveau gibet que vous montrez du doigt aux foules.

Le christianisme, avec sa longue malfaisance, me suffit — sans le *Duvalisme*.

TABLE DES MATIÈRES

II

AUTOUR D'UNE GRÈVE

V

VARIA

Laval. — Imprimerie parisienne L. BARNÉOUD & Cⁱᵉ.

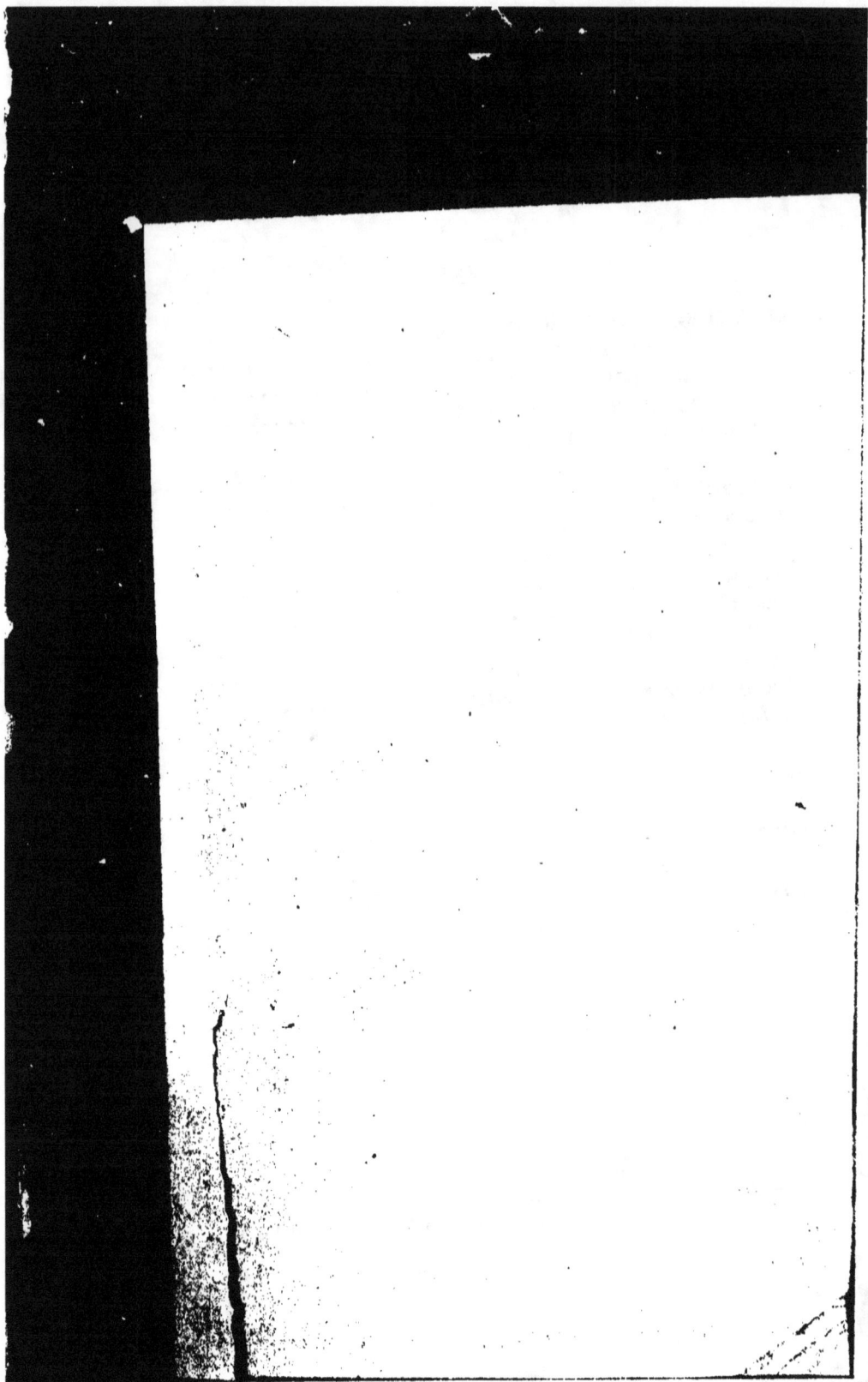

Laval. — Imprimerie Parisienne, L. BARNÉOUD & C⁰.

www.ingramcontent.com/pod-product-compliance
Lightning Source LLC
Chambersburg PA
CBHW050545270326
41926CB00012B/1925